体育运动心理学简编

（第三版）

毛志雄　主编

北京体育大学出版社

策划编辑：李光源　佟　晖
责任编辑：李光源
责任校对：郝　彤
版式设计：谭德毅

图书在版编目（CIP）数据

体育运动心理学简编 / 毛志雄主编. -- 3版. -- 北京 : 北京体育大学出版社, 2024.1（2025.1重印）
ISBN 978-7-5644-3952-1

Ⅰ. ①体… Ⅱ. ①毛… Ⅲ. ①体育心理学 Ⅳ. ①G804.8

中国国家版本馆CIP数据核字(2023)第234429号

体育运动心理学简编（第三版）
TIYU YUNDONG XINLIXUE JIANBIAN（DI-SAN BAN）

毛志雄　主编

出版发行：北京体育大学出版社
地　　址：北京市海淀区农大南路1号院2号楼2层办公B-212
邮　　编：100084
网　　址：http://cbs.bsu.edu.cn
发 行 部：010-62989320
邮 购 部：北京体育大学出版社读者服务部 010-62989432
印　　刷：北京昌联印刷有限公司
开　　本：787mm × 1092mm　1/16
成品尺寸：185mm × 260mm
印　　张：17.25
字　　数：377千字
版　　次：2010年9月第1版　2024年1月第3版
印　　次：2025年1月第3次印刷
定　　价：45.00元

序

由毛志雄博士主编、北京体育大学运动心理学教研室其他教师参编的《体育运动心理学简编》付梓出版了。通览全书，我觉得确有同类其他运动心理学教材未有的特点，值得向读者特别推荐。

第一，全书十五章的内容以竞技运动心理学核心内容为主干，同时也概括了体育教育心理学和大众锻炼心理学的重要内容，从知识体系内容上看，既有重点，也较全面，便于学生了解整个运动心理学的体系框架。

第二，作者加入许多实例，包括2008年北京奥运会的实例，使全书显得十分贴近运动实际，也使学生更容易对体育运动心理学产生直观的、具象的感受。例如，第八章“比赛心理调节”中关于制定比赛方案问题的讨论就十分具体，操作性很强，对运动员的心理技能训练具有实际指导作用。

第三，作者十分注意使教材内容能够体现不断变化、不断发展的运动心理学的理论与实践，例如，在第一章绪论中我们已经读到了国际运动心理学大会的主题内容，说明了作者十分重视知识更新的速度。第十二章观众效应与主场效应中作者从奥运会大赛夺标热门问题出发，探讨主场劣势，也很具有现实性。

第四，全书编排得整齐规范，从标题到本章要点，从表格到参考文献，都可以看到作者对细节的关注和写作的训练有素。“细节决定一切”在现代人的观念中似乎已成为工作的默认值，我们可以在这本教材中体验到这一点。

我在自由式滑雪空中技巧队备战2010年冬奥会的心理技能训练过程中组织过一次关于冬奥会的主题演讲，一名运动员这样说：“虽然不能说我一定成功，但我不会在梦想面前停步，不会对挫折屈服……一颗年轻的心有什么理由不跟着希望跳动呢？”后来，她在训练中摔伤，无缘这次冬奥会，现在已动完手术，正在进行艰苦的康复训练，向新的梦想前进。她的话依然在我的耳畔回荡并激励着我。体育运动心理学是一门年轻的学科，充满希望的学科，助人自我发展的学科。前进过程中会有曲折，但我完全相信，读者可以从体育运动心理学的理论与实践中，感受到这种跃动的希望。

教育学博士

哲学博士

张力为

2010 年 1 月 9 日于加拿大卡尔加里

前言

回顾2008年北京奥运会和残奥会上那一幕幕惊心动魄、感人至深的瞬间，伴随着对运动员巨大成功的惊喜、赞叹，“功败垂成”的惋惜，顽强拼搏的敬佩，奥运精神的赞美以及伟大祖国的自豪，我们不禁反复玩味优秀选手们在生活、训练、比赛中超越自我、实现梦想的心路历程。对这些心路历程的理解与诠释，是运动心理学工作者享受专业乐趣，不断深入探索的巨大动力。本书正是在奥运精神的鼓舞下由八位作者合力完成的。

记得2007年第八届全国体育科学大会期间，一位旅美十年的学者曾经这样评价：回国后用了近半年的时间，系统考察了国内体育科学的各个学科领域后，发现国内的运动心理学是与国际水准接轨最好的学科。而在教练员岗位培训和高校教学中，我也常常听到学生们有这样的反映：运动心理学和我们想的不一样，概念难懂、内容绕嘴、难于掌握。这两种不同的声音使我们感到了“国际化”和“本土化”两个方向的压力：艰深难懂的教材，是不利于运动心理学“本土化”的，而没有“本土化”便无以“国际化”。于是，在本书编写过程中立足于简明扼要、通俗易懂，便成为我们缓解这种压力的第一要旨。

本书是专为体育教育和运动训练两个专业的学生编写的，也可作为体育教师和教练员岗位培训的参考教材。考虑到学生学习过程的特点，本书就每章的建议讲授内容和自学内容进行了分割，自学内容用“★”号标识。这仅是我们的建议，任课教师可根据讲授时间和教学对象的具体情况自行掌握。为便于学生在较短时间内迅速掌握体育运动心理学的结构框架，形成概念体系，本书力求简明通俗、图文并茂并开辟专栏就共同关心和感兴趣的问题、案例进行分析讨论，启发学生深入思考。每章结束后简要阐述本章要点。书的末尾，还有全书的名词解释和中外文姓名对照表供快速查阅。

全书共分十五章，以探讨竞技运动中的心理学问题为主，兼顾体育教学和大众锻炼的心理学问题。各章作者均是在相应领域具有一定的研究成果或教学心得的专业教师，他们是姜媛（第一、九章）、王英春（第二、三章）、郭璐（第四、五章）、张禹（第六、十四章）、迟立忠（第七、八章）、毛志雄（第十、十一、十五章）、褚跃德、张东（第十二、十三章）。全书最后由毛志雄负责统稿。

衷心感谢张力为博士在本书编撰过程中所提供的宝贵建议和帮助；感谢北京体育大学成人教育学院和北京体育大学出版社给予的大力支持；感谢本书图片的原作者所提供的宝贵资源。我们同时期待着广大读者的批评和建议。

毛志雄

2009年10月

目录

第一章　绪论 ……1
第一节　什么是运动心理学 ……2
第二节　运动心理学的发展简史 ……5
★第三节　运动心理学、体育心理学和锻炼心理学 ……12

第二章　运动活动的动机 ……16
第一节　什么是运动动机 ……16
第二节　动机如何影响运动表现 ……19
第三节　如何培养与激发运动员的动机 ……23
★第四节　动机如何影响运动表现 ……27

第三章　唤醒、焦虑与运动表现 ……30
第一节　什么是唤醒和焦虑 ……30
第二节　唤醒如何影响运动表现 ……32
第三节　焦虑如何影响运动表现 ……34
★第四节　如何测量唤醒和焦虑 ……39
★第五节　如何降低焦虑 ……40

第四章　运动活动的归因 ……44
第一节　什么是归因 ……45
第二节　归因时会出现哪些偏差 ……49
第三节　训练或比赛中如何正确归因 ……51
★第四节　归因有哪些不同方面 ……55
★第五节　如何矫正习得性无助 ……57

第五章　运动员的自信 ……61
第一节　如何理解自信 ……61
第二节　如何培养自信 ……66
★第三节　如何测量自信 ……71

第六章　运动活动的注意状态 73
第一节　注意方式与比赛任务有何关系 73
第二节　运动员注意分配的特点是什么 80

第七章　心理技能训练 83
第一节　心理技能训练概述 83
第二节　放松训练 86
第三节　表象训练 89
第四节　注意训练 93
★第五节　其他几种心理技能训练 96
★第六节　心理技能训练计划的制订与实施 99

第八章　比赛心理调节 103
第一节　比赛目标的设置与心理定向 103
第二节　比赛方案的制定 108
第三节　比赛心理调节方法 112
★第四节　比赛中常遇到的几个心理问题及其调节策略 117

第九章　运动中的心理疲劳 122
第一节　运动中有心理疲劳吗 123
第二节　运动中的心理疲劳是如何产生的 125
第三节　如何避免运动中的心理疲劳 129
★第四节　如何监测运动中的心理疲劳 132

第十章　运动团体的凝聚力 138
第一节　什么是团体凝聚力 138
第二节　哪些因素影响团体凝聚力 141
第三节　团体凝聚力与运动成绩有关吗 144
★第四节　怎样测量和营造团体凝聚力 148

第十一章　教练员的领导与管理 152
第一节　什么是领导 152
第二节　怎样领导最有效 156

★第三节　哪些因素影响教练员的领导行为 162

第十二章　观众效应与主场效应 166
第一节　什么是观众效应 166
第二节　什么是主场效应 171
★第三节　所有的运动项目都有观众效应和主场效应吗 176

第十三章　运动中的攻击行为 182
第一节　什么是攻击行为 182
第二节　体育运动中的攻击有哪些规律 189
★第三节　人为什么会产生攻击行为 194
★第四节　如何测量攻击行为 197

第十四章　体育教学中的心理学问题 200
第一节　如何利用体育教学发展学生的心理过程 200
第二节　如何针对学生的个性差异进行教学指导 212
第三节　哪些教学方法符合心理学规律 217

第十五章　体育锻炼与心理健康 223
第一节　什么是体育锻炼和心理健康 223
第二节　体育活动能改善人的情绪吗 224
第三节　怎样锻炼才能有效改善心理机能 229
★第四节　体育锻炼与心理健康 231
★第五节　锻炼动机研究 233

附录1：名词解释 236

附录2：中外文姓名对照表 248

参考文献 251

第一章 绪论

【内容提要和学习指导】

运动心理学是心理学的应用性分支学科，是体育学的基础课程。本章将带领您迈进运动心理学的殿堂，一起回顾运动心理学自诞生至今近百年所走过的艰辛但又璀璨的路程，分析运动心理学的学科性质，探讨运动心理学的研究领域。学习本章时，您首先需要对运动心理学的学科性质有一个较深入的掌握，并在了解运动心理学发展历程的基础上，进一步明确运动心理学的研究任务，掌握运动心理学的研究领域，理解运动心理学与体育心理学、锻炼心理学的关系。通过本章的学习，您会对运动心理学有一个概括的了解，为学习后面章节的内容打下良好基础。

2008年北京奥运会，中国代表团取得了参加奥运会以来的最好成绩，使全世界的华人为之欢欣鼓舞。在中国，奥林匹克得到史无前例的瞩目，体育运动也得到前所未有的关注，成为中国社会发展的重要领域。

随着社会经济的发展和生活水平的提高，人们有了更多的休闲时间和更大的活动空间，体育运动不仅成为保持人们身心健康的必要手段，而且成为人们健康生活的一种基本需要，研究体育运动的各种科学也随之应运而生，运动心理学就是其中一门年轻而又富有生命力的学科。无论是在体育教育领域还是在竞技运动领域，无论是对于体育教师、学生，还是对于教练员、运动员、裁判员、观众、球迷、记者，心理因素都是人们最常提及、最熟悉和最热衷的话题之一，运动心理学将体育活动中的这些心理因素作为对象进行系统的科学研究，已经成为心理科学和体育科学的重要组成部分。

第一节　什么是运动心理学

一、运动心理学的性质与任务是什么

运动心理学是研究人在体育运动中心理活动的特点及其规律的科学。体育运动实践及整个社会发展的需要促成了运动心理学的产生与发展。运动心理学是心理学的分支学科，是阐明体育运动的心理学基础。

运动心理学的主要任务有以下几项。

第一，研究人在体育运动中心理过程的特点和规律以及人的个性差异与体育运动的关系。例如，在体育活动中男性比女性更有自信心吗？影响人们参加体育活动动机的因素有哪些？

第二，研究体育活动对人的心理过程和个性特征产生的短期影响和长期影响。例如，有氧训练和无氧训练对人的焦虑水平有什么短期效应和长期影响？长期的运动训练会促进或改变运动员的个性吗？体育活动能够加强残疾人生活中的独立性和自信心吗？

第三，研究掌握运动知识、形成运动技能、进行技能训练的心理学规律。例如，怎样克服运动技能形成过程中的高原现象？怎样利用迁移规律更快地掌握运动技能？哪些影响运动技能掌握、提高的重要心理因素更多地受遗传因素制约？

第四，研究运动竞赛中人的心理状态问题。例如，比赛中的最佳唤醒水平是什么？如何在比赛中达到最佳唤醒水平？如何区分和评定运动员的心理疲劳和生理疲劳？在比赛的关键时刻优秀运动员运动操作的注意中心是什么？

二、运动心理学的研究领域有哪些

运动心理学有三大研究领域：竞技运动领域、体育教育领域、大众健身领域。

（一）竞技运动领域

竞技运动领域的心理学研究主要是围绕运动员的心理测量、心理选材、心理技能训练和心理咨询工作进行的。

运动训练过程从选拔运动员开始，运动员的选拔内容必须包括心理因素。心理选材（talent selection by psychology）要根据运动心理学的原理，借助于有效和可靠的心理测量、心理实验等手段，按照各专项的心理特征，为教练员提供长期预测的信息，以便从训练的起点开始就实行最优化的训练。心理选材研究的主要问题是确定在什么时间、用什么指标进行心理选材。

心理技能训练和心理咨询的主要目的有：

第一，帮助运动员以最有效的方式掌握运动技能和表现运动技能，最大限度地发挥自己的运动才能。

第二，帮助运动员不断完善自己的人格，以更加积极的方式去应对运动生涯中和运动生涯后的各种挑战。

竞技运动领域是运动心理学研究的重要领域之一，竞技运动领域的心理学研究对于促进竞技运动的发展具有重要意义。

专栏 1-1 可参考的运动心理学工作者的道德标准

应用运动心理学会（The Association for the Advancement of Applied Sport Psychology，AAASP）和加拿大运动心理学会参照美国心理学会（APA）的职业道德标准，提出了一套运动心理学工作者的道德标准。该职业道德标准的核心，是运动心理学咨询人员应尊重运动员的个人尊严与价值、保证基本人权以及为其保密等，其基本精神是把运动员的幸福放在首位。

在该职业道德标准中，列有六项一般原则。

第一，能力。这是运动心理学工作者在工作中努力追求的最高目标，同时运动心理学工作者应该分清他们的专业领域和工作范围。如果一个运动心理工作者对团队形成和团体动力学了解不多的话，而希望别人相信他正在或者将要和一支球队一起工作，这是不道德的！

第二，正直。运动心理学工作者在科研、教育和咨询方面都应该表现出高度的正直。他们不作虚假的报告，并且向球队或组织分清自己的角色（例如告诉选手他们将参与队员的选拔）。

第三，职业和科学责任感。运动心理学工作者应该把当事人的最大利益放在首位。例如，为了研究竞技运动中的攻击性行为，而故意教导一组被试攻击另一组被试，即使这样做被试可以从中学到更多东西，这也是不道德的。

第四，尊重他人的人权和尊严。运动心理学工作者尊重咨询对象的基本人权（例如隐私）。不论当事人的种族、性别、社会地位，除非经过当事人的同意，否则决不能公开咨询对象的有关事宜。

第五，关心他人的幸福。运动心理学工作者必须充分考虑当事人的幸福。因此，运动员的心理、生理健康较比赛的胜负更重要。

第六，社会责任。运动心理学工作者在关心人类幸福的同时，应绝对保障参与者的利益。例如一个运动心理学工作者如果只提供给实验组可以减少沮丧的运动处方，而在实验结束后不愿意把同样的处方提供给控制组的被试，这不仅违反社会责任，实际上也是不道德的。

资料来源：张力为，毛志雄．运动心理学 [M]. 北京：高等教育出版社，2007: 14.

（二）体育教育领域

体育教育领域的心理学研究主要是围绕如何帮助学生掌握运动技能和增进心理健康这两个方面进行的，而掌握运动技能和增进心理健康都是人们适应社会变化和发展生存能力的必要条件。

人们适应自然、改造自然和享有自然的活动，始于大脑的想法，终于肢体的活动。敲击键盘、驾驶汽车、跳跃、游泳，都是运动技能的表现，具有广泛的适应意义。有关运动技能形成、保持和发展的研究在国外已经成为单独的学科，即运动技能学习，所研究的问题包括肌肉系统与神经系统的联系，运动技能的记忆，运动技能在不同肢体间的迁移，运动技能自动化的特征等。了解和掌握运动技能学习和发展的规律，有助于人们更加有效地学习和掌握那些生存技能（如跳跃、游泳）和发展技能（如敲击键盘、驾驶汽车）。

学校体育教育有着重要的心理建设功能，主要表现为以下三个方面：

第一，诱发运动兴趣，培养锻炼习惯。例如，学校体育课程和课外体育活动将引导学生在运动活动中享受人际交往的乐趣和肌肉运动的乐趣，培养锻炼需要，形成健康的生活方式。

第二，欣赏体育文化，享受身体活动。例如，学校体育课程和课外体育活动将引导学生亲身体验更高、更快、更强的活力，亲身体验身体美与心灵美交织形成的快感。

第三，发展健康人格，增强社会适应能力。例如，学校体育课程和课外体育活动将帮助学生亲身体验竞争中的合作和合作中的竞争，亲身体验制定和遵守游戏规则的重要性，亲身体验吃苦耐劳、坚韧不拔、顽强奋斗、向既定目标不懈努力的拼搏过程。

体育教育领域是运动心理学研究的重要领域之一，体育教育领域的心理学研究对于促进体育教育的发展具有重要意义。

（三）大众健身领域

大众健身领域的心理学研究主要是围绕参加体育锻炼的动机和体育锻炼与心理健康的关系这两个方面进行的。前者的研究涉及参与或退出体育锻炼的原因和影响体育锻炼动机的因素两个问题；后者的研究涉及一次性体育锻炼对心理状态的影响、长期体育锻炼对健康人心理特征的影响、长期体育锻炼对患者心理疾病的治疗作用、体育锻炼促进心理健康的机制等问题。这一研究领域与健康心理学和行为医学的关系密切。

大众健身领域是运动心理学研究的重要领域之一，该领域的心理学研究对于促进大众健身的发展具有重要意义。

第二节　运动心理学的发展简史

一、国际运动心理学发展的回顾

对于心理学的发展，艾宾浩斯（Hermann Ebbinghaus，1850—1909）曾经说过：“心理学有一长期的过去，但只有短暂的历史。”前半句话指的是心理学源远流长，对心理学问题的探讨可追溯至古代中国、古代希腊的哲人，如孔子、孟子、亚里士多德等；后半句话指的是心理学作为一门科学从哲学中脱胎出来，不过才有 100 多年的历史，其标志一般认为是冯特（Wilhelm Wundt，1832—1920）于 1879 年在德国莱比锡建立了世界上第一个心理学实验室。而运动心理学作为心理学的分支学科，则更显年轻。

1897 年，美国印第安那大学的诺曼 · 特里普利特（图 1–1）发表在《美国心理学杂志》上的一篇论文，是最早出现的运动心理学文献。当时，作者进行了一项实验以研究社会促进效应问题，观察观众在场对运动技能表现的影响。结果发现，当有人在场或进行比赛时，自行车运动员的骑行成绩要比自己单独骑自行车时更快。这项经典研究，既开社会心理学研究之路，也创运动心理学研究之先。

图 1–1　诺曼 · 特里普利特（Norman Triplett，1861—1931）

1899 年，美国耶鲁大学的斯克里普丘（E. W. Scripture）在《大众科学月刊》撰文，提出参加体育活动可以改善人的个性特征。

1913 年，现代奥运会创始人顾拜旦在洛桑会议上明确提出了运动心理学的研究问题，推动了心理学与体育运动相互结合的科学进程。

1923 年，被称为美国运动心理学之父的格里菲思（图 1–2）在美国伊利诺斯大学开设了世界上第一门运动心理学课程；1925 年，他建立了世界上第一个运动心理学实验室，系统地进行了一系列的运动心理学实验。格里菲思的主要研究领域包括运动技能学习、运动技能操作以及体育运动中的个性问题。他研制了一些仪器设备，用以测量运动知觉、心理觉醒程度、视觉、听觉、触觉反应时、稳定性、肌肉协调能力、肌肉紧张和放松程度以及学习能力等运动心理特征。1926 年，他编写了世界上第一部运动心理学教科书《教练员心理学》，1928 年，又出版了《运动心理学》。1938 年，他作为体育运动心理咨询专家，受聘于芝加哥一家棒球俱乐部代表队，对运动员进行了一系列运动测验和纸笔测验，以确定运动员的心理状态和心理潜力。

图 1–2　科尔曼 · 罗伯茨 · 格里菲思（Coleman Roberts Griffith，1893—1966）

由于格里菲思建立运动心理学实验室在运动心理学发展史上起到了划时代的作用，因此这一事件被后人看作是运动心理学学科建立的标志。

20 世纪 20 至 30 年代，苏联的运动心理学也处于萌芽和初创阶段。苏联中央体育学院（即莫斯科体育学院）的心理学教研组和列宁格勒体育学院的心理学教研组研究了训练过程技能形成的特点，体育活动对发展知觉、记忆、注意和想象的影响，以及体育对个性形成、智力发展的作用等课题。1927 年和 1930 年，涅恰耶夫两次出版了《体育心理学》。

与此同时，德国的运动心理学也开始发展，1927 年和 1929 年分别出版了波斯的《运动心理学》、舒尔清的《体育心理学》和梅格尔曼的《体操和运动员的人格类型》等著作。

20 世纪 40 年代和 50 年代，有许多运动技能学习实验室相继建立，使得研究人员在对体育活动中的运动行为进行研究时有了更为复杂和更为科学的方法。通过这种研究，体育运动领域的科学家们在研究设计、仪器研制和使用、统计技术等方面也得到很大提高，论及运动技能学习、运动技能操作之机制的文章数量也在增加。

20 世纪 60 至 70 年代，运动心理学得到了前所未有的迅速发展，其重要标志有：

第一，1965 年，由意大利运动医学联盟倡议，在罗马召开了第一届运动心理学会议，成立了国际运动心理学会（International Society of Sport Psychology）。此后，每 4 年召开一次国际运动心理学会议（表 1–1）。

第二，1970 年，国际运动心理学会刊物《国际运动心理学杂志》（*International Journal of Sport Psychology*）创刊，2003 年改版为《国际运动与锻炼心理学杂志》（*International Journal of Sport and Exercise Psychology*）。它沟通了世界各国运动心理学研究的信息，推动了运动心理学的科学研究。

表 1–1 历届国际运动心理学大会情况

届数	举办年	举办地	大会主题
第一届	1965	罗马（意大利）	运动员的心理准备；运动心理疗法的价值；运动动机；运动活动与个性
第二届	1968	华盛顿（美国）	运动员的心理准备；运动动机；体育活动中的自我努力；运动心理学的学科性质
第三届	1973	马德里（西班牙）	运动心理学的一般任务；竞争心理；运动训练与竞争能力；作为娱乐手段的身体活动和运动活动
第四届	1977	布拉格（捷克斯洛伐克）	入学前后的体育心理学问题；缺陷儿童体育心理学的特征；青少年、成人的娱乐心理；运动活动的心理分析；竞技者心理紧张的问题；运动中必需的心理品质和动力学特征；社会心理学和体育活动

续表

届数	举办年	举办地	大会主题
第五届	1981	渥太华（加拿大）	运动员生活的心理意义；体育与生活相适应；从初学者到运动员的运动训练方法；运动与生活中的自我控制；体育政策指导和计划心理；21 世纪的运动心理学
第六届	1985	哥本哈根（丹麦）	锻炼与运动心理学：全民的参与。体育管理；焦虑与唤醒；临床运动心理学；运动中的表象；注意方式；心理运动表现；人格及心身概念；攻击；选材；比赛心理准备；表现与创造性（音乐、艺术、舞台）；集体运动项目；生活中的体育；运动心理学的发展；教练员效率及认知运动心理学；动机与态度；催眠；生物反馈；锻炼效益；可选择的学习技术；公平竞赛；认知与社会因素；跑步心理；锻炼效果；运动诊断；参与和退出问题
第七届	1989	新加坡（新加坡）	运动心理学和人的运动表现。教师与教学；运动表现的动机；主观努力；自我知觉；与技能操作有关的特征；不同国家运动心理学的发展；干预技术；高水平运动员的人格特征；测验及其实施；比赛心理准备；焦虑；康复与治疗；运动及运动心理学的不同视角；领导的角色；心理准备；锻炼、运动和心理健康；认知策略；注意；应激控制；青年体育；顾客分析；运动心理咨询；运动技能学习与控制；锻炼与生活质量；性别差异；心理技能；老龄化进程与体育
第八届	1993	里斯本（葡萄牙）	计算机应用；教练员与心理学；认知与决策；体育运动中的文化差异；测量与方法学问题；健康、幸福与心理学；运动操作与技能掌握；体育运动中的问题；职业训练；学校体育与心理学效应；社会心理过程；选材与发展
第九届	1997	特拉维夫（以色列）	贯穿生命全过程的运动心理学。教师 / 教练员、专职研究人员与心理顾问的共同话题；运动心理学与残疾人；身体活动与生活质量；理论与实践中的伦理学问题；最佳竞技表现出现与终结；活动中的认知与知觉；社会心理学手段；药物、暴力及其他道德问题；方法与测量；技能获得；性别、文化与体育运动；体育管理中的心理策略

续表

届数	举办年	举办地	大会主题
第十届	2001	斯吉亚索斯（希腊）	新世纪开始时的运动与锻炼心理学。情感、心境、情绪。攻击与暴力；临床问题；执教；认知过程；咨询和个体实践；发展问题；高水平运动表现；道德问题；性别问题；团体动力学；健康行为；运动策略的历史与未来；损伤与创伤；学习和表现的方法；管理；心理技能训练与心理干预；动机；奥林匹克运动及比赛教育；人格；自我知觉；技能获得；社会及文化的多样性；特殊群体；青年体育；职业发展问题；生活质量；研究的问题；体育教育
第十一届	2005	悉尼（澳大利亚）	提高健康水平和运动成绩，享受美好生活。健康 / 幸福与寿命的发展；运动表现；情绪 / 情感；心理辅导；教练员技术；心理生理学；运动动机；社会心理学；差异性；运动技能学习；研究方法
第十二届	2009	马拉喀什（摩洛哥）	迎接运动心理学的新挑战并桥接文化鸿沟。①体育运动心理学问题：提高运动成与心理准备；应用问题；运动中的心境与情绪；心理疲劳与过度训练；损伤恢复；锻炼的心理效益；应激与生活质量。②体育运动的社会心理学问题：团体动力学；凝聚力；沟通技术；体育道德。③教练员心理学，动作控制与学习问题：动作的发展；技能的习得。④体育运动中的心理病理学问题：作为心理疗法的体育锻炼；锻炼、健康和幸福感。⑤终生发展问题：运动中的生涯发展和职业转换；青年体育的心理学问题；老龄问题
第十三届	2013	北京（中国）	和谐生活 追求卓越
第十四届	2017	塞维利亚（西班牙）	（暂缺）
第十五届	2021	台北（中国）线上形式	竞技与健身运动心理学的未来：疫情下超越奥运会与残奥会的新视野

世界各国体育界都积极支持运动心理学科学研究的开展，相继成立了有关的学术团体。例如，苏联在二战后成立了“运动心理委员会”；美国在 1967 年成立了“运动心理学全国协会”，另在“奥林匹克训练中心”设立了运动心理学研究小组；日本在 1950 年于体

育学会内成立了“体育运动心理专科分会”；1967 年，“北美运动心理学会”成立；20 世纪 60 年代末，“欧洲运动心理学联合会”成立；1991 年，“亚洲及南太平洋地区运动心理学会”（Asian South Pacific Association of Sport Psychology，ASPASP）成立。另外，目前全世界有 4 种影响力较大的运动心理学专业学术期刊（表 1–2），它们标志着运动心理学作为科学的独立性，也从理论与应用两个方面推动着运动心理学的发展。

表 1–2　4 种影响力较大的运动心理学专业学术期刊

期刊名称	出版者	创刊年	专业倾向
《运动与锻炼心理学杂志》* *Journal of Sport & Exercise Psychology*	北美运动心理学会	1979	范围广泛的综合性内容
《国际运动与锻炼心理学杂志》** *International Journal of Sport and Exercise Psychology*	国际运动心理学学会	1970	范围广泛的综合性内容
《运动心理学家》 *The Sport Psychologist*	人类运动学出版社	1987	心理技能训练，心理咨询
《应用运动心理学杂志》 *Journal of Applied Sport Psychology*	应用运动心理学协会	1989	应用性运动心理学研究

注：* 1988 年之前称《运动心理学杂志》；
　　** 2003 年之前称《国际运动心理学杂志》。

二、中国运动心理学发展的回顾

（一）早期和近代的发展

一些同体育运动活动有关的心理学思想早在中国古代就已经开始萌发了，这些思想散见于《礼记》《庄子》《史记》《吕氏春秋》《梦溪笔谈》等著作中，包含着运动发展心理、运动保健心理、技能形成心理、运动竞赛心理、运动战术心理、心理技能训练等方面的论述，闪烁着中国运动心理学“史前”时期的火花，对中国运动心理学的发展有着积极的影响。

1926 年，我国著名体育教育家马约翰撰写了题为《运动的迁移价值》的论文，被认为是中国现代运动心理学的最早的专论。1942 年，全国武术和体育研究院的吴文忠、肖忠国编译出版了我国第一部《体育心理学》。

1957 年，苏联运动心理学家鲁吉克（Rudik）的《心理学》被介绍到中国；1958 年，苏联运动心理学家切尔尼科娃（Chernikowa）的《运动心理学问题》被译为中文。国内各体育院系逐渐开设运动心理学的课程，而这两部著作也成为该课程的主要教材。

（二）20 世纪 80 年代至 90 年代的发展

图 1-3　马启伟
（1919—2003）

“文化大革命”期间，中国心理学沉寂多年。1979 年，中国心理学会体育运动心理专业委员会成立。1980 年，中国体育科学学会运动心理学分会成立。这两个学会的首任主任委员是北京体育学院（现北京体育大学）前院长马启伟教授（图 1-3），他对中国运动心理学的发展做出了奠基性贡献。

两个学会的建立标志着中国运动心理学开始走向迅速发展的道路。1986 年，中国运动心理学会（China Sport Psychology Association）作为团体会员加入国际运动心理学会；1991 年，中国运动心理学会作为发起方之一，组织建立了亚洲及南太平洋地区运动心理学会。

中国运动心理学会自成立以来组织了多次全国学术会议（表 1-3）。20 世纪 80 年代和 90 年代，中国运动心理学在运动员心理测量 / 心理选材和运动员心理技能训练 / 心理咨询两大方面做了大量研究工作和实践工作，取得了丰硕的成果。

表 1-3　中国运动心理学会组织的学术会议

届次	举办年	举办地	会议名称
第一届	1983	昆明	全国运动心理学学术论文报告会
第二届	1986	成都	“心理学在运动训练中的应用”专题论文报告会
第三届	1989	蓬莱	全国运动心理学学术论文报告会
第四届	1993	广州	全国奇星运动心理学学术论文报告会
第五届	1996	郑州	第五届全国（竹林胺）运动心理学学术会议
第六届	1998	昆明	第六届全国运动心理学学术会议
第七届	2002	北京	第七届全国运动心理学学术会议
第八届	2006	武汉	第八届全国运动心理学学术会议
第九届	2010	上海	第九届全国运动心理学学术会议暨第二届华人运动心理学研讨会
第十届	2014	深圳	第十届全国运动心理学学术会议
第十一届	2018	北京	第十一届全国运动心理学学术会议
第十二届	2023	天津	第十二届全国运动心理学学术会议

运动员心理测量是心理选材和心理技能训练的第一步。1980—1982 年，武汉体育学院承担了国家体委重点科研课题“优秀运动员心理特征研究”。在这一课题的研究过程中，课题研究人员开发了一批适用于体育运动要求的专门仪器和测试方法，通过对 2719 人的测试，搜集了短跑、体操、游泳、排球运动员心理特征的大量资料，为更好地理解运动员的心理特征奠定了研究基础。自此以后，有关运动员心理特征的研究层出不穷，成为研究的热点领域。

运动员选材是训练的起点。原国家体委（今国家体育总局）长期以来都将选材作为一项战略任务来抓，从 1980 年就组织了大型综合性科研课题“优秀青少年运动员科学选材”的研究，其中的心理选材是整个课题的重要组成部分。一般来说，心理选材需要解决以下问题：首先要确定出某个专项运动员的关键性心理特征，方法有专家评判、多元回归分析和因子分析等；然后再确定出关键性心理特征中受遗传因素影响较大的供选材使用的心理特征，方法有双生子研究、不同血缘关系的研究和纵向追踪研究等；进而以各级高水平运动员为参照体，制定选材模式，包括少年运动员的常模；最后，对于根据以上模式选择出的运动员进行跟踪研究，以检验选材模式的有效性，并发现问题，进一步完善选材模式。但目前还很少有能够完成以上全过程的系统研究，心理选材工作的效益也有待进一步提高。

20 世纪 80 年代初开始了中国运动员的心理技能训练和心理咨询工作。起初，有几位运动心理学家应中国射击队和中国射箭队的邀请，开始对几名运动员进行心理技能训练和心理咨询的大胆尝试，其中一名双向飞碟运动员在调整心理状态之后参加比赛，创造了世界纪录。于是，更多的运动队（如中国跳水、游泳、体操、田径、排球、乒乓球队等）也相继要求接受运动心理学家的帮助，优秀运动员的心理技能训练进一步广泛开展起来。

1987 年，中国运动心理学会承担了国家体委的重点科研课题“我国优秀运动员心理咨询和心理品质的调查研究”，根据课题的计划，在第六届全国运动会的比赛场地设立了心理咨询中心。咨询服务过程中使用的主要方法包括认知调节、按摩放松、音乐放松、表象训练等。这种临场的运动心理咨询服务受到运动员和教练员的普遍欢迎。共有 15 个省市的 288 名运动员在临比赛前和比赛期间前往心理咨询中心寻求运动心理学工作者的帮助，并收到良好效果。

近些年来，优秀运动员的心理技能训练范围正在由小到大，其方法也正在由单一到多样，一步一步深入发展起来。心理技能训练的效果正在日益明显地体现出来，并为越来越多的人所认识和承认。在单项运动的世界锦标赛、世界杯赛以及亚洲运动会和奥林匹克运动会之前，不断有国家队寻求运动心理学家的帮助。在中国体育代表团备战奥运会和其他世界性大赛的过程中，全国多家大专院校和科研院所为乒乓球、射击、跳水、滑雪、网球、射箭、艺术体操等多支国家队开展了心理技能训练和心理咨询工作，并取得显著成效。

在运动员心理技能训练和心理咨询过程中，运动心理学家涉及的主要问题有动机、自信、注意、情绪、人际关系、心理疲劳等。为了帮助运动员做好赛前的心理准备和赛中的心理调整所采取的主要方法有认知调节（如目标设置、表象练习、自我暗示、合理情绪疗法等）、生理调节（如放松练习、生物反馈练习等）和环境调节（如提供社会支持等），这些方法对于运动员充分发挥竞技水平具有积极作用。

（三）2000 年以后的发展

进入 21 世纪，中国运动心理学发展的主要特点之一是研究领域明显扩大。受中国竞技运动飞速发展的推动，20 世纪 80—90 年代，中国运动心理学的研究主要集中在竞技运动领域。从 20 世纪 90 年代后半期开始，受社会发展多元化、科学研究多元化以及科学教育国际化的影响，中国运动心理学除了在竞技运动领域一如既往地投入之外，在体育教育和大众健身方面的研究明显增多。

随着 2008 年北京奥运会和 2022 年北京冬奥会的胜利召开，中国运动心理学的发展日益蓬勃兴旺，得到了更广泛的专用。

★第三节　运动心理学、体育心理学和锻炼心理学

运动心理学、体育心理学、锻炼心理学严格地讲是三门不同的学科，各学科研究的侧重点不尽相同，但由于这三门学科的发展历史相对较短，还没有形成各自完整、独立的理论体系，目前难以完全区别清楚。事实上这三门学科是你中有我，我中有你，交叉重叠现象较为突出。然而，随着各自的不断发展，自成体系已初见端倪。

一、运动心理学与体育心理学

运动心理学侧重研究竞技运动训练和比赛中的心理现象，特别是运动员在训练和比赛过程中的心理状态和变化。专项运动技能水平和比赛成绩，不仅受技战术训练的影响，还受心理因素的影响。运动心理学集中研究心理因素（如动机、个性、焦虑、认知等）对运动成绩的影响，不仅研究运动员的心理和行为，还研究教练员、观众的心理和行为。

体育心理学侧重研究体育教育过程中的心理现象，特别是学生在运动学习过程中的心理特点和变化。体育心理学强调研究体育教育教学对学生心理成长和发展的作用。体育教育教学的主要目标是通过身体练习促进学生整体健康的发展，并达到培养人的目的。体育心理学集中研究如何通过体育教学的手段和方法增强学生参与体育学习和活动的动机，激发学生的运动兴趣，培养学生的意志品质，提高学生的自尊心和自信心，调节学生的情绪状态，培养学生的合作精神和竞争意识，并且研究选择教学内容、采用教学方法、进行教学设计等的心理学依据。

运动心理学与体育心理学在研究对象和研究内容上既相互交叉、又有所不同，两者的关系源于体育和运动的相互关系。任未多指出：体育心理学和运动心理学研究的对象都是身体运动活动条件下的人的心理现象。但同时也应该认识到，前者所涉及的是体育教学和

参与体育活动中一般人的心理现象，而后者则局限于以运动员为主的竞技运动参与者的心理现象。体育的核心部分是通过体育教学和身体活动达到教育和培养的目的。竞技运动的运动训练过程既包括教学的成分，也含有培养人的目标。但体育教学的目的主要是使学生学会和掌握一般运动技能，而运动训练过程中的教学则是竞技运动专项技能的教学，是以大运动量甚至是极限运动量的高强度、高密度身体负荷为特征，以技术动作高度自动化和达到高水平竞技运动能力为目标。因此，两者在与教学有关的心理过程、教学方法的心理学依据以及学习者的动机结构等方面既有相同之处，又有不同之点。又如竞赛是竞技运动的主要存在和表现形式，学校体育和群众体育也有竞赛活动，在竞赛项目和规则上也与竞技运动基本一样，都有相同形式上的胜负，对参加者都会产生应激，都需进行一定的心理准备。但两者在对参加者的意义、要求及比赛的激烈程度等方面也有一定差异，因此，参加者所表现出的心理现象也不尽相同。

体育教育是整个教育系统中的重要组成部分，关系到人的全面发展，其中心理学问题的研究具有重要意义。中国运动心理学的发展偏重以高水平运动员为中心的竞技运动，对学校体育教育中心理学问题的关注虽有所增加，但仍显薄弱。已有多种版本的体育心理学内容与运动心理学的内容有较多重复，主要原因是以体育教育问题为研究对象的研究成果较少。1986 年祝蓓里指出，世界运动心理学研究的一个新动向就是要求体育心理学和运动心理学逐渐分家，成为两门独立的学科。现在已有一些体育心理学教科书显现出这种发展势头。

二、运动心理学与锻炼心理学

锻炼心理学侧重研究体育锻炼过程中的心理现象。大众参与体育锻炼与学生的体育学习、运动员的训练和比赛显著不同，大众参与体育锻炼并不太关注运动成绩，而学生参与体育学习，运动员参与训练和比赛比较重视运动成绩。锻炼心理学集中研究体育锻炼对参与者的心理健康的作用。锻炼心理学所涉及的领域主要是大众健身方面的心理学问题，如参与体育锻炼的动机、进行体育锻炼的坚持性、体育锻炼与心理健康的关系、体育锻炼群体的社会心理等问题。

1988 年，北美运动心理学会的官方刊物更名为《运动与锻炼心理学杂志》（*Journal of Sport & Exercise Psychology*），表明锻炼心理学的地位已经得到提高，过去的运动心理学已经难以涵盖锻炼心理学的内容，两者需要向不同方向发展并最终构建独立体系。1992 年，威利斯（Willis）和坎贝尔（Campbell）出版了《锻炼心理学》，体现了该领域受到重视的程度及其研究的进展。

运动心理学与锻炼心理学在研究目的方面表现出明显的差异，运动心理学研究心理变量对运动成绩的影响，例如赛前焦虑对运动成绩的影响。锻炼心理学研究锻炼活动对各种心理变量的影响，例如锻炼活动对焦虑和抑郁的影响。两者在研究同样的因果关系时的侧重点也表现出较大的差异，例如关于动机对运动活动的影响问题，运动心理学主要关注的是运动员追求卓越的成就动机，而锻炼心理学则主要关注的是体育活动兴趣和体育锻炼习惯。

运动心理学与体育心理学、锻炼心理学的关系问题，实际上是研究对象的界定与扩展问题。表 1–4 列出了运动心理学、体育心理学和锻炼心理学在研究重点上的差异。

表 1–4　运动心理学、体育心理学和锻炼心理学部分主题的研究侧重

领域	运动心理学	体育心理学	锻炼心理学
动机	运动员成就动机； 目标设置的成效	学生的兴趣、习惯、坚持性； 目标设置的成效	大众的兴趣、习惯、坚持性
情绪	竞赛焦虑对运动成绩的影响； 赛前、赛中的应激控制	体育活动对情绪的影响	锻炼活动对焦虑和抑郁的影响； 锻炼产生的特殊愉快感受
人格	运动员人格对运动成绩的影响； 运动训练对运动员人格的影响	体育教育对人格的影响	体育活动对人格的影响
技能学习	高水平技能学习	一般水平技能学习	—
归因	运动员的归因特点； 归因对运动训练的影响	学生的归因特点； 归因对学习成绩的影响	—
自我观念	整体自我观念； 独立自我与互联自我	身体能力自我观念； 外观体貌自我观念	身体能力自我观念； 外观体貌自我观念
群体凝聚力	群体凝聚力与运动成绩的关系	—	—

资料来源：张力为，任未多．体育运动心理学研究进展 [M]. 北京：高等教育出版社，2000: 5–6.

从上表中可以看到，三个学科不仅研究对象和研究目标不同，而且研究内容也存在相互交叉和重叠的现象，即使是相同的心理学主题，运动心理学、体育心理学和锻炼心理学研究的侧重点也不尽相同。以动机研究为例，运动心理学的研究者更加重视运动员的成就动机和目标设置，试图了解成就动机和目标设置与训练效果和比赛成绩的关系；体育心理学的研究者更加重视学生群体的兴趣、习惯和坚持性以及体育教学中目标设置的成效；锻炼心理学的研究者则更加重视大众的兴趣、习惯和坚持性。再以情绪研究为例，运动心理学的研究者多将情绪作为原因，探讨应激、唤醒、焦虑对操作成绩的影响；体育心理学和锻炼心理学的研究者多将情绪作为结果，探讨体育活动或锻炼活动对愉快感等积极情绪的诱发作用，对抑郁、焦虑等消极情绪的控制作用以及对心理疲劳的缓解作用。

三个学科都是研究体育运动这一特定情景中的心理现象，而体育运动是以身体练习为主要特征的，那么，不管哪门学科都是主要研究身体练习过程中的心理特点和变化规律。这也决定了有些行为的心理学依据是一样的，只不过是程度不同而已。例如，学生、运动员或锻炼者参与比赛都会产生焦虑，但焦虑的程度可能不同。虽然学生、运动员或锻炼者参与体育运动的动机可能既有程度上的不同，也有方向上的不同，但是都可以通过动机理论加以解释。由此看来，在同一个研究领域里，相似和相异共存。过分强调某一方面而忽略另一个方面，都不利于学科的发展。

（姜媛）

本章要点

1. 运动心理学是心理学的分支学科，它是阐明体育运动的心理学基础、研究人在体育运动中心理活动的特点及其规律的应用科学。

2. 运动心理学的主要研究任务是：研究人在体育运动中心理过程的特点和规律以及人的个性差异与体育运动的关系；研究体育运动对人的心理过程和个性特征产生的影响；研究掌握运动知识、形成运动技能、进行技能训练的心理学规律；研究运动竞赛中人的心理状态。

3. 从研究内容分析，运动心理学有三大研究领域，即竞技运动领域、体育教育领域和大众健身领域。

4. 特里普利特于 1897 年进行的研究社会促进效应实验，既开社会心理学研究之路，也创运动心理学研究之先。

5. 1925 年，格里菲思在美国伊利诺斯大学建立了世界上第一个运动心理学实验室，这一事件可被视为运动心理学学科建立的标志。

6. 1965 年，国际运动心理学会成立，推动了运动心理学在全世界范围内迅速发展。

7. 1979 年，中国心理学会体育运动心理专业委员会成立；1980 年，中国体育科学学会运动心理学会成立。自此，中国运动心理学开始走向迅速发展的道路。

8. 20 世纪 80—90 年代，中国运动心理学在竞技运动心理方面进行大量的研究工作和实践工作；2000 年以后，研究领域明显扩大，体育教育心理和大众健身心理方面的研究明显增加。

思考与作业

1. 运动心理学在竞技运动中有哪些作用？
2. 如何看待运动心理学与心理科学、体育科学的关系？
3. 你对体育运动中哪些心理现象感兴趣？

第二章　运动活动的动机

【内容提要和学习指导】

运动动机是运动员在训练和比赛中的主要动力源泉。本章将以运动动机为主要内容展开阐述，不仅明确解释了运动动机的内涵与功能，详细介绍了运动动机的相关理论，而且还系统阐述了如何培养和激发运动员的运动动机。学习本章时，您可以首先掌握运动动机的概念、功能及其分类等基本内容，以运动动机的相关理论为学习重点，在此基础上，借鉴相关理论的观点，理解并掌握培养和激发运动动机的有效方法。

竞技运动、体育教育和大众健身的动机问题，是运动心理学长期关注、经久不衰的研究课题。为什么运动员会忍受巨大的伤痛而坚持训练？为什么有人会放弃休息时间争做奥运志愿者？为什么有人不顾生命危险而从事攀岩活动？这些问题都与人们的动机有关。本章将对运动动机展开深入讨论。

第一节　什么是运动动机

一、运动动机的含义

动机是推动一个人进行活动的心理动因或内部动力。其基本含义是：能引起并维持人的活动，将该活动导向一定目标，以满足个体需要的念头、愿望或理想等。运动动机是推动人们参与体育运动的内部动力。可以看出，运动动机是一种内部心理过程，而不是心理活动的结果，行为是这种内在心理过程的结果。

运动动机的产生取决于两个必要条件：一是个体的需要，二是行为的诱因。需要是人们因对某种东西的缺乏而引起的内部紧张状态和不舒服感。动机是在需要的基础上产生的。当某种需要没有获得满足时，人们自身的平衡状态便会遭到破坏，造成生理或心理上的压力或紧张。为了解除这些压力或紧张，它便会推动人们去寻找满足需要的对象，从而产生活动的动机。强身健体、情绪宣泄、展示自我等都是人们参与运动活动的需要。诱因是激发动机的外部因素，即人们自身之外的各种刺激，包括各种生物性的和社会性的因素。如，体育系统和企业界人士给奥运会金牌获得者的高额奖金、丰富多彩的体育锻炼活动，都是促使人们进行体育锻炼的外部因素。

行为可由需要引起，也可由环境引起。现实生活中，人的动机常常取决于需要和诱因的相互作用。其中，内因是主要的，外因通过内因起作用。

二、运动动机有哪些功能

运动动机具有三大功能。

（一）始发功能

运动动机可以引起和发动运动员或锻炼者的活动，推动他们产生某种活动，使他们由静止状态转向活动状态。如为了增强体质而坚持每天锻炼，为了获得教练员的赞扬而刻苦训练，为了退役后的生涯考虑而努力学习其他专业知识等。

（二）指向或选择功能

运动动机不仅可以激发行为，而且可以指引活动向某一目标进行或选择活动的方向。如在成就动机的支配下，运动员主动选择具有挑战性的任务；在强身健体动机的支配下，有人会来到公园或体育场锻炼身体；在为奥运会做贡献动机的支配下，人们会选择做各种城市志愿者、场馆志愿者等。

（三）维持和调整功能

当动机激发起某种活动后，活动能否持续下去，同样受到动机的调节和支配。如运动动机与体育活动坚持时间的长短有关。当参加那些自己有兴趣的体育活动时，锻炼者会坚持很长的时间，即使遇到困难也会设法克服。而若从事不喜欢的活动，没有较强的运动动机，人们锻炼的持续时间就会比较短。另外，运动员在训练过程中，是刻苦努力还是敷衍了事，是持之以恒还是半途而废，在很大程度上都取决于其动机水平。

三、动机是怎样分类的

根据不同的分类标准，可以将动机划分为不同的种类。

（一）生物性动机和社会性动机

根据动机的性质，可以将动机分为生物性动机和社会性动机。

生物性动机也称驱力，是以有机体自身的生物学需要（如饥饿、口渴、疼痛、睡眠或性欲等）而产生的动机。因为我们生活在社会之中，因此生物性需要的满足以及满足的方式总是会受到社会生活环境的影响。社会性动机是以人的社会性需要（如交往、成就或尊重等）而产生的动机。在体育运动中，人们可以与他人交往并获得认同，发展友谊，赢得荣誉。这些动机会推动人们在社会中的活动，当需要得到满足时，社会性动机才会缓解下来。

（二）直接动机和间接动机

根据需要的特点，可以将动机分为直接动机和间接动机。

专栏 2–1　什么决定着肥胖者的饥饿感：胃还是思维

沙赫特和他的同事格罗斯招募了一批志愿者，有些是肥胖者，有些是正常身材的人，让他们参加宣称是对肉体反应与心理学特征之间的关系的研究。实验者哄骗志愿者把手表交出来，因为要在手腕上绑电极。其实，绑在他们手腕上的电极只是个幌子，为的是诱使他们脱下手表。研究者们还在房间里留下一些饼干，并告诉志愿者——他在实验期间是一个人待着——随便用。房间里面有一座经过修改的钟，要么是半速走，要么是快一倍。过了一会，志愿者认为到了午餐时间。不过，这时候尚不到吃饭的时间。其他一些人则认为还没有到午餐时间，而实际上午餐时间早过了。认为已经过了正常午餐时间的肥胖者，比认为还没有到正常午餐的肥胖者吃的饼干多一些。正常的志愿者吃的饼干则一样多，不管他们认为到了什么时间。结论是：不是胃，而是思维决定着这些肥胖者饥饿的感觉。

资料来源：亨特．心理学的故事 [M]. 李斯，译．海口：海南出版社，1999: 648–649.

直接动机是以直接兴趣为基础，指向活动过程本身的动机。如运动员出于对自己所从事的运动专项的热爱，他们在训练过程中就会最大限度地发挥自身的潜力。间接动机是以间接兴趣为基础，指向活动的结果的动机。如，许多足球运动员不喜欢体能消耗极大的折返跑训练，但是因为它有助于在“YoYo 间歇耐力测验”中达标，从而获得在中国顶级联赛中上场的资格，于是他们也会努力训练。一般来说，在体育运动中，参与者会同时受到直接动机和间接动机的驱使。相比之下，直接动机对参与者行为的推动作用更为有效。但当体育运动活动的内容具有一定的难度，需要付出较大努力时，直接动机就表现出局限性。而此时间接动机因为与行为的目的和意义相联系，因此就成为人们参与体育运动的主要推动力量。

（三）外部动机和内部动机

根据心理动因来自自身的需要还是由外界条件诱发，可以将动机分为外部动机和内部动机。

外部动机是指来源于外部原因的动机。如为了获得教练员的表扬或避免受到惩罚，为了获取奖杯与薪金，获得公众的承认而努力训练；或者是迫于某种压力而参加体育运动的动机。内部动机是来自于个体内在需要的动机。如因为渴望从体育活动中获得身体上的快感、刺激，以及希望满足自尊心、归属感和自我实现等心理需要的动机。内部动机对于人们参加体育运动的推动力量更大，维持的时间也较长。外部动机对人们的推动力量相对较小，持续作用的时间也较短。但外部动机并非一无是处。一般来说，运动员参加体育运动可能同时受到两种因素的影响，这两种动机对于体育运动活动均有重要意义。

以上三种分类方法，对于我们深入理解运动动机均具有重要的作用。在运动心理学研究中使用最多的分类方法是内部动机－外部动机的分类方法。

第二节　动机如何影响运动表现

自我效能理论、认知评价理论和目标定向理论是体育运动领域关于动机与运动表现的公认的三大理论。

一、自我效能理论

（一）自我效能理论的基本观点

自我效能的概念由美国心理学家班杜拉（Bandura）在 1977 年提出，指一个人对自己能否成功地完成一项任务所持的信心和期望，或者对自己成功地完成一项任务所具备的潜能的认识。自我效能也可称作“自我效能感”“自我信念”“自我效能期望”等。

自我效能理论是关于自我效能影响因素和重要作用的理论（图 2–1）。该理论认为，自我效能的形成受四种信息影响，即成功的表现（直接经验，包括自己已有的成功经验和现时的优异表现）、替代经验（间接经验，指通过参照榜样的表现与结果，所获得的自己能否成功的判断）、言语说服（指他人利用鼓励性的话语或正向的反馈，使个体相信自己具有完成任务的能力）和情绪唤醒（指情绪是否积极和情绪的强度）。这四种信息影响人的自我效能感（自我效能信念），而自我效能感进而影响人的情绪和行为。

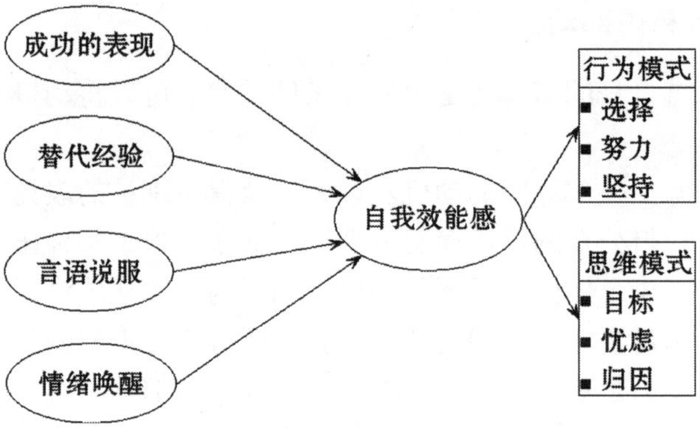

图 2–1　自我效能理论模型

自我效能影响人们的行为选择，决定人们在遇到困难时会付出多大的努力来克服困难，并且会影响人们的思维模式和情感反应模式。

（二）自我效能理论在体育运动中的运用

竞技体育领域主要关注自我效能与运动成绩之间的关系。有研究者指出，自我效能越高，运动员的焦虑水平就越低，努力程度就越高，运动成绩就越好。在对运动员进行的心理咨询和心理技能训练中也发现，自我效能同运动员的注意方向、情绪控制等共同影响着运动员的运动表现。另外，教练员的自我效能也是运动员训练成绩好坏的重要预测指标。教练员的自我效能是指教练员相信自己有能力对运动员的训练产生积极影响的一种知觉和信念。它不仅会直接影响教练员的工作主动性、积极性，以及遇到困难时的坚持程度，同时还会通过自身表现间接影响到运动员的自我效能，从而影响运动员的运动表现。自我效能与运动成绩之间的关系提示我们，可以通过提高运动员的自我效能以及教练员的自我效能来提高运动员的运动成绩。关于自我效能理论对竞技运动的作用，将在本书第五章“运动员的自信心”中做进一步的讨论。

体育教育和大众健身领域主要关注自我效能与体育活动动机的关系。根据社会认知理论，自我效能应是促进动机的重要因素，自我效能高者，参与体育活动的动机也应较高，反之则低。相关研究指出，自我效能与身体锻炼的坚持性有中等程度的正相关，自我效能高者，身体锻炼的坚持性也更好。

考虑到自我效能对于运动成绩及运动动机的重要作用，可以采取一些方法提高运动员或锻炼者的自我效能，如观看提高自我效能的录像片、鼓励性的自我暗示、表象等。

二、认知评价理论

（一）认知评价理论的基本观点

认知评价理论由德西（Deci）和瑞安（Ryan）在 1980 年提出。该理论主要观点如下：

（1）任何一个事件（如奖金、比赛结果等）均具有两种功能，即与自我决策感相关的控制性功能和与能力感相关的信息性功能。

（2）事件的控制性功能影响人的自我决策。

若事件的控制性很高，人们会感到自我决策的可能性很小，因果关系由外部因素决定，自己的行为无能为力。如果事件的控制性很低，人们就会感到自我决策的可能性很大，因果关系由内部因素决定，自己的行为取决于自己的动机和目标。早期的研究发现，像金钱、食物和奖品这类外部奖励均使内部动机下降，究其原因，可能在于这些外部奖励被广泛地用来控制人，因此人们对这些事件的控制性方面体验得很深刻，从而感到自身的决策权是极其有限的。根据上述推理，可以预测，当一种奖励的控制性表现得十分显著、十分强烈时，参加体育活动的内部动机将会下降。

（3）事件的信息性功能影响人的能力感。

如果某一事件所包含的信息可以标志人们从事某种有意义的活动的能力，并使人们体验到进行自我决策的因果性，我们就说这一事件的信息性很强。积极信息可以让参与者增强自我价值感和自我决定感，可以促进内部动机。但如果一个冠军球队的球员在实际较少贡献时，仍得到了物质的奖励，这样该运动员接受了与其能力和价值完全不匹配的信息，其参与就有可能受到外部奖赏的影响。

教练员和队友的口头反馈是体育活动中表现信息的主要来源，积极的反馈（如“你完成得很好”）可以提高运动员的内部动机，而消极的反馈（如“你完成得不好”）则会降低内部动机。另外，反馈的数量并不重要，反馈的意义才是关键性的因素。

（4）控制性功能和信息性功能不是独立的，它们的交互作用影响动机。

低控制性的积极信息可以提高人的内部动机；高控制性的积极信息可以提高人的外部动机；消极信息则会损害内部动机和外部动机。

（5）一个事件对一个人来说控制性和信息性究竟如何，取决于他 / 她对此事件的认知评价。

认知评价理论强调奖励和反馈等事件对于承受者的意义。相关研究发现，反馈对内外部动机定向不同的儿童，有不同的影响。积极反馈使内部动机定向儿童的内部动机提高得更多，但使外部动机定向儿童的内部动机提高得较少。还有一个有趣发现是，尽管消极反馈降低了外部动机定向儿童的内部动机，但对内部动机定向儿童来说代表着一种挑战，它使内部动机定向儿童的内部动机保持不变。另外，对于不同控制点的儿童来说，模糊信息所代表的意义也会不同。曾有研究者给内部控制点和外部控制点儿童提供模糊的奖励信息，使奖励的信息性和控制性特征都不是很清楚。结果发现，这些模糊的奖励信息使内控组儿童的内部动机提高，使外控组儿童的内部动机下降。或许是因为具有内部控制倾向的人将奖励解释为信息性的，而具有外部控制倾向的人则往往将奖励解释为控制性的。

（二）认知评价理论在体育运动中的运用

在竞技运动领域，对于职业教练员或运动队的各级管理者，如果唯一的目标是取胜，那么强烈的外部定向可能是达到该目标的必要且有效的途径，控制性的、外部的定向是可以理解的，甚至是合乎情理的。将运动员的自尊心、生活目标和比赛成绩挂钩，提供重奖或施加比赛压力，或者使用其他的外部手段也许能激发动机。但即便是职业的优秀运动员，也不应将争取获胜作为唯一的目标，他还应注意如何进行比赛，并希望其他人也能从体育活动中得到乐趣。只有坚持这种体育精神，才会使人们从体育运动中获得更多的乐趣。

在体育教育和大众锻炼领域中，主要目标是提高人们对体育活动本身的兴趣和认识，鼓励人们终身参与健身活动，促进人的全面发展。认知评价理论提示我们，在参加体育活动时，应鼓励人们出于自己的需要、兴趣，而不为外部奖励影响。外在刺激如奖金可能会破坏人们的内在动机。另外，体育教育还应该提高人们对运动技能的鉴赏力，同时满足所有参加者的心理需要，通过向人们提供自我决策和能力体现的机会和方式，提高人们的自尊感和自信心。

另外，体育教师、教练员、家长的定向也会影响学生的内部动机。如果老师倾向于控制学生，以高度控制的方式带学生，那学生的内部动机和自尊程度都会较低。如果教师倾向于支持学生独立自主，给学生提供更多自主的机会，那学生的内部动机和自尊程度都会比较高。

综上所述，认知评价理论注重认知特征对于动机的直接作用，为运动动机的培养和激发提供了具有重要价值的理论依据，具有指导意义。该理论注重内部动机的积极作用，主张从内部激发动机。但是，该理论用对立的观点看待内部动机与外部动机的关系，忽视了外部动机的作用。

三、目标定向理论

（一）目标定向理论的基本观点

目标定向理论由杜达（Duda）和尼科尔斯（Nicholls）于 1992 年提出。该理论从活动目标的角度对运动动机进行了分析，主要集中在确定哪些心理因素和行为因素会影响人的主观能力，这种主观能力又如何影响人的后继行为及其效率。

该理论认为，目标定向可以分为任务定向和自我定向两类。任务定向是强调纵向的自己与自己相比，注重个人努力，以掌握技能、完成任务为目标的心理定向。它有助于内部动机的维持和提高。而自我定向是强调横向的自己与他人相比，注重社会参照，以超过他人为目标的心理定向。它对内部动机有损害作用。任务定向有助于培养和提高人的主观能力感，而自我定向更有可能使人们产生能力不足之感。由于在运动时，人们通常不是受某一个单一的目标定向影响，常常是两种目标的混合，有学者对此做了进一步划分，将目标定向分为四种类型：高任务定向 / 高自我定向，高任务定向 / 低自我定向，低任务定向 / 高自我定向，低任务定向 / 低自我定向。

（二）目标定向理论在体育运动中的运用

同认知评价理论一样，目标定向理论也极其重视人的认知过程对动机的重要作用，重视内部动机的维持与增强，但目标定向理论更强调人的目标定向对动机的影响。具体来说，任务定向会激发人们对任务的直接兴趣，而自我定向则会导致内部动机的下降。竞技体育运动领域，有较强任务定向的运动员会为了成功而更加努力，对体育运动显示出内在的兴趣，喜欢挑战性的任务，敢于冒险，使用有效的学习手段和解决问题的策略，而自我定向的运动员则与之相反。因此，教练员及体育管理人员应当尽力创造并维持一种积极气氛，帮助运动员建立一种高度的任务定向。但也无法回避自我定向的问题，因为运动员总是在与周围其他人的比较中生存；体育教育和大众健身领域，体育活动的参加者可以通过任务定向获得更多的乐趣，从而进一步提高生活质量，生活得更加健康和幸福。

第三节　如何培养与激发运动员的动机

本节主要以竞技运动为例，关注运动员动机的培养与激发，对于体育教育和大众健身同样具有参考借鉴作用。运动员动机的培养和激发，可以从以下五个方面考虑。

一、满足运动员的各种需要

满足运动员的需要是有效地激发动机的关键。体育运动活动中，人们主要有追求乐趣、展示自我和集体归属感三种需要，体育教师和教练员应该对此予以满足。

（一）满足运动员追求乐趣的需要

体育运动的魅力之一就是具有鲜明的挑战性和趣味性，并使身心融于一体。它是乐趣式的，但同时它也可能成为一项艰苦的劳动。教学安排与训练安排中，体育教师和教练员应该注意安排活动的乐趣，而不能让训练变得枯燥无味，从而剥夺了运动员训练的乐趣，导致运动动机的下降。体育教师和教练员只有设法使单调无味的训练富于趣味性，满足运动员追求乐趣的需要，才能更有效地激发运动动机。

（二）满足运动员展示自我的需要

展示自身的价值是体育运动中最普遍最强烈的需要。自我价值感是所有运动员最为珍惜和悉心保护的精神财产。展示自己的才能并使他人承认自己的价值，或者不必得到他人的尊重而只需自认为有价值、有能力，都可以满足这种需要。体育运动领域的各种任务时时都在向人的能力提出挑战，作为教练员，必须尽可能去保护运动员，不要使他们失去自我价值感。

当然，考虑到运动员归因特点的不同（详见第四章），在满足运动员展示自我的需要时，所采用的方法也会有所不同。对于失败定向的运动员，体育教师或教练员应帮助他们重新确定目标，并尽可能设法通过成功的体验来满足他们表现才能与自我价值的需要，引导他们积极改善归因的控制点，这样才能有效地培养和激发他们的内部动机。例如，对于屡受挫折、自尊心受到极大伤害的运动员，应帮助他们重新确定切实可行的目标，引导他们将成功归因于能力（成功定向），并积极为其创设经努力而成功的训练环境，提高其自我价值感，保护他们的自尊心。

（三）满足运动员归属集体的需要

归属感是从属于一个集体的需要。归属感是人特有的心理需要，只有产生了自己是归属于某一团体的感觉，才能免于孤独的恐惧感，获得心理上的安全感。每个体育团队中，成员都有相似的才能、共同的目标和共同的追求，彼此带着共同的爱好来追求共同的目标。体育活动使人们有了更多归属团体，满足了人们的归属需要。作为团队中的一员，具有“我们”和“我们的”这种情感。甚至有少数人，他们参加体育运动就是因为希望能成为运动集体中的一员，他们需要归属于一个能为自己增添色彩的集体。归属于他人、为他人所接受就是这些人的主要动机，他们的主要目标就是满足这种需要，而不是去赢得荣誉。

二、合理运用强化手段

强化是指出现可接受的行为时，或者给予奖励，或者撤除消极刺激的过程。强化常常用来改变或塑造行为，来使某一行为符合人们的期望。强化可分为两种：第一，积极强化：出现特定的行为时就给予奖励。例如，教练员的表扬、注意等精神奖励，以及奖金等物质奖励。第二，消极强化：通过撤除消极的结果来鼓励特定行为。例如，足球教学比赛的负方应按惯例在赛后罚跑 2000 米，但由于负方队员表现出色，教练员决定免跑。当积极强化物失去效力时，使用消极强化物常常是行之有效的方法。

强化主要是从外部激发动机的方法。如果运用得当，强化不仅可以激发外部动机，也有利于内部动机的培养。如果运用不当，强化则可能既破坏内部动机，又破坏外部动机。如父亲对孩子说：“只要你每天能坚持 2 个小时打篮球，我每天就给你 2 块钱。”过了几天，孩子对父亲说：“我不要钱了，也不每天打篮球了。”因此，在运用强化时，应该注意以下原则：

第一，教授新任务时，进行即时强化，不要进行延缓强化。即时强化可以使行为和后果之间的联系更加明确，同时增加了反馈信息的价值。

第二，在任务的早期阶段，可以强化每一个正确的反应。随着训练的发生，对达到标准的良好表现进行没有规律的强化。连续强化具有“不经济”的特点，且一旦取消强化，行为就会很快消失。因此，可以采用不定期、不定时的强化方式。由于运动参与者知道强化肯定会出现，但又不知道什么时候出现，因此，他们表现出准确行为反应的次数是比较稳定的，且不会很快消退。

第三，明确规定应获奖励的行为、奖励的条件以及奖励的标准。例如，在比赛中表现最好的队员可以在下次训练课时自选准备活动。

第四，增加强化的信息性功能。奖励是能力、努力和自我价值的标志，而不能让运动员感到教练员正在企图控制他们的行为。

第五，鼓励运动员间的相互强化。

三、直接或间接激发运动动机

体育教育或运动训练中，教师或教练员可以直接激发运动动机。主要有下述三种办法。依从方法指利用外部奖励和惩罚的作用来激发运动动机的方法。例如，教练员对运动员说“如果你这个赛季拿到第一，就会有一大笔奖金”，或者“你要是输了球再骂人，就要被扣钱”。该方法是激发动机的有效手段，特别是对于那些没有建立起良好的行为习惯、自我观念很淡薄的运动员来说，尤其如此。认同方法指利用教练员与运动员之间的关系来激发运动动机的方法。它是依从法的隐蔽形式。例如，教练员说：“如果你关心全队，为全队尽力，那你也是在为我做这件事，帮了我的忙。”这句话的潜台词是：“如果你按照我的要求做，你就会得到奖励；如果你不这样做，就会受到惩罚。”要成功地利用认同法来激发运动动机，教练员就必须与运动员保持良好关系，使运动员觉得自己应该照教练员的要求去做。内化方法指通过启发信念和价值观来激发内部动机的方法。如教练员对运动员说：“为了准备这次比赛，你的确练得很努力。你应当对准备工作感到满意，我相信你肯定能充分发挥出自己的水平。我想，你一定知道，无论比赛结果如何，我都会为你感到骄傲。”

使用上述三种直接方法时，应注意以下问题：

第一，在技能发展的初级阶段，依从方法与认同方法最有效，因为该阶段运动员尚不成熟。

第二，随着年龄的增长和心理的成熟，内化方法会起作用，也最适宜。

第三，对于那些十分习惯于依从法而不适应、不接受内化法的运动员，激发其动机的方法取决于目标：如果首要目标是取胜，则应充分依靠和运用依从法和认同法，因为它更省时、更容易也很有效。如果首要目标是帮助运动员成熟和发展，特别是要使他们在心理上不断成熟和发展，从而建立积极的自我意识和完整的价值观念，则应先利用依从法和认同法帮助运动员建立起正确的价值和信仰体系，然后才可能用内化法激发和培养其运动动机。

第四，运动员归因的控制点不同，激发其运动动机的直接方法也不同。对于内控归因的运动员，更适合使用内化的方法。对于外控归因的运动员，更适合使用依从和认同的方法。

除了直接激发运动员的动机，还可以通过改变教学与训练的环境等间接培养和激发运动动机。如，变换练习场地，改善练习设备条件等物质环境。又如，改变运动员分组，改变传统的练习方法，使用鼓励的话语等改变练习的心理环境。体育教师和教练员应当精心安排每一次训练和比赛，使之具有趣味性和启发性，以满足运动员接受刺激、追求乐趣的需要，进而培养和激发内部动机。

四、给予自主权和培养责任心

研究表明，给人以控制自己生活的权利，可以加强动机，提高成就，促进责任感和自我价值感的发展。体育教师和教练员应根据运动员的能力和水平，在有组织的范围内下放权力，培养运动员的责任心、自觉性，以及在有限的条件下做出正确决策的能力。这样做不仅能培养和激发内部动机，而且会使运动员在将来的生活和工作中受益。当然，在下放自主权的过程中应注意以下问题：一是考虑运动员的实际能力和水平，有选择地下放；二是耐心指导运动员决策，不急于求成；三是体育教师和教练员应培养移情能力，也就是说应该能够站在运动员的角度思考问题。

五、因材施教激发动机

由于运动员或锻炼者在家庭背景、个性特征、需要、归因特点、文化程度等方面存在差异，因此在培养和激发运动动机的过程中应充分考虑这些差异，做到因材施教。

在体育运动领域中激发动机，没有同时适合所有人、所有情况的方法。体育教师和教练员应该从实际出发，因人制宜，创造性地运用各种方法以取得良好的效果。如果一味教条式地生搬硬套，就会适得其反。例如，有些运动员可能会把教练员的惩罚看成是一种奖励，也有人可能把奖励看成是一种惩罚。在你大声训斥某人时，他却觉得自己成功地引起了你的注意；对于性格特别腼腆的运动员，你让他带领全队做准备活动以示奖励，他却可能认为是对他的惩罚。这些都是强化运用不当的表现。

★第四节　动机如何影响运动表现

一、自我效能理论的应用——集体效能

早期的自我效能理论研究主要集中在个体效能方面，强调个体行为的调控，而忽视了集体行为的研究。到了 20 世纪 80 年代中期，班杜拉提出了集体效能的概念，并对此进行了系统地理论整合和阐释，进一步扩展了其自我效能理论的内涵。根据班杜拉的观点，集体效能是指团体成员对团体能力的判断或对完成即将到来的工作的集体能力的评价。简单地说，集体效能是团队里的每个成员将团队视为一体的效能知觉。集体效能根植于个体效能，但不是个体属性的简单总和，而是个体相互作用的动态过程中所创造的一种突现的属性。

惠特尼（Whitney）的研究为集体效能观点提供了支持。他将 108 名初学心理的学生分为 36 组，每组 3 人，随机分配六种实验条件中的一种，并以问题解决任务来验证集体效能、目标设置和凝聚力的交互作用。结果发现，有高集体效能组的比中等集体效能组的表现好，在困难目标情形下，有高目标定向和高凝聚力组比低目标定向和低凝聚力组的表现好。可以看出，目标通过认知和动机机制影响个体在既定任务中的表现，对于集体来说，也有相似的作用。

集体效能对团队工作效果的影响已经达成共识。那集体效能以何种方式影响团队工作效果？一般认为，集体效能可以对团队工作效果产生直接影响。同时，集体效能还可通过一些中介变量对团队成绩产生间接影响。

集体效能最初只是一个较新的团体心理概念，之后随着研究者的共同努力，集体效能理论逐渐丰富和系统起来，并显示出较强的生命力。集体效能理论的提出具有重要的意义，为考察团体行为水平的动机性效果提供了清晰的理论框架，在现实中也有重要意义，如启示教练员应该将团队视为一体去建立效能，让队员相信大家集合为一体的团队有能力成功是该团队能否成功的关键。

二、动机的需要层次论

需要层次论由美国心理学家马斯洛（Abraham H.Maslow）提出。该理论认为，人有各种各样的需要，按照发生的先后顺序可以分为五个等级，分别为生理的需要、安全的需要、归属与爱的需要、尊重的需要和自我实现的需要。生理需要是人的生存的基本需要，如吃、喝、住等。安全的需要包括物质上与心理上的安全保障，如回避危险、摆脱恐惧等。归属与爱的需要指人们都希望获得别人的爱，倾向于归属于某一个团体。尊重的需要包括要求受到别人的尊重和自己具有内在的自尊心，如希望自己努力的成就得到他人的认同。自我实现指通过自己的努力，实现自己对生活的期望，对社会做出有意义、有价值的贡献，以

实现自己的理想和抱负。需要层次论认为，五个等级的需要有高级和低级之分，其中生理的、安全的和归属与爱的需要是低级需要，可以通过改善外部条件来加以满足。而尊重的需要和自我实现的需要是高级需要，是从内部得到满足的。各层需要依序升级，较低级的需要至少必须部分满足之后才能出现对较高级需要的追求。

尽管该理论观点还是备受争议，如忽视了大多人需要的主观能动性，忽视高级需要对低级需要的调节控制作用，但该理论对体育运动仍有重要启示。如在运动员培养中，应该了解运动员的各种需要，并根据实际情况采用更为适当的训练方法。大众锻炼中，归属需要的满足是人们参与运动的主线之一。

（王英春）

本章要点

1. 动机是推动一个人进行活动的心理动因或内部动力。其基本含义是：能引起并维持人的活动，将该活动导向一定目标，以满足个体需要的念头、愿望或理想等。运动动机是推动人们参与运动训练或身体锻炼活动的内部心理动因或内部动力。

2. 运动动机的产生取决于两个必要条件：一是个体的需要，即内驱力；二是行为的目标，即诱因。

3. 运动动机具有始发功能、指向或选择功能、维持和调整功能。

4. 根据不同的划分标准，可以将动机划分为不同的类型，如生物性动机和社会性动机，直接动机和间接动机，外部动机和内部动机等。

5. 自我效能指一个人对自己能否成功地完成一项任务所持的信心和期望，或者对自己成功地完成一项任务所具备的潜能的认识。

6. 自我效能作用如下：影响人们的行为选择，决定人们将会付出多大的努力来应对遇到的困难，影响人们的思维模式和情感反应模式。

7. 自我效能主要有四个影响因素：成功的表现、替代经验、言语说服和情绪唤醒。

8. 认知评价理论认为，任何一个事件均具有两种功能，即与自我决策感相关的控制性功能和与能力感相关的信息性功能；控制性功能和信息性功能不是独立的，它们的交互作用影响动机；一个事件对一个人来说控制性和信息性究竟如何，取决于他/她对此事件的认知评价。

9. 目标定向理论从活动目标的角度对运动动机进行了分析，探讨哪些心理和行为因素会影响人的主观能力，这种主观能力又如何影响人的后继行为及其效率的理论。该理论认为，指向活动本身并以自身进步为参照的任务定向可以激发对任务的直接兴趣，而指向将自己同他人进行能力比较的自我定向则会导致内部动机的下降。

10. 培养和激发运动员的动机主要有以下方法：满足运动员各种需要、合理运用强化手段、直接或间接激发运动动机、给予自主权和培养责任心、因材施教激发动机。

思考与作业

1.什么是动机和运动动机?
2.自我效能理论的基本观点是什么?对于体育运动有什么意义?
3.什么是认知评价理论?该理论对体育运动有何启示?
4.目标定向理论的观点是什么?如何在体育运动中运用这一理论?
5.结合实际，思考如何培养和激发运动动机?

第三章　唤醒、焦虑与运动表现

【内容提要和学习指导】

运动员赛前的唤醒和焦虑水平是影响其运动成绩的重要因素。通过本章学习，您可以了解到唤醒和焦虑的概念及其分类等基础知识，知道在运动竞赛过程中，唤醒和焦虑如何影响运动表现，同时还可以了解唤醒和焦虑的测量方法以及运动实践中降低焦虑的技术。学习本章时，您可以在掌握唤醒和焦虑概念及其内涵的基础上，以倒U形假说和个人最佳功能区理论为学习重点，深入理解唤醒和焦虑的相关理论，了解测量唤醒和焦虑的方法，熟知在训练比赛过程中，能够降低运动员焦虑的技术方法。

人们的所有活动，从深沉的睡眠到极度的恐惧，都伴随着不同程度的唤醒。在体育运动中，唤醒与运动员的运动表现有着密切的关系。焦虑作为体育运动中普遍的、必然的现象，也会在一定范围内影响运动员的水平发挥。因此，唤醒、焦虑和运动成绩的关系一直是体育运动心理学的重要研究课题之一。这一领域产生的理论假说，可以直接指导运动员的比赛心理准备。

第一节　什么是唤醒和焦虑

一、唤醒和焦虑

唤醒和焦虑两个概念与应激紧密相联。在了解唤醒和焦虑的概念之前，应先了解应激过程。应激指有机体在遇到干扰自己平衡状态或超越自己应对能力的刺激事件时，表现出来的特定的或非特定性的反应过程。它包括应激刺激、对威胁的知觉评价以及应激反应三种主要成分。应激刺激指对有机体形成威胁并引起有机体产生变化的各种内在及外在的影响因素，应激反应指有机体对应激刺激做出的适应性变化，包括生理的、行为的、情绪的以及认知上的改变。应激是一个十分复杂的心理生物过程，它引起的生理反应会使个体的唤醒水平提高，引起的心理反应会使个体的焦虑水平提高。

唤醒指有机体总的生理性激活（或者兴奋）的不同状态或不同程度。唤醒有三种表现，即脑电唤醒、行为唤醒和植物性唤醒。三者可以同时存在，也可以单独存在。唤醒对维持与改变大脑皮质的兴奋性、保持觉醒状态有主要作用，并为保持和集中注意力提供能量。

焦虑指由于不能克服障碍或不能达到目标，而体验到身体和心理的平衡状态受到威胁，形成的一种紧张、担忧并带有恐惧的情绪状态。焦虑状态含三个主要组成部分，分别为生理唤醒，情绪体验，以及威胁、不确定性和担忧的认知表征。在体育运动中，焦虑指运动员在训练或比赛中，对当前的或预计到的具有潜在威胁的情境产生的担忧倾向。

唤醒和焦虑之间的主要区别在于，唤醒只有程度之分，积极或消极的情绪都有可能伴随着高唤醒，而焦虑一般则被视作引起强烈负面反应的情绪状态。焦虑往往与结果的消极性有关，或与结果的不确定性有关，即不知道即将发生什么，不知道别人期望自己做什么，也不知道最好的行动方针是什么。运动员如果不知道比赛对手将采用何种战术，不了解教练员对自己的期望，或者不知道自己该如何扭转比赛中的被动局面，就可能产生焦虑。

二、焦虑有哪些类型

（一）状态焦虑和特质焦虑

根据焦虑的稳定性，可以将焦虑分为短暂的情绪状态（状态焦虑）和作为个性特质的焦虑倾向（特质焦虑）。卡特尔（Cattell）和沙伊尔（Scheier）以及斯皮尔伯格（Spielberger）都明确阐明过状态焦虑和特质焦虑的概念，并对其进行了测量。

状态焦虑指个人在特定的情境和特定的时间内所直接表现出来的、带有明显的外显行为的焦虑情绪，是一种暂时波动的情绪状态。它与生理上的应激反应有着密切联系：高水平的焦虑状态有明显的生理反应，如心率与血压升高、呼吸表浅、口干舌燥等。比如，第一次参加国际比赛的短跑运动员站在起跑线前所体验到的紧张、不安，就属于比赛前的状态焦虑；从未参加过温布尔顿大赛的职业网球运动员可能会被中央球场的观众吓倒，从而对比赛表现产生不利的影响。状态焦虑与情境相关，所有的人都会出现。

特质焦虑是一种人格特质，即在各种情境中产生焦虑反应的情绪倾向和行为倾向。它具有动机的作用，是后天习得的，即一个人无论在何种情境中都预先具有一种以特殊的焦虑反应方式和焦虑反应程度来对待事物的倾向。比如，某运动员无论是在训练、比赛中，还是在平时待人接物中，都具有情绪紧张、焦躁不安、忧心忡忡的倾向，他的特质焦虑程度就是较高的。

特质焦虑比状态焦虑更为持久。特质焦虑较高的人更容易产生非特异性焦虑，他们认为大量的生活情境都有威胁性。这种运动员可能会被一些无足轻重的琐事的恐惧所困扰。在最极端的情况中，特质焦虑可能使运动员的机能受到障碍，完全无力做出反应。

（二）躯体焦虑与认知焦虑

根据运动员的反应特征，可以将焦虑分为躯体焦虑和认知焦虑。

躯体焦虑是焦虑的生理性特征，直接由自发的唤醒引起，通过心跳加快、呼吸急促、手心出汗、肠胃痉挛以及肌肉紧张表现出来。认知焦虑是焦虑的认知性特征，由对内外刺激的评价引起，是含有担忧和干扰性视觉表象成分的一种不愉快感受。尽管躯体焦虑和认知焦虑在概念上具有独立性，但在应激情境中两者可能会有共变关系。

将焦虑分为躯体焦虑和认知焦虑具有重要意义。例如，萨拉森（Sarason）研究表明，和躯体焦虑相比，认知焦虑与完成认知任务的成绩呈现出更强的负相关，这提示我们认知焦虑对认知任务有更为重要的影响。伯顿（Burton）以及古尔德（Gould）等的研究指出，躯体焦虑与运动任务的成绩呈现曲线相关关系，提示躯体焦虑对运动任务有更为复杂的影响。

第二节　唤醒如何影响运动表现

有两个理论探讨了唤醒水平与运动表现的关系，分别是倒 U 形假说和内驱力理论。

一、倒 U 形假说

倒 U 形假说由耶基斯（Yerkes）和多德森（Dodson）于 1908 年提出。

倒 U 形假说的第一个理论假设为：个体的唤醒水平与工作效率（即运动表现）呈现倒 U 形的关系。当个体处于较低的唤醒水平时，运动表现较低；处于中等唤醒水平时，运动表现最高；当唤醒水平超过中等水平的临界点后继续发展时，运动表现将会逐渐恶化（图 3–1）。

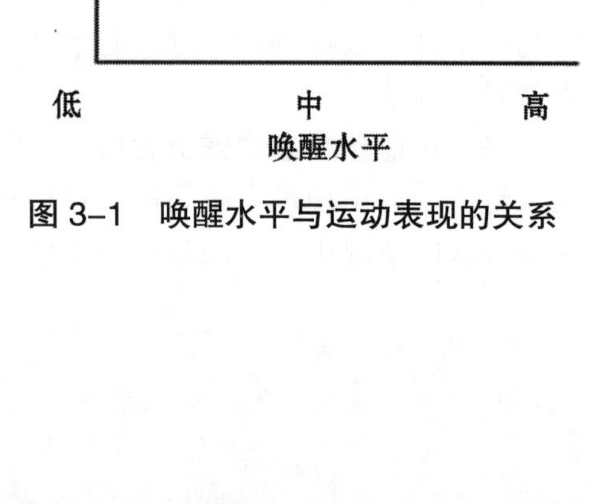

图 3–1　唤醒水平与运动表现的关系

倒 U 形假说的第二个理论假设为：不同性质的工作任务需要不同的唤醒水平。每种行为都有一个最适宜的唤醒水平，在这个水平之上或之下都有可能使成绩不理想。

马奥尼（Mahoney）在 1979 年提出，单一力量性任务，如举重，可从高水平的唤醒或焦虑中获益，而许多认知性任务，像高尔夫球，精细动作行为的要求很高，即使是中等水平的焦虑体验也会造成不利影响。

根据第二个理论假设，我们有理由认为，在完成体能成分为主的任务时，最佳唤醒水平要求处于较高位置；技能成分越多，最佳唤醒水平要求处于越低的位置。比如，短跑属于典型的体能性项目，在赛前和赛中需要相对较高的唤醒水平才能创造佳绩，而射击属于典型的技能性项目，赛前和赛中需要相对较低的唤醒水平（图 3–2）。

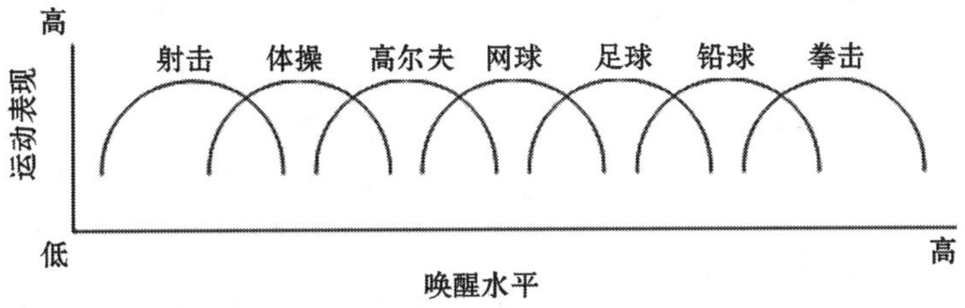

图 3–2　不同体育项目的最佳唤醒水平参考点

（资料来源：马启伟，张力为．体育运动心理学 [M]. 台北：东华书局，1998: 99.）

另外，在同一项目中，技能水平不同的运动员也会有不同的最佳唤醒水平。如对于刚刚从事运动的运动员来说，最适宜的唤醒水平往往比高级运动员要低一些。对于他们来说，即便是中等水平的焦虑体验也可能造成不利影响。

这一理论反映了唤醒与运动表现之间的总体趋势，而且基于实验研究，因而具有重要的价值。其主要问题是：第一，如果唤醒水平的“低”或“高”均没有具体的测量标准，那么一个成功的运动员既可以把自己的唤醒水平归结为“高”，也可以归结为“低”；第二，这个理论没有考虑运动员的个体差异；第三，影响运动表现的因素很多，只简单地考虑唤醒水平是远远不够的。

二、内驱力理论

内驱力理论（drive theory）最初由赫尔（Hull）在 1943 年提出，后来得到了斯彭斯（Spence）等人的修正。该理论推测操作成绩（performance，P）是内驱力（drive，D）与习惯强度（habit，H）的乘积，即 $P=D\times H$。内驱力是所有行为普遍的和非特定的活动冲动，习惯则与正确的和错误的反应所占的优势情况有关，习惯强度是完成专门技能任务时正确反应与错误反应的等级序列。根据这一理论，内驱力的增强将使优势反应出现的可能性增大。所谓优势反应，是指那些习惯性的、唤醒水平升高时极易诱发出的行为反应。如果优势反应是正确的（如处于技能掌握的晚期），唤醒水平的增高会引起操作成绩的提高；如果优势反应是错误的（如处于技能掌握的早期），唤醒水平的增高会引起操作成绩的下降（图 3–3）。

我们举例说明内驱力理论的预测，一般来说，头向前的正向跑步是人们的正确反应，是一种熟练掌握了的生活技能，而头向后的逆向跑步（倒着跑）则是人们的错误反应，是

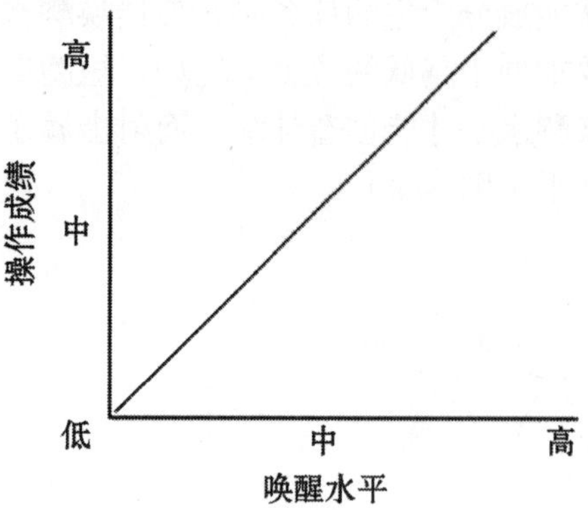

图 3–3　内驱力理论对唤醒水平与操作成绩关系的预测

一种不熟悉或不熟练的生活技能。如果在比赛场馆遇到火灾，你受到威胁，唤醒水平陡然升高，这种情况下，你如果采用正确反应——正向奔跑，求生的欲望（唤醒水平提高）会使你的速度大大提高。但是，如果采用错误反应——逆向奔跑，求生的欲望越高，则跑步的效率越低。

从该理论的公式 $P = D \times H$ 可以看出，内驱力与操作成绩之间实质上是一种线性关系，但在内驱力提高时，操作成绩是提高还是下降，要取决于习惯强度。如果习惯强度为正（习惯是正确的），则操作成绩提高；如果习惯强度为负（习惯是错误的），则操作成绩下降。

内驱力理论可用于解释人们从事简单活动任务时唤醒水平与操作成绩之间的关系，但不适用于解释复杂的或新的活动任务。其原因在于，很多时候我们难以清楚地确定复杂运动反应的习惯强度或习惯等级。

第三节　焦虑如何影响运动表现

有四个理论探讨了焦虑水平与运动表现的关系，分别是个人最佳功能区理论、突变模型、多维焦虑理论和焦虑方向理论。

一、个人最佳功能区理论

最佳功能区理论由苏联学者哈宁（Hanin）于 1989 年提出。该理论认为，运动员在执行动作的过程中存在着一个理论上的理想机能区段，当焦虑水平处于这一区段内时，可以获得最佳的成绩。在以后的研究中，哈宁认为不同的运动员应该存在各自不同的最佳焦虑水平，从而引入“个人”一词，从而形成个人最佳功能区理论（individual zone of optimal function，IZOF）。该理论否定中等唤醒水平较之低或高的唤醒水平更有利于操作，而是强调个体差异。

根据哈宁的论断，如果可以确定一个运动员的最佳赛前状态焦虑水平，那么我们就可以通过唤醒控制技巧来帮助运动员达到最佳竞技水平。两种方法可以测量运动员的最佳赛前焦虑水平：一是系统测量每位运动员赛前的操作活动焦虑水平和赛中实际发挥水平，在竞赛前一刻测量运动员的状态焦虑水平；二是采用回溯法，即在赛后测量运动员赛前或赛中体验到的焦虑。两种方法各有利弊，第一种测量方法太费时间，且不太实用，因此较常采用回溯法。但在采用回溯法时，需要指导运动员评价在最成功的比赛之前的感受，或者评价最充分最自然地发挥自己的竞技水平时的感受。

一旦决定了最佳赛前状态焦虑水平，在这一水平线周围就形成了一个置信区间，可以通过在最佳赛前状态焦虑水平值上加 4 分和减 4 分而得到最佳功能区的上限和下限。在这一过程中，允许在选择和确定最佳焦虑水平的时候存在误差。

例如，图 3-4 显示了两名划艇运动员赛前赛中状态焦虑水平的分数。赛前状态焦虑水平的测量在比赛前一周进行，目的是将测得的分数与最佳的状态焦虑水平（IZOF）比较。尽管两名划船运动员的状态焦虑水平大致相同，但教练员却明显地面临着完全不同的任务，即设法提高一名运动员的赛前焦虑水平，同时降低另一名运动员的焦虑水平。另外还需要尽量减少焦虑水平高低不同的两名划船运动员之间的接触。

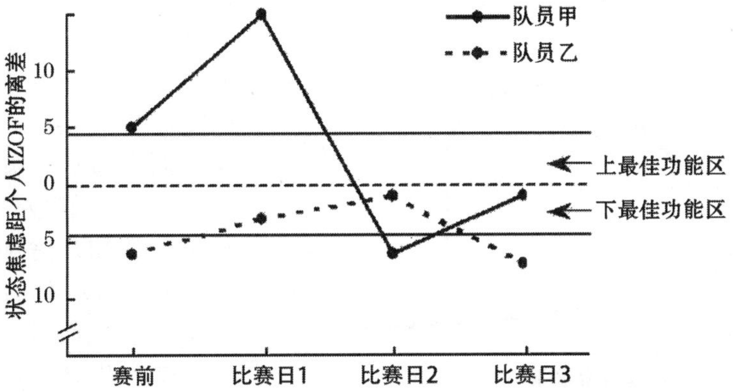

图 3-4　赛前赛中的状态焦虑同最佳功能区的比较

二、突变模型

1987 年，哈迪（Hardy）和法齐（Fazey）在突变理论的数学模型的启发下，提出了一个关于操作成绩的突变模型（catastrophic model）。该模型的基本变量有认知焦虑、生理唤醒和行为表现。该理论认为，在升高的唤醒水平和操作成绩之间不存在光滑的二次曲线关系。当认知焦虑水平较低时，生理唤醒水平和操作成绩之间的关系类似于一条柔和的倒 U 曲线。但当认知焦虑水平升高时，生理唤醒水平和操作成绩之间的关系变得复杂。当认知焦虑处于高水平时，行为表现会随着生理唤醒水平的增高而呈倒 U 形上升。此时如果唤醒水平继续升高，在某一点上行为表现就会出现突变式的下降（图 3-5）。

突变模型的基本假设有以下几点：第一，生理唤醒及躯体焦虑反应并不必然对成绩不利。不过，当认知焦虑水平较高时，它显然与突变反应有关；第二，随着认知焦虑的增加，发生“滞后”现象，即当生理唤醒增加或降低时，成绩变化的曲线是不一样的。而在低认

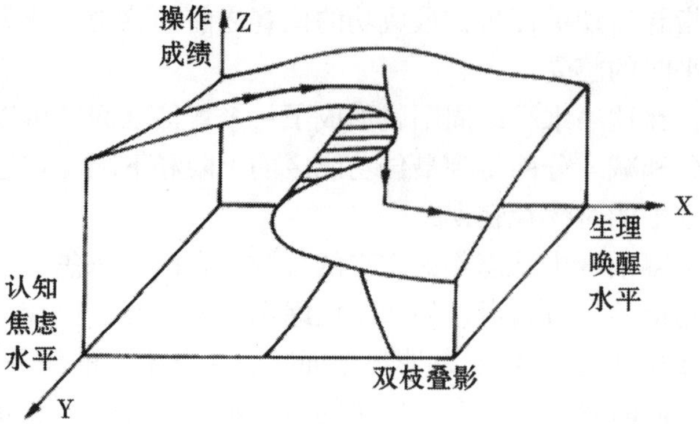

图 3-5　哈迪和法齐关于生理唤醒水平、认知焦虑水平与操作成绩关系的模型

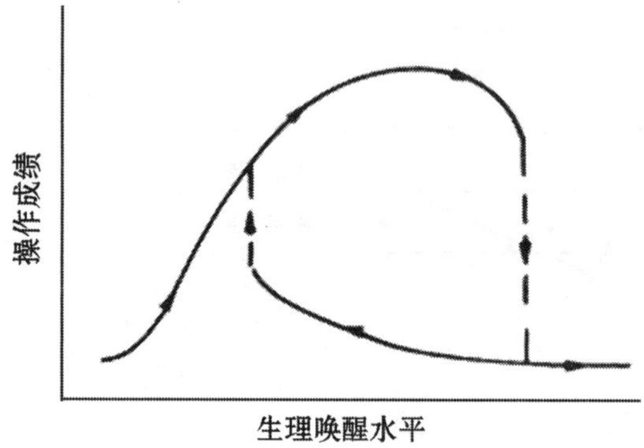

图 3-6　高认知焦虑条件下会出现的滞后

知焦虑情况下，则不会发生“滞后”（图 3-6）；第三，中间水平的成绩大多不是出现在高认知焦虑条件下；更确切地说，在高认知焦虑下成绩是双形式的，而在低认知焦虑下成绩则是单形式的；第四，使用某种统计方法使这种“灾难性突变”与现实生活中的资料明确吻合是可能的。

根据突变模型的假设，在实际工作中应该认真对待认知焦虑。在认知焦虑水平较高时，较高的生理唤醒水平是危险的。而在较低的认知焦虑水平下，可以适当地提高生理唤醒水平。只有严格地控制和减少认知焦虑，才能保证有稳定的好成绩。事实证明，善于将认知焦虑和生理唤醒调至适宜水平的人才可能成功。因此，就运动领域而言，运动员必须掌握认知和生理方面的应对策略和放松技术，这也是当前运动心理学家进行心理技能训练和心理咨询的重点。

突变模型是相对比较复杂的理论模型，实证检验并不容易。就目前掌握的资料来看，检验该理论的实证研究也很少。该理论要得到普遍的承认，还需获得更多的证据。

专栏 3-1　如何用简单但有效的实验方法检验复杂的理论模型

突变模型是相对比较复杂的理论模型，进行实证检验并不容易。但是，哈迪等人设计了一个巧妙的实验，实验结果支持了哈迪和法齐的第二项假设。你如果有兴趣，不妨也尝试按照以下描述进行重复实验，看看得到的结果是否一致。

为了证明关键的第二项假设，哈迪 1990 年对 8 个篮球女运动员进行过一项研究。他把认知焦虑作为控制变量，用《竞赛状态焦虑调查表Ⅱ》（CSAI-2）测定。将心率作为生理唤醒程度的指标，并且确定最高心率为每分钟 190 ~ 200 次，最低心率为每分钟 150 ~ 160 次。被试的任务有两种，一种是往返跑至达到一定的心率，一种是往返跑达到最高心率后再减缓下来，其间都进行定点投篮。记分的方法是：空心球 5 分，擦筐进 4 分，擦板进 3 分，擦筐不进 2 分，擦边不进 1 分，不及边筐且不进 0 分。结果表明，在高认知焦虑条件下两种任务所得的分数曲线相差极大（图 3–7），而在低认知焦虑条件下的分数曲线接近重合（图 3–8）。对图 3–7 和图 3–8 进行比较，不难看出它们的相似性或一致性，因此，该实验结果支持了哈迪和法齐的第二项假设。

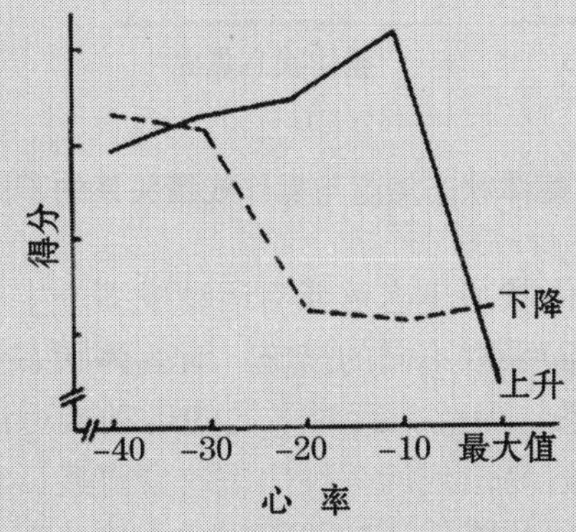

图 3–7　高认知焦虑条件下的成绩

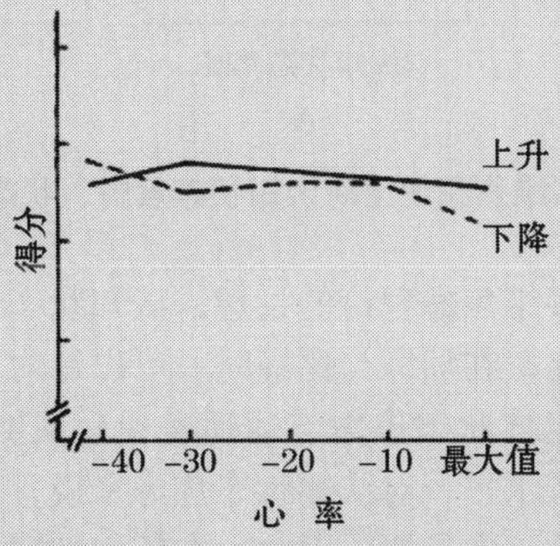

图 3–8　低认知焦虑条件下的成绩

三、多维焦虑理论

1981 年，莫里斯等人（Morris，et al.）提出了关于测验焦虑的多维理论。他们认为，由于认知焦虑和躯体焦虑的不同特点和不同变化模式，使得认知焦虑对操作成绩的影响比躯体焦虑更为经常，也更为严重。1982 年，马腾斯等人（Martens，et al.）迅速将此思路移植到运动领域，提出将竞赛中的焦虑分为认知状态焦虑、躯体状态焦虑和状态自信心三个方面。

认知状态焦虑指在竞赛时或竞赛前后即刻存在的主观上所认知到有某种危险或威胁情境的担忧。它是由对自己能力的消极评价或对比赛结果的消极期望引起的焦虑，主要以担心失败、对自己讲一些消极的话以及不愉快的视觉想象为特征。躯体状态焦虑指在竞赛时或竞赛前后即刻存在的对自主神经系统的激活或唤醒状态的情绪体验。它是直接由自主神经系统的唤醒所引起的焦虑。它通过心率加快、呼吸短促、手心冰凉而潮湿、胃部不舒服、头脑不清晰或者肌肉紧张感的提高表现出来。状态自信心是指在竞赛时或竞赛前后运动员对自己的运动行为所抱有的能否取得成功的信念。

在此基础上，多维焦虑理论对每一个维度与操作活动的关系做出了不同的解释（图 3–9）。由于认知状态焦虑是将自己的注意从对与任务有关的线索转移到与任务无关的线索和社会评价上，因此，当认知状态焦虑增加时，操作成绩相应降低，两者呈线性关系（图

3–9A）；当积极的成功期望增加时，状态自信心增强，而且，积极的成功期望对操作活动有显著影响，故随着状态自信心的增强，操作成绩提高，两者也呈线性关系（图 3–9B）；以生理特征为主的躯体状态焦虑与操作成绩的关系是倒 U 形的（图 3–9C）。

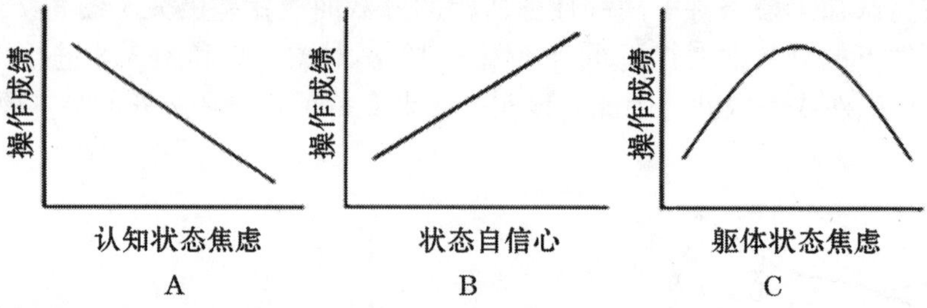

图 3–9　多维焦虑理论对认知状态焦虑、状态自信心、躯体状态焦虑与操作成绩关系的不同预测

按照多维焦虑理论的设想，认知状态焦虑和躯体状态焦虑可能对运动成绩产生不同的影响。因此，在训练与比赛时，可以针对不同的方面采取不同的措施：对躯体状态焦虑来说，因为躯体状态焦虑与运动表现呈现倒 U 形关系，因此，针对不同的运动员可以激发不同的唤醒水平；对认知状态焦虑来说，作为赛前容易出现的一种焦虑，会直接影响在比赛中水平的正常发挥。因此，在任何情况下都应该尽量降低认知状态焦虑。这个观点挑战了日常的训练经验中认为轻微的焦虑有利的观点；对状态自信心来说，当积极的成功期望增加时，状态自信心会随着逐步增加，从而间接提高运动表现。因此，当运动员在比赛前遇到挫折或其他因素而影响比赛信心时，可以通过认知训练帮助运动员充分看到自己的优势，给予鼓励、动员，并用各种积极的手段帮助运动员恢复信心。

该理论的一个根本缺陷，就是认为认知状态焦虑和躯体状态焦虑对运动员行为的影响是相互独立的。若一个运动员表现出较高的认知状态焦虑和中等的躯体状态焦虑，那其运动表现如何？如果根据认知状态焦虑的预测线进行估计的话，那就会有较低的运动表现。但若根据躯体状态焦虑预测的话，就会有较高的运动表现。那如何解释两种不同的结果？因此，认知状态焦虑和躯体状态焦虑一定是相互作用来对行为发生影响，这一观点在突变模型中得到很好的阐述。

四、焦虑方向理论

焦虑方向理论由琼斯（Jones）和斯温（Swain）于 1992 年在多维焦虑理论的基础上提出。该理论认为，以往测量竞赛焦虑只是测量焦虑的强度，而未关注焦虑的方向。但实际上，运动员对焦虑会有不同的解释，如有运动员将焦虑体验为积极的，也有运动员将其解释为消极的。积极的和消极的解释对运动成绩会有不同的作用。同时，还应重视运动员焦虑体验的发生频率，即某种强度的焦虑体验是经常出现，还是不经常出现。琼斯和斯温假设，运动员不但在竞赛焦虑体验的强度上具有差异，而且在方向和频率上也具有差异，且后两种差异更为重要，与操作成绩和运动水平的关系更为密切。

因为焦虑方向理论是新近提出的，所以实证研究数量有限，但这一思路值得借鉴，即将焦虑本身看作比马腾斯所设想的更为复杂的多维构念。当然，这并不是说将焦虑看得越复杂越好，或从焦虑引出的维度越多越好，任何复杂性都应有其理论基础，并能够经得起实证检验。

总体来看，上述的六种理论均有一定的实证研究结果的支持，但是在运用这些理论指导运动竞赛的实践中各有利弊。现在还没有充分的证据说明哪种理论更好，哪种理论可以取代另一种理论。或许，在解释某一种运动现象时，采用某一个理论会更合理。

★第四节　如何测量唤醒和焦虑

按照日常经验，大多数人都知道什么是焦虑，但要用客观实际的观察来对焦虑进行描述又非常困难。由于运动员的焦虑是从主观体验、生理变化和行为反应三个方面表现出来，因此，对唤醒和焦虑的测量主要有三种方法，即行为的、生理的和心理的。

一、测量焦虑的认知反应

测量焦虑的认知反应是采用纸笔测验的方法，即编制出标准化的问卷，由运动员自己按问卷的要求加以陈述。目前，主要有特质焦虑量表、状态焦虑量表以及特定运动情境的焦虑量表三类。

对焦虑的较早测量量表是由马腾斯及其助手于 1977 年编制的《运动竞赛焦虑量表》（SCAT），他以运动情境中的焦虑反映为背景，编制了量表的项目，然后根据被试对问题的回答情况进行评分。该量表偏重对焦虑特质的测量，已经成为一个非常普遍的评定工具。自问世以来到 1990 年，至少在 217 项研究中被运用。《状态－特质焦虑量表》由斯皮尔伯格于 1984 年编制，该量表由两个分问卷构成，问卷一测量状态焦虑，问卷二测量特质焦虑。这两个分问卷较好地刻画了焦虑的强度，因而解决了对焦虑进行量化研究的基本问题。《竞赛状态焦虑量表》（CSAI）是马腾斯于 1990 年研制的另一个量表，该量表分别测量竞赛状态焦虑的三个方面：认知状态焦虑、躯体状态焦虑和自信心程度。

这种纸笔自我陈述的评定方法具有一定的优点：易于施测，便于记分和易于进行统计分析。其不足之处也同样鲜明：问卷测量中普遍存在的社会赞许性问题在运动焦虑的测量中同样存在，这就可能会导致不能了解到运动员的真实想法，从而获得不准确的结论。

二、测量焦虑的生理反应

运动心理学学者们一般采用以下三种生理指标测量焦虑：呼吸和心血管系统指标、生化指标和电生理指标。这些指标与人类有机体的肌肉系统、植物性自主神经系统和中枢神经系统相关。如采用脑电图（EEG）对脑波进行评定，采用皮肤电测量皮肤对电流的传导性与电阻，根据心率（HR）测量唤醒状况，采用肌电图（EMG）测量肌肉的紧张度等。生理反应的测量具有一定的优势，如不受言语表达能力的影响，几乎适用于任何人群。但也存在一定的局限，如不同测量手段之间的相关性不高，且因为某些仪器昂贵、笨重等，难以进行大规模的施测。

三、焦虑的行为观察

除了以上两种方法，教练员还可以通过行为观察的方法了解运动员的焦虑状况，如观察其睡眠情况、饭量变化、饮水次数、上厕所次数等，在此基础上，根据经验推断运动员的焦虑水平或强度等。

总体来看，三种测量方法各有优缺点，应用场合有所不同。生理测量能够进行更为精确的量化，但不能确定情绪的性质，且各种测量指标之间的相关度极低。因此，并没有一种理想的测量法规范，应该根据实际情况选择一种方法或者是三种方法结合使用。

★第五节　如何降低焦虑

虽然焦虑也有积极作用，但强烈的应激和过度的情绪反应还是会对运动成绩产生不利影响。比如，如果运动员在比赛中出现了“卡壳现象”，其正常的水平就难以发挥出来，更不用说超常发挥了。因此，在某些情况之下，需要对运动员的焦虑进行干预，从而促使运动员发挥正常的甚至是超常的水平。

一、降低焦虑的行为技术

行为主义理论主要包括经典性条件反射和操作性条件反射，在此基础上，相关学者发展出来一些干预技术。生物反馈训练是操作性学习技术中最为普遍的一种干预方法（图3-10）。生物反馈是学习控制、调节自己身体机能的一种方法。其特点是用特定的仪器，将人体发出的微弱反应放大成为我们的视觉、听觉所能感知的信号，用音响或屏幕上的图像同步反映血压和心率的起伏波动等，并通过奖励或强化，使生理变化朝着需要的方向发展。它包括训练个体改变多种不同的生理指标（如心率、肌紧张、脑的活动）和依靠仪器调节生理状态，然后把这种能力应用到没有仪器的情境中。一般情况下，人们对自己的内脏活动是不能随意控制的，也就是说不能有意识地调节它们的活动。而生物反馈技术则可以运用意识主动地控制体内生理变化。经过训练，掌握生物反馈技术的人可以用意识来控制自己的心跳、血压，可以学会控制内脏反映、皮肤电反应和脑电的变化。20 世纪 70 年代末，生物反馈技术开始在体育运动领域被广泛地研究与应用，科学家们在这一领域做了大量的研究。

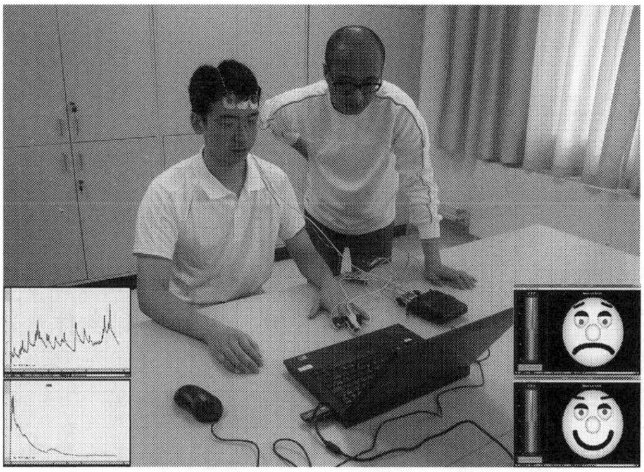

图 3–10　生物反馈技术在体育运动领域被广泛使用
（资料来源：北京体育大学迟立忠提供）

因为在没有药物和手术的条件下都可以使用，生物反馈技术得到了较为广泛的使用。桑德维斯（Sandweiss）于 1985 年指出，由美国生物反馈界所支持的特别工作小组已经确定了生物反馈训练在运动中的三个应用领域，即运动员的应激处理、与运动有关的损失康复以及提高成绩的训练。除生物反馈技术之外，系统脱敏法、强化练习法、暴露疗法等也被用来降低运动员的焦虑。

二、降低焦虑的认知学习技术

认知学习理论重点在于对行为的心理方面的研究，并为在运动情境中制定一些可降低焦虑、提高成绩的技术提供了一个框架。认知干预途径不仅仅是要改变运动员的行为，更重要的是要改变他们的认知过程，从而提高其运动成绩。

目前，最流行的认知学习技术是心理表象训练。表象指一种对目前不在眼前的事或物的心理表征，运动心理学范围内主要集中在视觉表征上。心理表象训练将会在心理技能训练一章进行详细的介绍。另一种常用的方法是应激接种训练（SIT），这种方法综合了放松训练、适宜的自我表达以及合理行为强化几种技术，其基本思路是通过辨别导致过分焦虑的原因，并结合那些降低焦虑的应对行为来疏导焦虑。除此之外，积极思维和心理激活的方法也常被采用。习得性乐观精神的研究发现，乐观的运动员比不那么积极的运动员发挥更好。而心理激活是在竞技体育中被教练员、运动员等较多使用的一个词，也是在竞赛之前用来提高唤醒水平的一种手段。做好了心理激活的运动员达到了一种心理准备状态，从而被认为能够给运动员一种心理优势。

（王英春）

本章要点

1. 唤醒和焦虑与应激紧密相联。应激指有机体在遇到干扰自己平衡状态或超越自己应对能力的刺激事件时，表现出来的特定的或非特定性的反应过程，包括应激刺激、对威胁的知觉评价和应激反应三种主要成分。

2. 唤醒指有机体总的生理性激活的不同状态或不同程度。唤醒有三种表现，即脑电唤醒、行为唤醒和植物性唤醒。三者可以同时存在，也可以单独存在。

3. 焦虑指由于不能克服障碍或不能达到目标，而体验到身体和心理的平衡状态受到威胁，形成的一种紧张、担忧并带有恐惧的情绪状态。焦虑状态含三种主要成分，分别为生理唤醒、情绪体验，以及威胁、不确定性和担忧的认知表征。

4. 焦虑有不同的种类，其中状态焦虑和特质焦虑、躯体焦虑和认知焦虑这两种分类系统在体育运动中具有特殊意义。

5. 倒U形假说有两个理论假设：一是认为个体的唤醒水平与工作效率呈现倒U形的关系，即当个体处于较低的唤醒水平时，工作效率较低；处于中等唤醒水平时，工作效率最高；当唤醒水平超过中等水平的临界点后继续发展时，运动表现将会逐渐恶化。二是认为不同性质的工作任务需要不同的唤醒水平。每种行为都有一个最适宜的唤醒水平，在这个水平之上或之下都有可能使成绩不理想。

6. 内驱力理论推测操作成绩(performance, P)是内驱力(drive, D)与习惯强度(habit, H)的乘积，即 $P=D\times H$。

7. 个人最佳功能区理论由苏联学者哈宁提出，该理论认为，每个运动员在操作过程中都存在着一个理论上的理想机能区段，当焦虑水平处于这一区段内时，可以获得最佳的成绩。

8. 突变模型是关于行为和唤醒之间关系的理论，它认为在升高的唤醒水平和操作成绩之间不存在光滑的二次曲线关系。当认知焦虑水平较低时，生理唤醒水平和操作成绩之间的关系类似于一条柔和的倒U形曲线。但当认知焦虑水平升高时，生理唤醒水平和操作成绩之间的关系变得复杂。当认知焦虑处于高水平时，行为表现随着生理唤醒水平的升高逐渐呈倒U形上升。但如果唤醒水平继续升高的话，在某一点上行为表现就会出现突变式的下降。

9. 多维焦虑理论认为，当认知水平焦虑增加时，操作成绩相应降低，两者呈线性关系；

当积极的成功期望增加时，自信心增强，从而间接提高操作成绩；以生理特征为主的躯体状态焦虑与操作成绩的关系是倒U形的。

10. 焦虑方向理论认为，应当重视运动员对焦虑的方向解释，即他们是将焦虑体验为积极的、对运动成绩具有促进作用的，还是将竞赛焦虑体验为消极的、对运动成绩具有阻碍作用。同时，还应重视运动员焦虑体验的发生频率，即某种强度的焦虑体验是经常出现，还是不经常出现。

11. 运动员的焦虑是从主观体验、生理变化和行为反应三个方面表现出来，因此，对唤醒和焦虑的测量主要有三种方法，即行为的、生理的和心理的。

12. 在运动训练过程中，可以采用行为技术和认知学习技术降低运动员的焦虑。

思考与作业

1. 什么是应激、唤醒和焦虑？

2. 倒U形假说的基本观点是什么？

3. 简述内驱力理论的基本观点及对体育运动的启示。

4. 个人最佳功能区理论的基本观点是什么？

5. 结合实际谈谈多维焦虑理论的基本观点及对体育运动的启示。

第四章　运动活动的归因

【内容提要和学习指导】

正确的归因是运动员在训练和比赛过程中保持良好心理状态的重要保证。本章将围绕归因这一问题展开系统阐述，不仅明确解释了归因的含义，详细介绍了各种相关的归因模型理论，而且还总结了人们在进行归因时所出现的偏差，并归纳了帮助运动员进行正确归因的方法。学习本章时，您可以在掌握归因内涵的基础上，以海德的基本归因理论为学习重点，深入了解其他相关理论的观点、理解归因偏差的不同类别，并进一步掌握促进运动员在训练和比赛中进行正确归因的方法，了解习得性无助的矫正措施。

2008 年北京奥运会，中国运动员张宁在羽毛球女单决赛中苦战 3 局，以 2 ∶ 1 的总比分战胜对手，以 33 岁的“高龄”蝉联奥运会羽毛球女子单打冠军。对于这次艰难的卫冕，张宁坦言：“这一次，我没想过卫冕，但我想的是尽自己的最大努力，无论什么结果，都是对得起自己的。”我们可以从这段话中解读出，张宁将自己卫冕成功归于自己的努力及平和的心态。

事实上，在比赛结束后，无论成功或失败，运动员都会分析其原因，是哪些因素决定了成败：是临场发挥，是教练员的战术，还是自己的运气？诸如此类，都是归因在竞技体育中的具体表现。

不同的个体在归因时，会将行为结果归于不同的因素，而归因又进一步影响着个体随后的行为。而且，在归因过程中，个体并非总是进行逻辑的、理性的归因，会出现不同类型的归因偏差。因此了解归因模型、归因偏差以及归因训练的内容，有利于培养运动员进行正确的归因，并且有助于克服归因偏差带来的不利影响。

第一节 什么是归因

一、归因的含义

归因是指人们对自己或他人行为原因的推论过程。这一过程广泛存在于社会生活的各个领域，是人们自然而然、随时随地进行的一种心理活动。例如，在 2004 年雅典奥运会上，刘翔以平世界纪录的成绩获得 110 米栏冠军，取得了黄种人在直道项目上的历史性突破。人们都在纷纷议论其成功的秘诀。而在 2008 年北京奥运会上，刘翔的退赛同样引发了铺天盖地的关于其退赛原因的猜测，这些都是归因的体现。通常，在重大比赛结束后，无论成败，运动员、教练员都会对其原因进行分析总结，也即进行归因。此外，对比赛成败进行归因也是体育记者、观众津津乐道的话题之一。

二、人是如何进行归因的

当运动员被问到“你今天比赛为什么能获胜？”时，人们其实是在对他们的认识进行提问，而运动员的回答则可以显示出他们关于成败的信念。那么，个体又是如何进行归因，或者说，个体是如何认识自己行为的原因的？下面的几种归因理论回答了这个问题。

（一）基本归因模型

海德（Heider）是最早研究此问题的心理学家，他于 1944 年提出了基本归因模型，其简化模式如图 4-1 所示。

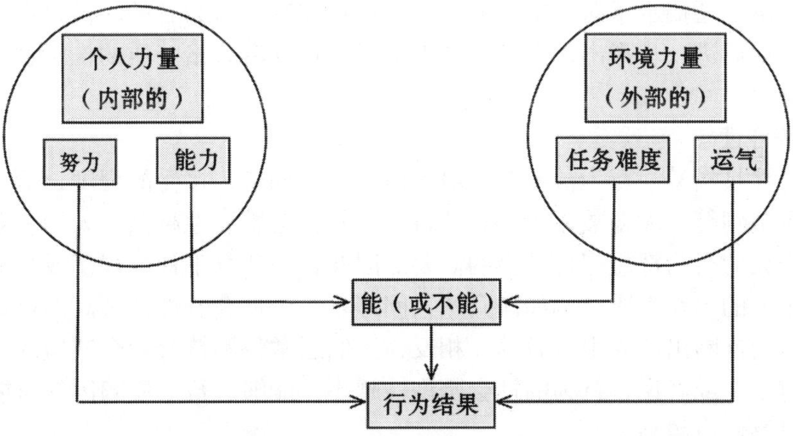

图 4-1 海德归因模型的简化模式

海德的基本归因模型认为，为了使自己的生活稳定且可以预测，人们会努力对日常的事情进行理解与分析，也即进行归因。在归因过程中，个体对行为可以进行内部归因，或者说，将行为解释为由个体自身的力量引起，也可以进行外部归因，也即将行为归咎于由环境引起。如图 4–1 所示，个人力量包括能力和努力，环境力量则由任务难度和运气组成，能力和任务难度间存在交互作用，进而产生一个能（或不能）的新维度，影响着行为的结果。如果个体完成了一项非常困难的任务，我们就会将成功归于个人的能力，例如撑杆跳高女皇伊辛巴耶娃屡次创造新的世界纪录，这时我们就会认为能力强是她成功的原因。此外，个体的努力程度以及运气都可能会影响行为的结果，因此都被列为个体归因的因素。

能力、努力、任务难度和运气组成了个体对行为结果的可能解释，而且，在归因过程中，个人力量和环境力量是可加的，因此，我们可以利用如下公式表示海德的推论，即：

$$行为结果=个人力量+环境力量$$

海德的基本归因模型是归因理论的一个开创性工作，他对行为原因所做的个人力量、环境力量的划分一直是归因理论的基础，其影响是深远的，但他未对这两方面作更进一步的探讨和详细的说明，也成为基本归因模型的缺憾之一。

（二）对应推断理论

琼斯（Jones）和戴维斯（Davis）扩充和发展了海德的基本归因模型，提出了归因的对应推断理论。他们认为，这是一种利用可观察到的行为判断被观察者潜在特质、信念及态度的理论。当人们认为一个人的行为与其特有的内在属性（诸如动机、品质、态度、能力等）相一致时，就是在进行对应推论。例如，当我们看到某足球运动员经常在比赛中恶意犯规、侵犯对手时，我们就推断此人生性具有攻击性，这就是在进行对应推断。

琼斯和戴维斯还揭示了对应推断的程序，即首先判定行为者的动机，进而由此推定行为者的品性。他们进一步指出，在从行动者动机到行动者人格特质的推断过程中，应考虑以下三个因素。

1. 社会赞许性

社会赞许性是指某一行为被社会一般人所希望、期待、接受的程度，例如在赛场上尊重对手、尊重裁判等。大多数人越喜欢的行为，其社会赞许性越高。人们一般都有这样的信念，即每个人的行为都想迎合社会的需要。因此，那些合乎社会规范或社会期望的行为很难反映一个人的内在本质。例如碰到熟人问好是一个社会赞许性很高的行为，但我们很难根据这一行为推断出此人很有教养。相反，人们通常将不符合社会期望的行为归因于行动者的人格特质，或者说，行为的社会赞许性越小，能够进行本质归因的可能性就越大，对应推断的可靠性也越高。

2. 非寻常结果

非寻常结果是指，当行动者的行为具有一些相当独特的或不寻常的结果时，知觉者就会倾向于将这种行为判断为与行动者的内在倾向相一致。一个人的行为结果越不寻常，越能够使他与别人区别开来，反映他的内在品质。一种行为不寻常的结果越多、越独特，它就越可能被判断为与活动者的内在倾向和品质相对应。

3. 选择自由性

如果我们知道某人从事某项行动是自由选择的，那么，其行动与其态度就更可能是一致的；相反地，如果一个人选择行动是受外界因素控制的，我们就无法通过其行为做出对应的推断。通常，选择的自由性越高，对应推断的准确性也越高。

（三）三度归因理论

凯利（Kelley）继对应推断理论后，对基本归因模型进行了又一次扩展，提出了归因的三度归因理论。凯利认为，在归因过程中，总涉及三个方面的因素，即客观刺激物（存在）、行动者（人）及所处的关系或情境，这三方面的因素形成了一个共同变化的框架。根据这三方面的信息及其共同变化的情况，就能够对人的行为做出相对正确的归因，因此称为三度归因理论。三度归因理论认为，对任何一个行为结果的归因都取决于行为的下列三个变量。

1. 区别性

针对客观刺激物而言，即行动者是否对同类其他刺激物做出不同的反应。如体育教师发现所教的某学生体操成绩很差，那么在分析原因时，首先需要考查该生其他体育课程的学习成绩如何，如果他的田径、游泳、球类等课程成绩均较好，则其体操成绩差就是特殊的，即具有区别性。

2. 一致性

针对人，即其他人对同一刺激是否做出与行为者相同的反应。在上例中，如果其他学生的体操成绩也很差，则说明体操成绩差具有一致性。

3. 一贯性

针对情境，即行动者是否在任何时间和情境对同一刺激都做出相同的反应。在上例中，该生的体操成绩差是历来如此还是最近突然下降，如果是前者，则表明行为具有一贯性。

在归因时，根据上述三方面的信息及其共同变化情况，我们会对人的行为做出不同类型的归因，如表 4-1 所示。

表 4–1　三种行为信息的协变与归因

行为信息			归因类型
区别性	一致性	一贯性	
低	低	高	人
高	高	高	刺激物
低	低	低	情境

资料来源：章志光，金盛华 . 社会心理学 [M]. 北京：人民教育出版社，1996.

仍对上例进行分析，根据三方面信息的组合情况，我们倾向于对该生体操成绩不好这一结果进行不同的解释，如表 4–2 所示。

表 4–2　三度归因理论实例：该学生体育成绩为什么不好?

条件	区别性	一致性	一贯性	归因
1	低：该学生所有体育课程成绩都差	低：其他学生体操成绩都好	高：该学生以前体操成绩不好	人：学生（体操是他的弱项）
2	高：该学生其他体育课程成绩都好	高：其他学生体操成绩都差	高：该学生以前体操成绩不好	刺激物：教师（体操教师教得不好）
3	高：该学生其他体育课程成绩都好	低：其他学生体操成绩都好	低：该学生以前体操成绩好	情境（当时的情境或条件）

凯利的三度归因理论的贡献在于，他提出了一个归因过程的严密的逻辑分析模式，对人们的归因过程进行了比较细致、合理的分析和解释。但是，凯利的理论过于强调归因的逻辑性，而使之成为一个理想化的模式，脱离了普通人归因活动的实际。

（四）成败归因理论

韦纳（Weiner）于 1972 年提出了成败归因理论。他认为，对于成败的归因包括两个维度：第一，观察者必须决定成败是由内在因素还是外在因素所决定的；第二，观察者必须确定成败是经常发生的（稳定的）还是偶然发生的（不稳定的）。这两个维度相互关联，通过它们才能进行正确的归因。在成败归因理论中，个体的能力是稳定的内在因素，任务难度是稳定的外在因素；个体的努力是不稳定的内在因素，而运气则是不稳定的外在因素，如图 4–2 所示。

例如一名选手在比赛中输给了一名实力更强的选手，然后做出结论说失败是因为自己今天的运气不好，那么他真正想表达的意思是：此次失败的原因是外在的而且是不稳定的，

内外源维度

		内部	外部
稳定性维度	稳定	能力 （内部/稳定）	任务难度 （外部/稳定）
	不稳定	努力 （内部/不稳定）	运气 （外部/不稳定）

图 4–2　韦纳的成败归因理论图解

如果再有一次机会的话，他一定会赢；而如果他把失败归因于自己能力的不足，那么他的真实意思就是：原因是内在且稳定的，即使他第二次与这位对手较量，他仍然会输。

韦纳的研究表明，如果个体目前的成败结果不同于自己先前的成败，且与别人的成败也不相同时，通常会将目前的成败归于不稳定的内在因素，如努力程度；如果个体目前的成败与过去的成败相同，且与别人的成败也相同时，则通常会将行为结果的原因解释为外在的稳定因素（如任务难度）；而当个体目前的成败与过去成败相同，且与他人的成败不同时，则个人能力就被认为是导致成败的主要原因。

韦纳的成败归因理论将行为者在其他情境和时间所发生的行为也纳入考虑，而现在行为与过去行为的比较恰好为观察者提供了稳定与否的主要信息，这是成败归因理论的贡献之一。

第二节　归因时会出现哪些偏差

自海德以来，归因理论所描述的基本是一种合理的、有逻辑的归因过程，它假定人们是用合理的方法处理信息资料，而且做出结论的过程中也是相当客观的。事实上，人们在对他人或自己的行为进行归因时，并不总是既合逻辑又合情理的。

归因偏差是指由于主观上的原因而造成的归因偏向和差别，是不当归因的主要形成原因。常见的归因偏差有四类，分别是基本归因偏差、忽视一致性信息、自我服务性偏差和行动者—观察者偏差。分析这些归因偏差，有助于更好地理解归因偏差并纠正其带来的不利影响。

一、基本归因偏差

基本归因偏差是指在归因过程中，观察者倾向于把行为者本身看作是其行为的原因，而忽视了外在因素可能产生的影响。例如，一名运动员两次早操迟到，教练员容易认为该运动员懒散，却没有注意到该运动员每天早晨必须帮助另一名受伤的运动员。

发生这种错误的原因可能在于：第一，人们有这样一种社会规范，即个体应该对自己行为的结果负责，因此容易重视内在因素的作用而轻视外在因素的影响；第二，行为者比环境中的其他因素更为突出，使得人们在归因时，倾向于只注意行为者，而忽视背景因素和社会关系。

二、忽视一致性信息

凯利曾假定人们在归因时对区别性、一致性和一贯性信息的重视程度不存在差异，但事实上，情况并非如此。忽视一致性信息是指在归因过程中，一致性信息所受到的重视程度非常低，或者说，人们通常只注意行为者本人的种种表现，而忽视行为者周围的其他人的行为。例如一名运动员在比赛中打破了世界纪录，在归因时，人们通常会忽略其他选手在此次比赛中的成绩如何，是否也打破了世界纪录等信息。

导致这种偏差的原因可能在于：第一，人们习惯于注重具体的、生动的、独一无二的事情，而忽视抽象的、空洞的和统计类型的信息；第二，人们觉得直接信息比间接信息更加可靠，而一致性信息涉及到行为者周围的其他人，这方面的材料相对分散，无法凭观察者自己一一获取；第三，行为者周围的其他人与行为者本人相比，处于不突出的位置，往往只构成观察的背景，因此被忽视。

三、自我服务偏差

自我服务偏差是指人们在对自己的行为进行归因时，并非完全符合逻辑，个体经常会做出一些有利于自己的归因而取代逻辑归因。例如某学生在某次测验中表现得很优秀，但后来发现其他学生也做得很好，那么他应将成功归因于外部因素，例如测验难度小而非自己的能力强，这是对成绩归因的一个逻辑模型。但实际上，个体在此情况下，可能更倾向于进行内部归因。

个体也许会把成功都归于内部原因，而把失败都归于外部原因，前者被称为自我促进策略；而后者则是自我保护策略。1974 年，莱昂 · 曼（Leon Mann）在足球迷中同样发现了这一归因偏差，他发现，获胜足球队的球迷倾向于将比赛成绩归因于内部原因，例如能力，而输球一方的球迷则将比赛成绩归因于诸如运气或裁判偏袒等外部原因。

四、行动者—观察者偏差

行动者—观察者偏差是指行动者对自身原因的分析与旁观者对同一行为的归因是不同的：行动者倾向于强调情境的作用，做出情境归因；而观察者倾向于强调行动者自身特质的作用，做出内部归因。

斯奈德曾进行过一项研究，考察人们如何解释自己的成败。他请一些被试参加赛跑，另请一些被试观看赛跑。赛跑结束后，请参加赛跑的人解释自己成败的原因。结果表明，胜利者把自己的成功归因于内在因素，例如技术和努力，失败者则将自己的失败归于外在因素，例如运气不好。然而，旁观者的解释却大不相同，他们认为胜利者的取胜是由于运气好或其他外在因素，而失败者却是败于技术不高，努力不够。

研究者对导致行动者—观察者偏差的原因提出了两种不同的解释。

第一种解释认为，行动者和观察者的着眼点不同，行动者对于自身的行为很难做直接深入的观察，于是注意力偏重外在的情境因素；相反，观察者则将注意力集中于行动者及其内在因素。第二种解释则认为，行动者与观察者的信息来源不同是导致归因不同的原因，行动者对自己过去的行为比较了解，他们的反应会因不同的情境而有所差别，而这些信息是观察者难以获得的，因此观察者往往假定行动者当前的行为方式与过去的行为方式一致，进而归因于行动者的内在因素。

第三节　训练或比赛中如何正确归因

教练员如何评价运动员的训练和比赛，将极大地影响运动员对自己技能水平和比赛表现的评价，进而影响到运动员的自我效能感，而自我效能感是预测比赛成绩的有效变量之一。因此，教练员的重要任务之一就是维持或提高运动员的自我效能感，任何降低运动员自我效能感的评论都会对运动员造成伤害。以下是为教练员设计的，改善运动员归因，激发运动员运动动机的具体建议。

一、进行积极反馈

在训练和比赛中，教练员对运动员进行反馈时，需要注意以下几个方面。

（1）给予运动员积极的反馈（例如“再抬高一点手臂就能打到这个位置了”）以替代消极的反馈（例如“你又没接到这个位置的来球”）；以行为定向的反馈（如“这个球踢的角度真好”）替代特征定向的反馈（例如“这个想法还不错”）；此外，教练员对运动员的反馈应保持稳定，避免对运动员的态度时好时坏。

（2）要使运动员感到自己虽有缺点，但仍被集体、被教练员完全地接受、喜欢。

（3）要使运动员的态度从“这不是我的过错”向“这是我的责任”的方向转化。

（4）要尽量利用非语言的沟通方式，如竖起大拇指、微笑、拍拍肩膀等，向运动员表示赏识、满意、承认、关心、接受等积极性情感。

（5）应避免用讽刺（“嘿，这球可是打绝了，没人能像你打得这么好！”）、侮辱（“二十好几的人了，怎么还犯几岁小孩子的错误，你就不能自觉点吗？”）、自罪（“我真为你今天的表现惭愧！”）性的语言。

当然，这并不意味着对运动员只进行恭维和鼓励，适当的批评也是必要的。德韦克（Dweck）研究发现，主要予以积极的反馈，偶尔加以批评的教育效果比只给积极反馈的效果更好。

二、增加成功体验

一个人对自己的看法从儿时开始形成，随着年龄的增长，在生活中不断得到强化，因此一个人不会轻易改变对自己的看法。为改变一个人对自己能力的消极看法，就需要尽量创造机会，让他们在生活中经常不断地体验到通过自己的努力和能力而获得的成功。在成功感建立的基础上，才可能形成一种积极的心理定势，即相信“我可以把握自己的命运”。为此，教练员可将运动员按照年龄、技能水平、体能水平分组，进行训练或比赛，以使运动员都能够获得更多体验成功的机会。

三、坚持实事求是

如果从教练员的观察和运动员的自我评价来分析，运动员的确已经尽了最大努力，但结果仍未获成功，这时，就不宜再运用努力归因来引导运动员。有些运动项目要求运动员必须尽最大努力才能完成比赛，如马拉松、铁人三项等。这时，某些外在因素的归因可能是必要的，如对手的水平很高，对气候不适应等。不分场合地一味运用努力归因，造成与实际情况不符，会使运动员产生对教练员的不信任感和抵触情绪。

四、建立正确的成功标准

每个人对成功都有着自己的标准。高水平和低水平运动员有差别，一般人和运动员有差别，儿童和成人也会有差别。为使运动员进行更多内在且可控的归因，应该因人、因运动任务具体建立合适的标准以评判成功与失败。例如，一个年届七旬的老者，能天天坚持锻炼就是成功；而一个运动健将，打破世界纪录可能才被认为是成功。因此，成功是一个相对的标准，但原则是，这一标准应是具体的、明确的、富有挑战性的、能够给运动员提供不断的成功体验的。表 4–3 是一些可供选择的成功标准，教练员可让运动员根据自己的具体情况制定自己的成功标准。

表 4–3 体育活动中不同的成功标准

训练中的成功标准	比赛中的成功标准
打破了力量练习的纪录	打破了个人纪录
打破了耐力练习的纪录	减小了比赛成绩的波动幅度
提高了训练的出勤率	充分发挥了技术水平
提高了训练的强度、密度	战胜了伤病，坚持完成了比赛
改善了生理测试的结果（如体脂减少了）	—
减少了训练中消极自我暗示的次数	—

资料来源：张力为．训练与比赛中的归因问题（综述二）[J]. 山西体育科技，1994，29（1）：39–45.

五、合理设置目标

设置明确、具体的目标可以帮助运动员接受个人的责任。内控型的运动员有较高的自我定向和自我调节技能，更愿意为自己的成绩和今后的发展接受个人责任。这提示教练员，对于外控型运动员，可以进行目标设置训练，以帮助他们更清楚地意识到“设置目标、做出努力与接近或达到目标”的因果关系，意识到通过自己的努力，可以实现或部分实现自己的目标，从而增强控制事物结果的现实感和自信心。

六、强调个人努力

一般来说，教练员应尽量避免对比赛成绩不佳或未达到预期目标进行外部归因，因为这种外部归因可能造成运动员的失助感，使运动员觉得无法做什么事情来改变目前的状况和今后的结果。

在训练和比赛中强调个人努力，对于培养运动员进行内在因素且不稳定因素的归因具有重要意义。尤克尔松（Yukelson）等人的一项研究结果表明，与进行能力归因的被试相比，进行努力归因的被试，其成绩更好，即使当他们认为任务难度提高时，他们的努力程度和成绩也随之提高。因此，应当教育运动员，个人努力（而不是个人能力）是技能提高和成绩提高的最重要决定因素，将会产生更好的动机效果并导致更好的成绩。

而对于那些运动水平较低、成绩较差的运动员来说，努力定向的归因就更显得重要。罗伯茨（Roberts）研究发现，和其他归因方式相比，将失败归因于缺乏能力最可能导致退出体育运动，这在 10 ~ 12 岁左右的儿童中尤为如此。

专栏 4-1　引导运动员重新构建归因方式

教练员：“萨莉，你好像认为上次比赛中你的接球失误是由于缺乏技巧。”

萨莉：“不只是技巧。我确实不具备作一个优秀网球选手的素质。我不是很协调，而且以后也不会。”

教练员：“事实上，我知道许多优秀的网球运动员，它们在最初也是这样感觉的。我想你也和它们的情况一样。”

萨莉：“你真的这样想吗？”

教练员：“是啊。离下一次比赛还有一周，在这一周内我会和你一起练习脚法。我相信下次你能做得更好，因为练习是很有用的，只不过是需要时间。”

资料来源：考克斯．运动心理学——概念与应用 [M]. 张力为，张禹，牛曼漪，等译．北京：清华大学出版社，2003.

七、明确各因素的可控性

在有些情况下，运动员不能清晰地认识到哪些因素是可控的，哪些因素是不可控的，也就无法明智地计划自己的行为。因此教练员应引导运动员区分各种因素的可控性并时时提醒他们，应将注意力集中在那些可控性较大的因素上，忽略那些不可控或可控性很小的因素。表 4-4 列出一些影响训练、比赛的因素，教练员可以让运动员填写，根据实际情况对可控程度进行评价。

表 4-4　影响训练、比赛各因素的可控性评价表

因素	训练中的可控程度	比赛中的可控程度
天气	0 1 2 3 4 5 6 7 8 9	0 1 2 3 4 5 6 7 8 9
场地	0 1 2 3 4 5 6 7 8 9	0 1 2 3 4 5 6 7 8 9
时间	0 1 2 3 4 5 6 7 8 9	0 1 2 3 4 5 6 7 8 9
裁判	0 1 2 3 4 5 6 7 8 9	0 1 2 3 4 5 6 7 8 9
观众	0 1 2 3 4 5 6 7 8 9	0 1 2 3 4 5 6 7 8 9
记者	0 1 2 3 4 5 6 7 8 9	0 1 2 3 4 5 6 7 8 9
教练员	0 1 2 3 4 5 6 7 8 9	0 1 2 3 4 5 6 7 8 9
队友	0 1 2 3 4 5 6 7 8 9	0 1 2 3 4 5 6 7 8 9
饮食	0 1 2 3 4 5 6 7 8 9	0 1 2 3 4 5 6 7 8 9
睡眠	0 1 2 3 4 5 6 7 8 9	0 1 2 3 4 5 6 7 8 9
准备活动	0 1 2 3 4 5 6 7 8 9	0 1 2 3 4 5 6 7 8 9
注意指向	0 1 2 3 4 5 6 7 8 9	0 1 2 3 4 5 6 7 8 9
技术动作	0 1 2 3 4 5 6 7 8 9	0 1 2 3 4 5 6 7 8 9

续表

因素	训练中的可控程度	比赛中的可控程度
战术应用	0 1 2 3 4 5 6 7 8 9	0 1 2 3 4 5 6 7 8 9
对手情况	0 1 2 3 4 5 6 7 8 9	0 1 2 3 4 5 6 7 8 9

资料来源：张力为，毛志雄 . 运动心理学 [M]. 北京：高等教育出版社，2007.

说明：表中 0= 此因素与训练或比赛无关；1= 你对此因素完全无法控制；9= 你对此因素完全可以控制。1 ～ 9 之间的数字越大，可控程度越强。请在表中影响训练、比赛各因素的可控程度的对应数字上画圈，表示该影响因素的可控程度。

表 4–4 所列出的因素比较笼统，教练员与运动员讨论此问题时，应尽量将以上因素进一步具体化。以做出更为明确、更有说服力的判断。如观众因素，可进一步具体化为：观众的倾向、观众的兴奋程度、观众的支持方式、观众的呐喊时间等。

八、提供具体可操作的评价

对运动员分析其队友的长处时，教练员应注意使用客观的标准和恰当的期望。避免使用诸如“你怎么不能像 ×× 那样带球传球呢？”或“你要是能跑得像 ××、×× 那样快就好了”的评价，这样做会降低运动员的自我效能感。如果教练员使用操作性的、具体的评价来指出运动员的不足，例如“秦静比你起跑快，是因为她在各就各位时能将自己的注意放在起跑动作而非发令枪上，如果你改变一下注意的焦点，从注意发令枪转到注意起跑动作，是可以提高起跑速度的。”这样的评价有助于使技能较差的运动员明确他应当做怎样的努力才能改进技术，而不会产生失落感和羞愧感。

★第四节　归因有哪些不同方面

一、内部归因 / 外部归因

内部归因还是外部归因，与归因的内在维度和外在维度有关，在有关内部归因和外部归因的研究中，研究者通常排除稳定性维度，而仅关注于内外源问题。

内外源也称为归因的控制点，是人们相信他们对自己的行为结果负责任的程度。一般认为，有着内在控制点，也即倾向于将行为结果归因于内部因素的人，倾向于相信自己的行为可以影响成绩，而那些有着外在控制点的人则倾向于将成绩归因于外力，比如像命运、机遇和其他人等。这种情形类似于德查姆斯（DeCharms）和卡彭特（Carpenter）比喻的“发起人—人质”的关系：那些作为发起者的人喜欢可以控制的情形，倾向于主动发起自己的行为；而那些像人质的人却感觉到力不从心，被外力所控制。

诚然，如果人们总是对自己的成绩进行内部归因并不正确，但是研究结果充分表明，在体育运动环境中，运动员最好做内部归因，而非外部归因。年轻运动员最好能够认为受自己的控制，而非受外力的支配。相比于将成功归因于某种外力，像运气或其他因素，将成功归因于内部因素更有意义。虽然将失败归因于内部原因，可能会带来痛苦，但教练员仍然应该指导运动员对失败进行内部但不稳定的归因。

二、可控因素 / 不可控因素

可控性指归因时对原因是否可控或在多大程度上可控的认识。“可控”因素指经努力完全可凭主观意志控制的因素，如比赛前准备活动的强度和持续时间；反之为“不可控”因素，如抽签决定的比赛出场顺序、赛道位置、天气、观众、裁判等。运动员在成功后归因于自身努力，属于可控性归因；归因于教练员的能力，则属于不可控归因。如果个体将成败归因于可控因素，例如努力程度，则意味着行动者可以通过主观努力改变其行为及其结果，因此，由可控的归因，我们更可能对行为结果做出变化的、而非一致的预测。相反，如果行为原因是不可控制的，如能力、任务难度等，并非行动者可以随时改变，由不可控的归因，我们更倾向于对未来的行为结果做出一致的预测。

可控 / 不可控归因与一些情感相联系，如愤怒、感激、负罪感、同情以及羞辱等。如果对比赛失败进行个人可控因素的归因，则可能导致运动员感受到羞辱、负罪或沮丧的情绪，这是由于运动员相信他对自己的成绩可以控制，但却失败了。相反，如果一个运动员比赛成功了，并将原因归于个人控制，那么她的自信心和胜任感会得到提高。相反，如果对比赛失败进行不可控因素的归因，则可能引起愤怒或者是惊讶的情绪体验，但当运动员将失败归结为一位裁判的不合理的判罚时，愤怒可能会成为典型的情绪反应。而如果运动员将成功归因于不可控因素，那么一般会有感激或同情的情绪出现，如果成功是由于一个队友的出色发挥，或者是由于对手的失常（此时，你可能会同情你的对手），则一般会出现感激的情绪反应。

三、稳定因素 / 不稳定因素

稳定性指归因时对内因与外因是否稳定的认识。诸如能力与任务难度属于较为稳定的因素，而努力和幸运则属于不稳定因素。当然，经过系统、长期的训练，人的能力可以得到提高；同时，原有的任务也会显得较为容易。但稳定性的主要思想是：能力高低与任务难度的可预测性更强，更具有长期效应；而努力大小和幸运与否的可预测性较弱，往往只具有短期效应。

归于稳定因素或不稳定因素会与充满希望或无望的情绪相联系，如果运动员比赛失败，并将失败归于某种稳定的因素（例如能力差），则会产生无望的情绪，或者感觉到失败将会继续伴随自己。相反，如果将比赛成功归于稳定的因素，则会出现充满希望的情绪反应，此时会感觉到成功将会继续。如果将失败归于不稳定的、可改变的原因（例如努力不足），那么该运动员会认为通过自己的努力，下次情况会有所不同，而如果将成功归于不稳定的因素（例如运气好），那么通常感觉是对下一次结果的不确定。图 4–3 显示了在竞赛情境中对成败的稳定或不稳定归因产生的结果。

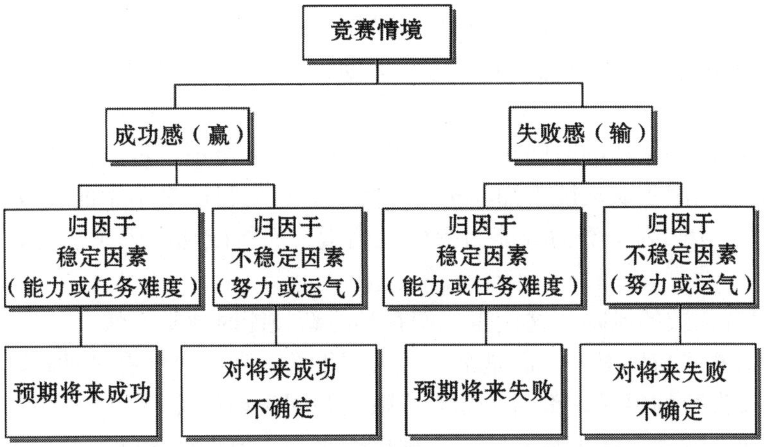

图 4–3　对于成败的稳定及不稳定归因的结果

四、整体因素 / 特定因素

整体性指归因时对某一原因是影响“特定情境中的特定事件”，还是影响“许多情境中的许多事件”的认识。这一思想来源于关于抑郁问题的研究。普拉帕维西（Prapavessis）和卡伦（Carron）认为，它可能是体育运动领域归因的一个重要维度。比如，一场羽毛球比赛失利后，运动员如果认为自己根本就不是打球的材料（原因扩大化，高整体性），会导致信心下降，甚至离队退役；如果认为自己只是对左手防守型打法不太适应（将原因控制在具体的范围，低整体性），则可能加强对此类打法的训练，加强自己适应不同球路的能力，提高在今后比赛中战胜此类对手的可能性。

★第五节　如何矫正习得性无助

一、习得性无助的含义

习得性无助是指一个人经历了挫折和失败后，面对问题时产生的无能为力的心理状态和行为。这一概念是由美国心理学家塞利格曼（Seligman）1967 年在研究动物时提出的。他用狗做了一项经典实验，起初把狗关在笼子里，只要蜂音器一响，就给以难受的电击。

狗关在笼子里逃避不了电击。多次实验后，蜂音器一响，在给电击前，先把笼门打开，此时狗不但不逃而是不等电击出现就先倒在地开始呻吟和颤抖，本来可以主动地逃避却绝望地等待痛苦的来临。塞利格曼将这种现象称为“习得性无助”。

如果一个人对某事件的出现或消失（通常是不愉快的事件）感到根本无能为力的话，就会产生习得性无助。这种情况给运动员（特别是技能水平较低的或较为年轻的运动员）带来的心理上的伤害是很严重的。有习得性无助感问题的人，包括运动员，通常会有下列表现：

（1）对一项活动坚持的时间短，退出的时间早，甚至不经过尝试便选择放弃。

（2）将失败归因于缺乏能力而非努力不足，并认为自己是不幸的失败者。

（3）不将成功归因于努力或能力等内在因素，而将成功归因于运气好或者任务容易等外在因素。

（4）不愿冒失败的风险，这使得他们在学习新技能时感觉不快。

习得性无助并非与生俱来，而是个体后天习得的，那种自己有某种缺陷，对不愉快环境无能为力以及失败的感受，都与个体对成败的归因密切相关。

德韦克的研究发现，在失败威胁下表现出退步的“习得性无助”的孩子，一般将自己的失败归于诸如能力缺乏之类的稳定因素。相反，在失败威胁下反而表现有进步的“习得性无助”的孩子，则会选择像运气或者努力不足等不稳定的因素作为行为结果的原因。对孩子来说，将成功归因于稳定因素，意味着在未来，成功是现实的期望，而把失败归因于稳定因素，则意味着在未来，一般还会经历失败。

普拉帕维西和卡伦对运动员的研究发现，有适应不良归因模式的运动员与无适应不良归因模式的运动员相比，他们对失败的归因更加内在、稳定、不可控，且更具整体性。例如有失败经历的、自尊水平较低的运动员对最近的一次比赛失败通常会进行诸如“我根本不擅长这个”的归因。而如果适应不良的运动员在比赛中赢了，他就有可能将成功归于一些外在的、不稳定且不可控的因素，例如，面对一次比赛的成功，他做出诸如“每个人都有运气好的时候”的归因。

二、习得性无助的矫正

既然习得性无助与归因密切相关，那么通过归因训练对习得性无助进行矫正便是切实可行的。

德韦克的研究表明，对儿童的习得性无助进行矫正，与单纯让个体体验成功相比，创设失败情境并进行正确的归因训练（如将失败归因于努力不够）的策略更加有效，这一研究结果提示我们，除了体验成功的途径，通过帮助个体进行建立信心或保护信心的归因，也能够提高表现和自我效能，以此来消除或减少习得性无助感。

尽管对于成人来讲，归因训练不如对孩子那么有效，但只要成年个体的自我效能感不是过低，他们仍然会对归因训练有很好的反应。事实上，已有研究表明，有计划地进行归因训练既可以改变运动员认识成绩的方式，也可以改变运动员的实际表现。在此类研究中，研究者都对功能良好和功能不良的归因策略的效果进行了对比，在功能良好的归因策略中，研究者对运动员进行指导，让他们将失败的原因解释为可控制且不稳定的因素；而在功能不良的归因策略中，则指导运动员将失败的原因解释为不可控且稳定的因素，结果表明，训练能够使运动员按相应的归因策略进行成败归因，而且在功能良好的归因策略组中，被试的表现分数更高，且对成功充满了更高的期望，比另一组被试更加充满希望，也更加乐观。

以上的研究结果提示我们，如果个体获得成功，那么教练员或教师应鼓励其对成功进行内在且稳定的归因，例如能力因素，内在的归因可以使个体通过成功提高效能感，而归因于稳定因素可以使得个体能够预测成功可以再次发生。而对于不断体验到失败的个体，不能一味地鼓励其进行外在且不稳定归因，这可能导致个体认为运气差或拙劣的判罚是所有失败的原因，教练员或教师需要训练他们对失败进行不稳定但内在的归因，内在的归因有助于个体对自己的行为结果负责，而归因于不稳定因素则可以使个体明白失败并非不可避免，因此，将内在不稳定归因与外在不稳定归因结合起来应用，对于体验失败的个体的习得性无助感的矫正而言，是一个良好的策略。

（郭璐）

本章要点

1. 归因是指人们对自己或他人行为原因的推论过程。这一过程广泛存在于社会生活的各个领域，是人们自然而然、随时随地进行的一种心理活动。

2. 海德的基本归因模型认为，为了使自己的生活稳定且可以预测，人们会努力对日常的事情进行理解与分析，也即进行归因。在归因过程中，个体对行为可以进行内部归因，或者说，将行为解释为由个体自身的力量引起，也可以进行外部归因，也即将行为归咎于由环境引起。

3. 琼斯和戴维斯扩充和发展了海德的基本归因模型，提出了归因的对应推断理论。他们认为，这是一种利用可观察到的行为判断被观察者潜在特质、信念及态度的理论。当人们认为一个人的行为与其特有的内在属性（诸如动机、品质、态度、能力等）相一致时，就是在进行对应推断。

4. 凯利继对应推断理论后，对基本归因模型进行了又一次扩展，提出了三度归因理论。凯利认为，在归因过程中，总涉及三个方面的因素，即客观刺激物（存在）、行动者（人）及所处的关系或情境，这三方面的因素形成了一个协变的框架，根据这三方面的信息及其协变情况，就能够对人的行为做出相对正确的归因，因此称为三度归因理论。

5. 韦纳提出了成败归因理论，他认为，对于成败的归因包括两个维度：第一，观察者必须决定成败是由内在因素还是外在因素所决定的；第二，观察者必须确定成败是经常发生的还是偶然发生的，这两个维度相互关联，通过它们才能进行正确的归因。

6. 归因偏差是指由于主观上的原因而造成的归因偏向和差别，是不当归因的主要形成原因。

7. 基本归因偏差指在归因过程中，观察者倾向于把行为者本身看作是其行为的原因，而忽视了外在因素可能产生的影响。

8. 凯利曾假定人们在归因时对区别性、一致性和一贯性信息的重视程度不存在差异，但事实上，情况并非如此。忽视一致性信息指在归因过程中，一致性信息所受到的重视程度非常低，或者说，人们通常只注意行为者本人的种种表现，而忽视行为者周围的其他人的行为。

9. 自我服务偏差是指人们在对自己的行为进行归因时并非完全符合逻辑，个体经常会做出一些有利于自己的归因而取代逻辑归因。个体也许会把成功都归于内部原因，而把失败都归于外部原因，前者被称为自我促进策略；而后者则是自我保护策略。

10. 行动者—观察者偏差，是指行动者对自身原因的分析与观察者对同一行为的归因是不同的：行动者倾向于强调情境的作用，做出情境归因；而观察者倾向于强调行动者自身特质的作用，做出内部归因。

11. 有助于运动员进行正确归因的几种策略包括进行积极反馈、增加成功体验、坚持实事求是、建立正确的成败标准、合理设置目标、强调个人努力、明确各因素间的可控性以及使用具体可操作的评价等。

12. 内外源也被称为控制点，是人们相信他们对自己的行为结果负责任的程度。一般认为，有着内在控制点，也即倾向于将行为结果归因于内部因素的人，倾向于相信自己的行为可以影响成绩，而那些有着外在控制点的人则倾向于将成绩归因于外力，比如像命运、机遇和其他人等。

13. 可控性指归因时对原因是否可控或在多大程度上可控的认识。“可控”因素指经努力完全可凭主观意志控制的因素，如比赛前准备活动的强度和持续时间；反之为“不可控”因素，如抽签决定的比赛出场顺序、赛道位置、天气、观众、裁判等。

14. 稳定性指归因时对内因与外因是否稳定的认识。诸如能力与任务难度属于较为稳定的因素，而努力和幸运则属于不稳定因素。

15. 整体性指归因时对某一原因是影响“特定情境中的特定事件”，还是影响“许多情境中的许多事件”的认识。

16. 习得性无助是指一个人经历了挫折和失败后，面对问题时产生的无能为力的心理状态和行为。

思考与作业

1. 成败归因理论如何扩展了基本归因模型，并提出了哪些新观点?

2. 如何在训练和比赛中，帮助运动员进行正确的归因?

3. 对于成败进行稳定或者不稳定的归因将分别导致哪些结果?

4. 如果你是教练员，你会如何帮助具有习得性无助的运动员?

第五章　运动员的自信

【内容提要和学习指导】

自信是运动员在训练和比赛中最为重要的精神财富之一。本章将从三个方面具体讨论运动员的自信问题，即如何理解、培养和测量自信。学习本章时，您可以将自信和自我效能的概念及其内涵作为学习的基础，以自信心的相关理论为学习重点，深入理解各相关理论的观点，了解测量运动员自信心的方法，掌握在训练比赛过程中，培养和增强运动员自信心的途径。

在2008年北京奥运会上，我国男子佩剑选手仲满在6∶8落后的情况下，反败为胜，最终以15∶9战胜法国选手，摘得男子佩剑金牌，成为继栾菊杰夺得第一枚奥运会击剑金牌24年后，再次夺得击剑金牌的中国人。

对于反败为胜，仲满认为，信心是其不可或缺的财富。“击剑比赛讲究进攻，尤其是佩剑，主动两个字很重要。在强调平稳、低姿态的同时，不能没有自信心，因为没有信心，上去就会有一些保守的打法。”决赛中，仲满一度6∶8落后对手，他在赛后回忆道：“上半场我打得比较被动，教练员看出了这一点，中场有一分钟休息的时候，他让我往前压，主动一点。”而仲满也表示：“正是因为自己及时调整心态，转变进攻策略，最后才能成功逆转，下半场打了对手一个9∶1。”

第一节　如何理解自信

一、自信的含义

自信作为运动员的重要精神财富之一，具体是什么？张力为指出，自信是个人相信自己，对自己所知的事情、能做的事情或已做的事情确信不疑。

自信是特质性的还是状态性的？是整体的，还是可以区分不同的成分？杰克逊

（Jackson）指出：自信既是一种持久的人格倾向，也是一种随环境调整的易变的自我评价状态。而考克斯也将自信进行进一步的划分，指出，整体自信更侧重于指一种个性品质或性格，可以提高个体的生活质量，但一个有着很强整体自信的人可能在某项具体的运动或体育活动中并不成功。而情境自信则侧重于个体相信自己能够在某项任务中成功，例如，拥有篮球运动情境自信的运动员相信他能够在比赛的关键时刻罚篮命中。

二、自信心的理论

所有教练员、运动员都知道自信的重要性：它能帮助弱手战胜强敌，帮助强手取得胜利。在体育运动领域，有关运动自信的研究，影响较大的主要有自我效能理论、胜任动机理论及运动自信模型，这些理论有助于我们更好地理解自信的成分以及影响自信的有关因素，进而有助于从多种途径培养及提高运动员的自信心。

（一）自我效能理论

班杜拉的自我效能理论已在本书第二章介绍过，这里不再赘述。这一理论可以用来解释自信心的形成与发展。实际上，我们可以将自我效能理解为在特定情境中对于特定事件的自信心。

自我效能理论提出了对个体自我效能产生重要影响的四个因素（图 5–1）。每一因素对于理解运动员如何培养和发展自我效能都很关键。

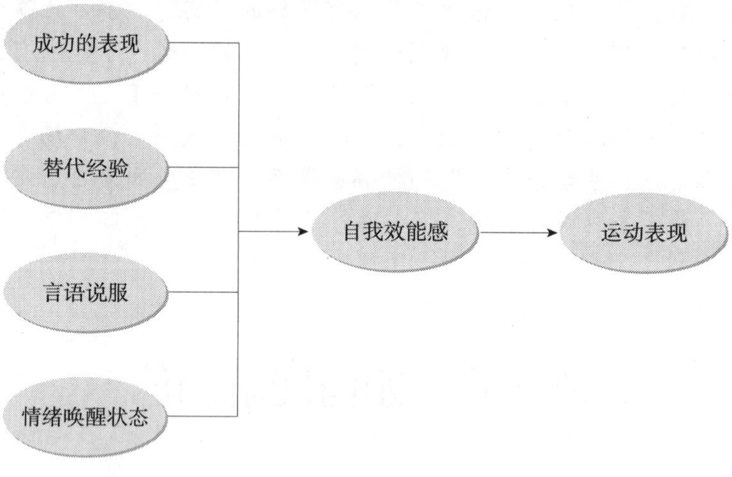

图 5–1 自我效能的影响因素及结果

（资料来源：考克斯．运动心理学——概念与应用 [M]. 张力为，张禹，牛曼漪，等译．北京：清华大学出版社，2003.）

1. 成功的表现

成功的表现能够发展运动员的自我效能感，而失败的表现则会削弱运动员的自我效能感。运动员过去的成功经验，是他们预测将来成功最有力的证据之一，会成为运动员面对下一次挑战时自我效能感的重要来源。

因此，在训练中，为运动员创设可获得成功的情境是非常重要的。在任务难度非常高时，成功将变得不现实，因此教练员有时需要通过降低任务难度来保证运动员能够体验到成功。例如，对于初学排球的运动员来说，如果按照规则发球，可能很难将球发过网去，这时候教练员就需要降低任务难度，让运动员走进场地几米再发球，以使运动员能够体验到成功。否则，运动员可能因为不断的失败，丧失自信而不再去尝试。这种成功体验对于技能水平较低的初级运动员尤其重要。在比较简单的任务完成后，教练员可以逐渐增加任务难度。

专栏 5-1　成功的表现有助于自我效能感的提高

访谈实录

记者：在大家的印象中最深刻的是你连续击败三名韩国选手，最后以 1 环的优势击败了上届雅典奥运会的冠军朴成贤，简直是可以用“虎口拔牙”来形容这场胜利。你是如何做到各个击破的？

张娟娟：第一位面对的朱贤贞，感觉她是她们三个人中比较轻松应对的一个。在奥运会之前的法国站比赛上，我曾经战胜过她，所以在心态上会对她会造成一定的压力，但我告诉自己绝对不能放松心态，要打好每一支箭。第二位是尹玉姬，我也是跟自己说千万不能放松，要咬住对手。因为之前的比赛给了我很大的教训，这一次不能又是先赢后输，所以是憋着一口气去拼的，最后也战胜了她。这时，连续打败了韩国两名选手，自己也积累了一定的信心，而且在与尹玉姬交手时打出了 115 环的好成绩，这也给朴成贤造成了更大的压力。

资料来源：何霞．专访张娟娟：如何连斩韩国三将，憋着一口气去拼 [EB/OL]（2008-08-17）[2008-09-08]. http://2008.sina.com.cn/cn/ar/2008-08-17/0222217450.shtml..

2. 替代经验

通过观察榜样，个体通常可以获得有关成功的替代经验，而替代经验也是自我效能的重要影响因素之一。榜样与个体自身的相似程度越高，对自我效能的影响作用则越大。通过观察榜样的表现，个体可以判断或衡量自身的能力。当观察到条件与自己相似的榜样因努力而成功时，运动员的自我效能感就会提高；反之，如果观察到榜样失败的行为表现，运动员的自我效能感就会降低。

对于初级运动员来说，替代经验对自我效能的影响非常重要。例如，继刘翔在男子110米栏项目上取得突破后，在这一项目上，前所未有地涌现出较多的优秀的中国运动员，这虽然与训练水平的提高有直接关系，但刘翔的成功对于其他运动员而言，形成了良好的替代经验，成为提高其他运动员自我效能感的源泉。

3. 言语说服

言语说服指他人利用鼓励性的话语或正向的反馈使个体相信其具有完成任务的能力，以提高个体的自我效能感。

在体育运动领域，言语说服通常来自教练员、父母或者同伴。需要注意的是，言语说服应采用积极的话语，例如，告诉运动员他的能力很强或者他一定可以成功等。例如，教练员可以说“转得好，现在要记住盯住球”。应尽量避免使用消极的话语，如“你不会把球转向远端吗？别只看人不看球”。言语说服也可以采用自我鼓励的方式，即自我暗示，这将在本章后面介绍。

4. 情绪唤醒状态

个体的生理与情绪状态也会影响到自我效能感的高低。当个体身体健康、心情愉快时，自我效能感会随之提高；而当个体焦虑、沮丧时，自我效能感也随之降低。然而，决定自我效能感高低，不单纯取决于个体实际的身心状态，而且取决于个体对自身身体与情绪状态的觉知及解释。或者说，人们通常将紧张情境中的生理唤醒作为不良信号加以解释，过度焦虑的运动员会低估自己的能力，疲劳和烦恼也会使人感到难以胜任任务需要等。这些消极的情绪解释都会导致运动员自我效能水平的下降。

班杜拉的自我效能理论在体育运动中得到了许多研究的验证。研究表明，自我效能对运动员的运动表现具有很强的预测能力。通常，与自我效能感低的个体相比，自我效能感高的个体更努力，坚持的时间更长，且取得的成绩更好。

自我效能不仅适用于个体，也同样适用于团队。一个团队的信心即集体自我效能对于其成绩的取得也非常重要。乔治（George）和费尔茨（Feltz）1995年的研究表明，有较高自我效能感的团队比自我效能感低的团队成绩更好。

（二）胜任动机理论

哈特（Harter）在1978年提出了一个有关成就的动机理论，被称为胜任动机理论。该理论认为，人们天生就有希望在各领域取得成功的内在动机，即“胜任的动机”。在它的推动下，个体会努力去尝试精通某事（如某项运动），这种尝试的成功或失败进而会对个体的自我效能感产生积极或消极的影响。

通过尝试获得的成功能够促进个体自我效能感的发展，进而促进胜任动机的产生与提高，而随着胜任动机的不断提高，个体也更倾向于去尝试发展新的技能。相反，如果年轻运动员努力尝试的结果是失败，则会导致较低的胜任动机，进而不愿意继续尝试，甚至可能中途退出运动（图5–2）。

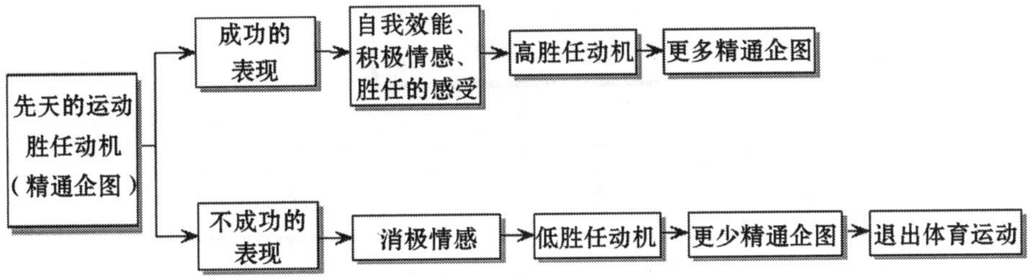

图 5–2　哈特的胜任动机理论

（资料来源：考克斯.运动心理学——概念与应用 [M]. 张力为，张禹，牛曼漪，等译.北京：清华大学出版社，2003.）

这一理论与自我效能理论有异曲同工之妙，实质上都强调成功的表现对自信心的促进作用。

韦斯（Weiss）和霍恩（Horn）1990 年的研究发现，那些低估自我效能的人倾向于退出运动，且常常被特质焦虑所困扰，他们更喜欢挑战性不强的任务，容易被外部因素所控制；而能够正确评价自己能力的人则可以更好地控制形势，并且乐于尝试具有高挑战性的活动。这一结果揭示了在体育运动中发展胜任动机的重要性。

布莱克（Black）和韦斯在 1992 年的一项调查研究，强调了“重要他人”对于增强年轻运动员胜任动机的重要作用：那些认为教练员给予了自己积极反馈和鼓励意见的年轻运动员有更强的胜任动机。

韦甘德（Weigand）和布罗德赫斯特（Broadhurst）1998 年的研究表明，胜任的动机受内部动机、从事训练的时间及其他因素的影响。艾伦（Allen）和豪（Howe）也发现，对于能力相同的少年女子曲棍球选手，不同类型的训练和指导方式对她们的胜任动机的影响不同。具体地说，对运动员的良好表现给予表扬并提供技术信息，会增强她们的胜任动机；相反，如果运动员的表现不好，给予表扬并提供技术信息反而会降低她们的胜任动机。在这种情况下，适时的沉默也许是增强胜任动机的最佳策略。史密斯（Smith）的研究则表明，友谊和同伴的接受对增强年轻运动员的胜任动机非常重要。

（三）运动自信模型

维亚利（Vealey）在 1986 年提出了运动自信模型。她认为，运动自信是个体对通过自己所具有的能力在竞技运动中获取成功的信念及确信程度。运动自信模型（图 5–3）将运动自信进一步划分为特质运动自信和状态运动自信。特质运动自信是指个体通常对其所具有的能力在竞技运动中获取成功的信念及确信程度；状态运动自信则是个体在某一时刻对其所具有的能力在竞技运动中获取成功的信念及确信程度。

维亚利进一步指出，现实运动情境影响着运动员的特质运动自信及比赛定向（过程定向和结果定向），这两者共同影响着运动员的状态运动自信，并最终影响运动员的行为表现及运动员对其行为表现的主观评价。

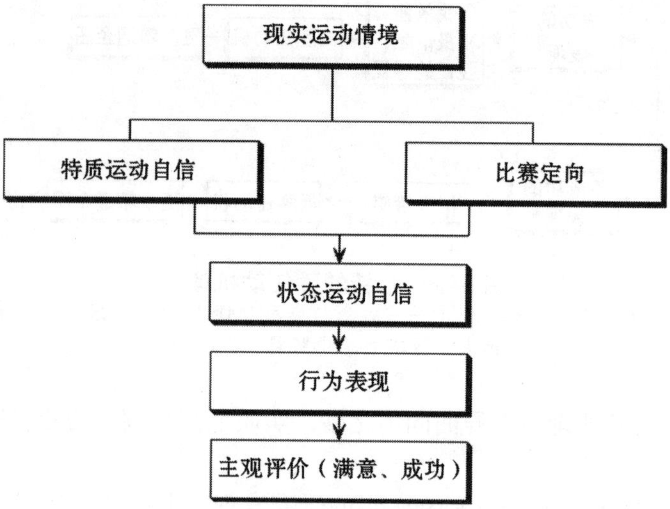

图 5–3　运动自信模型

（资料来源：考克斯.运动心理学——概念与应用 [M]. 张力为，张禹，牛曼漪，等译.
北京：清华大学出版社，2003.）

第二节　如何培养自信

在日常生活和体育运动中，培养自信的方法有很多。张力为介绍了八种在体育运动中经常使用的培养自信的方法。在使用这些方法时，教练员或体育教师需要注意，自信的培养不是一朝一夕的事情，以下方法需要在运动员清楚原理的情况下，反复操练，不断强化。

一、注意可控因素

大赛前，有些运动员会感到紧张害怕，究其原因主要有两点。其一是比赛的结果具有不确定性。一般来说，结果的不确定性越强，紧张害怕的心情就会越强烈。例如，在大赛时，如果运动员有 80% 的胜率，或者只有 20% 的胜率，紧张害怕的心情都不会非常强烈；而如果运动员获胜的把握是 50%，即双方势均力敌，则紧张害怕的心情就可能十分强烈。其二是比赛的过程具有不可控性。运动员不能完全控制比赛进程，要受制于对手、裁判、场地等诸多因素。一般来说，不可控性越强，紧张害怕的情绪就会越强。

由此可见，当不确定性和不可控性增加时，自信心就会下降。因此，要想提高自信，最重要的就是要找出可控因素，关注可控因素，操纵可控因素。具体做法如下：①每个运动员在训练日记上写出影响比赛成绩的主要因素；②教练员将运动员写出的影响比赛成绩的主要因素列表汇总，如表 5–1 所示；③教练员发给每个运动员一张表格，在表 5–1 的右栏圈出适当数字，标出这些比赛影响因素的可控程度；④教练员收集运动员的调查表，并计算各因素的平均可控性分数，告诉运动员，让他们比较自己与平均可控性分数的差别；⑤教练员请圈出较大数字的运动员谈谈他们认为该因素可控的原因，并引导运动员在大赛中关注可控因素。

表 5–1　影响比赛成绩各因素的可控性

比赛成绩影响因素	可控程度
天气	0 1 2 3 4 5 6 7 8 9
准备活动	0 1 2 3 4 5 6 7 8 9
场地	0 1 2 3 4 5 6 7 8 9
裁判	0 1 2 3 4 5 6 7 8 9
饮食、营养	0 1 2 3 4 5 6 7 8 9
比赛器材	0 1 2 3 4 5 6 7 8 9
对手发挥	0 1 2 3 4 5 6 7 8 9
技术	0 1 2 3 4 5 6 7 8 9
战术	0 1 2 3 4 5 6 7 8 9
体能	0 1 2 3 4 5 6 7 8 9
情绪	0 1 2 3 4 5 6 7 8 9

资料来源：张力为，毛志雄 . 运动心理学 [M]. 北京：高等教育出版社，2007: 105.

说明：1 代表该因素完全不可控，9 代表该因素完全可控。1 ~ 9 之间的数字越大，可控程度越强。请你在表中影响比赛成绩各因素的可控程度的对应数字上画圈，表示该影响因素的可控程度。

二、想象成功情景

个体在主动形成一种运动表象时，大脑的神经冲动也会通过传出神经传至相关肌肉，诱发微细的肌肉动作。这种微细的肌肉动作尽管没有实际做运动时那么强烈、明显，但其运动模式却与实际动作十分相似。如果运动员主动形成成功动作的表象，不仅有助于成功动作的定型，还有助于保持和提高自信。

在竞技运动中，如果运动员在脑中形成一种正确的、成功的运动动作表象，则有更大可能在实际动作中重现表象中的成功动作。或者说，你在大脑中的“所见”，有助于你在实际中的“所得”。

想象或表象成功动作的具体做法如下：①训练课上为运动员的关键动作拍摄视频；②帮助运动员剪辑当天训练或某次训练的成功动作；③训练课后让运动员观看自己的成功动

作（可以反复观看）；④睡觉前做成功动作的表象 3 ~ 10 次，以形成心理定势；⑤比赛中做关键技术动作前，主动做成功动作的表象。

在进行上述表象练习时需要注意以下问题：①要形成做表象练习的习惯，才可能逐渐提高表象的清晰性、稳定性和可控性。②应根据表象练习效果、训练任务和比赛任务来确定表象练习的动作。③平时训练可将细节动作表象和整体动作表象的练习相结合；比赛中做关键动作前则应进行整体动作的表象，避免过多关注动作细节。④观看成功动作的录像为主，不成功的录像为辅，以利于在头脑中保持积极、正确、成功的表象。

三、积极自我暗示

暗示是指用含蓄、间接的方法对人的心理状态产生迅速影响的过程，是运动员赛前和赛中经常使用的建立心理定向的手段之一。实践证明，自我暗示对运动员的心理定向和行为表现有重要作用。

自我暗示可以是口头形式，也可以是一个人脑海中出现的思维形式。自我暗示主要有三种，包括与任务有关的自我暗示、鼓励和努力以及情绪语言。

（一）与任务有关的自我暗示

此类自我暗示主要指与技巧相关，能够对完成动作有促进作用的话语。例如，在网球比赛中截击空中来球时，可以用“转”来暗示自己。

（二）鼓励和努力

此类自我暗示主要指那些鼓励自己要坚持或更加努力的话语。例如，“你能够”就可以用于鼓励自己的坚持。

（三）情绪语言

情绪语言指那些与刺激、激励或平静情绪有关的话语，例如“平静”“放松”。

作为提高自信的一种心理学方法，自我暗示本质上必须是积极的，并能够使运动员对自己的能力产生积极向上的感觉。如果教练员或运动心理学家能够帮助运动员在赛前事先选择和构造积极的语言，则会有效提高运动员的自信和自我控制感。具体做法如下：①请运动员在训练日记中罗列赛前和赛中经常使用的自我暗示语；②找出这些自我暗示语中的消极成分；③用积极暗示语替换消极暗示语，例如，用“放松”替代“别紧张”，用“果断”替代“别犹豫”，用“盯住对方左方打”替代“千万别失误”；④每天训练前默念积极暗示语 3 次，以形成做积极语言暗示的习惯。

为了使积极的自我暗示更加有效，自我暗示的内容应符合以下几条标准：①简单精练，容易发音；②逻辑上与技巧有关；③与任务的进程相吻合。表 5–2 列出了一些运动员常用的积极的自我暗示语。

表 5–2 运动员使用的一些积极的自我暗示语

运动员身份	积极的自我暗示语
足球守门员	“什么球都不会从我身边入门”
网球发球方	“我能击出一个有力而准确的一发”
投篮者	“我的面前除了篮筐没有别的”
排球接球手	“我是一个始终如一的准确的传球手”
橄榄球四分卫	“我的胳膊可以像大炮一样投掷”
摔跤运动员	“我像牛一样健壮”
高尔夫球手	“我一定能击一个好球”

资料来源：考克斯．运动心理学——概念与应用 [M]. 张力为，张禹，牛曼漪，等译．北京：清华大学出版社，2003.

四、发现尺短寸长

根据唯物辩证法，世界上所有事物均可一分为二，且具有对立统一的特性。例如，尺寸的长短虽然一目了然，但尺一定有弱点，寸也一定有优点。尺有何短？寸有何长？教练员可以就这两个问题组织运动员讨论，使他们了解弱中有强、强中有弱的道理，在强手面前提高自信。

具体做法如下：①首先要求每个队员在训练日记上尽可能多地写出尺的弱点和寸的长处；②组织队员讨论尺的弱点和寸的长处，例如，“量物时寸比尺更精细”“寸比尺更容易携带”“先有寸才有尺，得寸才能进尺”等；③继续要求运动员在训练日记上至少写出三条自己的优势和对手的薄弱环节，例如，“对手是世界冠军，我第一次参加世界大赛，我比对手包袱更少”“我的体力比对手好”“我比对手媒体干扰更少”等；④组织队员互相讨论和互相启发。

五、夸大外部动作

运动员的自信包括两个方面，即整体自信和运动自信。两者有明显不同，但又互相影响。教练员不仅应当帮助运动员提高完成运动任务的运动自信，还应关注和培养运动员作为整个人的整体自信。运动员培养自信可以从平时小事做起，例如，做事时，尽量反应迅速，动作敏捷；与别人交谈时，要正视对方的眼睛，大声回答对方提问，适当做些大型手势以及尽量多地保持微笑；握手时要多用力，让对方感到你的力量；签名时有意将自己的名字写得大一些。

类似地，在赛场上，运动员夸大外部动作也可以起到提高自信，震慑对手的作用。例如，在2008年北京奥运会上获得跆拳道女子49公斤级冠军的吴静钰就提到：“一开始每一次见面，每一次上场，每一个细节，从你身上散发出来的就是一种杀气和一种霸气。对手害怕你，你才能发挥得淋漓尽致。要从每个细节来看，当然从眼睛里面一定要有杀气。”

六、创设原有环境

人在新奇环境中的自信更强，还是在原有环境中的自信更强？一般来说，由于不需要进行新的适应和调整，而且没有太多的不确定性，所以，人在原有环境中的自信更强。但大赛往往是在客场而不是在主场举行的，因此，面对新奇环境时，运动员的自信会受到不利影响。解决办法之一是在新奇的大环境中尽量创设原有的小环境，具体做法是：①比赛时多看自己的队友、教练员，多看中国的观众和熟悉的物品；②比赛时，穿熟悉的旧装而不穿不熟悉的新装；③在比赛地住处摆放少量自己最经常用的东西，如小镜子、随身听、布娃娃等。

七、集体互相鼓励

根据班杜拉的自我效能理论，言语说服对一个人的自我效能感有重要影响，因此应当通过各种途径，给运动员以积极反馈，以提高其自我效能感。具体做法是：①由教练员每周或每个月在每个运动员的训练日记中写两句话，包括教练员认为运动员在哪些方面进步了、改进了以及该运动员做好了，教练员赞赏运动员的哪些表现；②由每个队员写出一个队友的长处，或喜欢该队友的哪些方面，然后交给领队、教练员或运动心理学辅导员，由他们汇总。这时可能会发现，有的队员被提及的长处有很多条，有的队员则未被任何队友提及长处。这时，领队、教练员或员运动心理学辅导员应主动补上，并在队会中念出所有队员被队友提及的长处和令人喜欢的地方；③要求教练员对每个队员、每个队员对其中一个队友每天说一句鼓励性的话。

八、发掘自我潜力

人们往往会低估自己的潜力，因而不敢想，不敢做，丧失了许多机会。以下实验可以帮助运动员认识这个道理。具体做法是：①将杯子装满水放在桌子上，并将一把小铁钉放在桌子上。②问队员可以向杯子里放多少个小铁钉，水都不会溢出来？请队员一起讨论，得出一个平均数。③选出一个队员，一个一个往杯子里放小铁钉，直到水溢出来。计算此时杯中小铁钉的数量，看其是否超过了大家讨论的平均数（一般的结果是放入杯中的小铁钉数量会大大超过平均数）。④组织队员讨论：大家为什么会低估杯子的潜力？我们会经常低估自己的潜力吗？人有多大潜力？如何才能发挥自己的最大潜力？

★第三节　如何测量自信

一、自陈量表法

1986 年之前，运动心理学家在研究体育运动中的自信问题时，都一直在沿用传统的方法，而不同程度地忽视了运动情境的特殊性。因此，相应测量方法的预测效度并不理想。而维亚利开发的运动自信心量表则注重了运动情境的特殊性。

维亚利借鉴人格研究中关于人格特质和人格状态的区分，把运动自信分为特质运动自信和状态运动自信，在该模型的基础上，研制了《特质运动自信量表》（SC-trait 或 TSCI）和《状态运动自信量表》（SC-state 或 SSCI）。2001 年，香港浸会大学的冯玛利（Fung）等人将《特质运动自信量表》和《状态运动自信量表》译成中文，对中国的运动员进行了跨文化研究，并运用验证性因素分析对这两个量表进行了检验。

《特质运动自信量表》和《状态运动自信量表》各包括 13 个题目，采用 9 级利克特量表的形式，表示从低自信（1 点）到高自信（9 点）间的不同程度。《特质运动自信量表》要求在赛前 24 小时对运动员进行测量。《状态运动自信量表》则要求在个人信心最强的项目比赛前 1 ~ 1.5 小时对运动员进行测量。

需要注意的是，为使运动员在填写量表时认真作答，在实际施测时一般将量表名称印制为问卷一、问卷二，而不出现"特质运动自信"和"状态运动自信"的字样。

除此之外，运动自信的自陈量表还包括我国学者沈龙科研制的《特质运动自信心量表》，李安民研制的可用于测量运动员总体自信、特质自信及状态自信的《运动员心理因素调查问卷》等。

二、开放式优缺点测量法

（一）测量方法

优缺点罗列测量的实施十分简单，可以单独施测，也可以集体施测。测量分两轮进行，做法如下：

首先发给运动员每人一张答题纸和一支笔。

第一轮施测的指导语是：

"我一说开始，请用 3 分钟在这张纸上尽快写出你的缺点。我一说停，不管写在什么地方，都要立刻停止。明白了吗？好，准备，开始！"

然后开始计时，3 分钟时喊停。收回答题纸，再发另一张答题纸。

休息 3 分钟。

第二轮施测的指导语是：

"我一说开始，请用3分钟在这张纸上尽快写出你的优点。我一说停，不管写在什么地方，都要立刻停止。明白了吗？好，准备，开始！"

然后开始计时，3分钟时喊停。收回答题纸。

（二）评分方法

（1）字数得分计算方法：数出两张答题纸的字数。

字数得分＝优点答题纸上的字数－缺点答题纸上的字数。

（2）维度得分计算方法：数出两张答题纸的维度。

维度得分＝优点答题纸上的维度－缺点答题纸上的维度。

字数得分和维度得分都是得分越高，自信越强。

（郭璐）

本章要点

1. 自信是个人相信自己，对自己所知的事情、能做的事情或已做的事情确信不疑。

2. 班杜拉的自我效能理论，可以用来解释自信心的形成与发展。通过让运动员体验成功、对照榜样，或用鼓励性的话语说服，使其相信自己具有完成任务的能力，或让他/她处于积极适度的情绪状态之下，都有助于其增强自信。

3. 哈特的胜任动机理论认为，人们天生就有希望在各领域取得成功的内在动机（即胜任的动机），在它的推动下，个体会努力去尝试精通某事，这种尝试的成功或失败进而会对个体的自我效能感产生积极或消极的影响。

4. 维亚利的运动自信模型认为，现实运动情境影响着运动员的特质运动自信和比赛定向（过程定向和结果定向），这两者又共同影响着运动员的状态运动自信，而状态运动自信最终影响运动员的行为表现及运动员对其行为表现的主观评价。

5. 培养自信有很多方法，其基本原理是帮助运动员在明白道理的基础上，通过反复强化，养成积极思维和积极行动的习惯。可供选择的方法包括：注意可控因素，想象成功情景，积极自我暗示，发现尺短寸长，夸大外部动作，创设原有环境，集体互相鼓励和发掘自我潜力等。

6. 常用的测量运动员自信的方法有自陈量表法和开放式优缺点测量法。较为常用的自陈量表是维亚利的《特质运动自信量表》（SC-trait或TSCI）和《状态运动自信量表》（SC-state或SSCI）。

思考与作业

1. 为了提高运动员的自我效能感，我们可以做哪些方面的工作？

2. 为了培养运动员的自信，在平时可以采取哪些方法？

3. 可以用哪些方法测量运动员的自信？

第六章　运动活动的注意状态

【内容提要和学习指导】

良好的注意素质是运动员全身心投入到比赛中的前提保证。通过本章的学习，您可以了解注意的概念等基础性知识，知道不同运动项目所属的注意方式，同时还可以明确运动员为什么可以一心二用。学习本章时，您可以在理解注意等概念的基础上，重点学习奈德弗的注意方式理论和运动员注意分配的特点，掌握双重任务技术的主要操作程序，理解提高运动员注意分配能力的方法。

注意是运动员掌握运动技能过程的重要因素，如我们经常能听到运动员训练时教练员喊“注意脚下！”“注意盯人”。同样，良好的注意能力也是比赛获胜的重要保证，如短跑运动员的起跑，射击运动员的瞄准，识破足球比赛中的假动作等都需要高超的注意素质。

20 世纪 70 年代开始，一些体育运动心理学家开始着手专门针对体育运动中的注意问题进行应用性研究，其中，有沿着认知心理学思路进行的研究，如双重任务和选择性注意的研究，也有根据运动特点建构注意理论的研究，如注意方式理论的研究。

第一节　注意方式与比赛任务有何关系

一、注意方式怎样分类

（一）注意方式的理论

注意是心理活动对一定对象的指向和集中，其作用是：使人选择有意义的、符合需要的，或者与当前活动任务一致的各种刺激；避开或抑制那些无意义的、附加的、干扰当前活动的各种刺激。

注意方式理论是奈德弗（Nideffer）提出的有关注意的结构、个体差异与操作成绩关系的理论。

该理论认为，注意的结构包括两个维度，即注意范围和注意方向。注意范围是指在瞬间能清楚地把握的对象的数量，由非常狭窄到非常广阔，广阔的注意可同时获得多种信息，狭窄的注意则滤掉很多信息。注意方向是指人正在关注外部的环境信息（如对手的移动、教练员的手势）还是内部的身心情况（如自己的心跳、情绪）。注意范围的宽窄和注意方向的内外可结合成四种注意方式（图 6–1）。

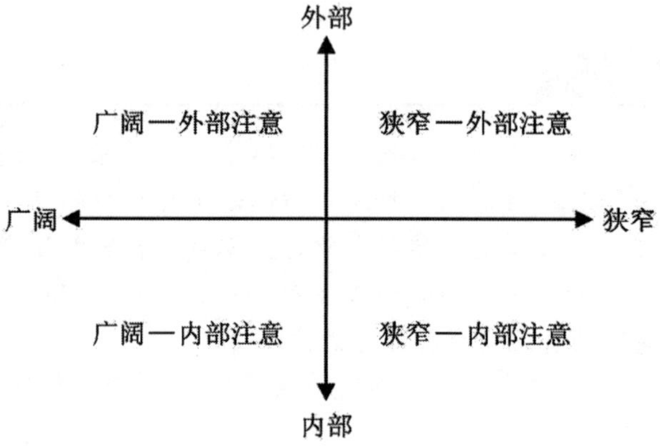

图 6–1　奈德弗的四种注意方式

上述四种注意方式在运动中具有重要意义，影响着运动员运动活动的效率，它们的具体含义如下。

广阔—外部注意指注意范围广阔并指向外部环境的注意。这种注意对于把握复杂运动情境来说是最合适的，常用于集体运动项目，如足球、排球、篮球、水球、橄榄球、冰球、曲棍球等等。具有这种注意方式的运动员预测能力很强。

狭窄—外部注意指注意范围狭窄并指向外部环境的注意。做出反应的短暂时刻要求这种注意，这时注意指向外部且范围很窄，以便击球或对抗对手，如足球守门员防守对方点球的短暂时刻所需要的注意。

广阔—内部注意指注意范围广阔并指向内部信息的注意。具备这种能力的运动员或教练员善于分析，因此学习速度快，善于把各种信息纳入自己的知识储备之中，并借此来制订训练和比赛计划，预测未来和回忆过去。例如，棋类运动员搜索记忆中的已知棋局时的注意，即为广阔—内部注意。

狭窄—内部注意指注意范围狭窄并指向内部信息的注意。这种注意对于敏感地把握各种身体感觉是最必要的，如射击、射箭、跳水、体操等项目中的运动感觉体验，演练某一技能等就要利用这种注意。

奈德弗还认为，每个人、每个集体运动项目都需要将注意范围和注意方向加以特殊组合，以产生最佳运动表现（图 6–2）。一般来说，情境越复杂、变化越快，运动员就越需要利用外部注意方式。橄榄球、足球、冰球运动员需要广阔—外部注意，而棒球击球手则需要狭窄—外部注意。当分析或计划的要求提高了改进技术动作，内部注意在制订比赛战术计划时就变得至关重要了。

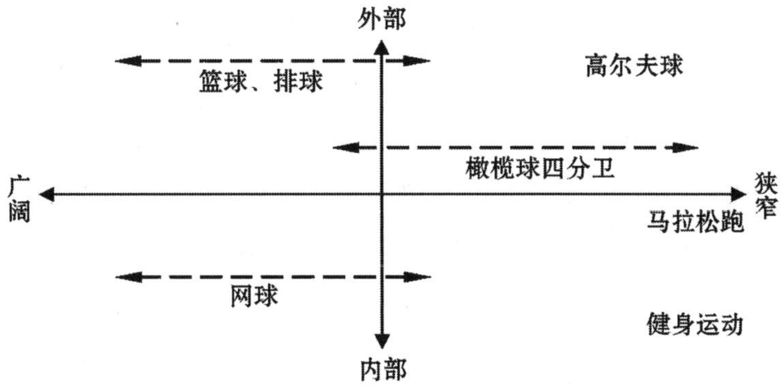

图 6–2　奈德弗的四种注意方式与体育运动

（二）注意方式的测量

奈德弗编制了一个《注意及人际行为类型测验》量表（test of attentional and interpersonal style，TAIS）。TAIS 共包括 17 个分量表，其中 6 个分量表反映的是注意方式，2 个分量表反映的是行为控制和认知控制的类型，9 个分量表描述的是人际行为的类型，共计 144 个题目。反映注意方式的 6 个分量表用来评估注意的范围和方向（表 6–1）。

表 6–1　TAIS 中反映注意方式的 6 个分量表

分量表	含义	高分倾向
BET	广阔性外部注意	适应所处环境及其变化的能力强
OET	干扰性外部注意	由于外界无关刺激而分散注意，导致出错
BIT	广阔性内部注意	组织和分析信息的能力强
OIT	干扰性内部注意	常被自己的思想和感情干扰而陷入混乱
NAR	集中性注意	集中注意和抗干扰的能力强
RED	狭窄性注意	注意范围过窄而遗漏有关信息

说明：BET= Broad–External，OET= External Overload，BIT= Broad–Internal，OIT= Internal Overload，NAR= Narrow Effective Focus，RED= Errors of Underinclusion.

为了便于TAIS的推广，奈德弗又编制了一个简式TAIS。他精选出12个题目用来测量注意集中的类型。每个分量表选择了两个题目供运动员自我评定（表6-2）。每个题目只要按以下5个等级做出一种选择：从不（0分）；很少（1分）；有时（2分）；常常（3分）；总是（4分）。把各分量表的两个题目的得分相加，得到6个分量表的分数后，分别将它们点在常模图的相应位置上，就能得到运动员注意集中类型的剖面图（图6-3至图6-5）。

表6-2 简式TAIS的测验题目

分量表	测验题目	得分
广阔性外部注意（BET）	1. 我善于很快地分析复杂的情况，例如，一场橄榄球比赛中的进展如何，或者场上的哪4个或5个队员开始打起来了。	
	2. 在一屋子的孩子中，或者在一个运动场上，我知道每个人在做什么。	
干扰性外部注意（OET）	1. 当别人与我谈话时，我发现自己会为所见到的周围之物，或听到的声音而分心。	
	2. 我观看诸如足球比赛或马戏时，有许多事情同时发生，我就变得慌乱了。	
广阔性内部注意（BIT）	1. 我只需要一点点信息，就能产生许多想法。	
	2. 我很容易将许多不同方面的意见综合起来。	
干扰性内部注意（OIT）	1. 当别人与我谈话时，我发现自己容易被自己的思想和意念所分心。	
	2. 由于我的思想太多，使我变得慌乱和健忘。	
集中性注意（NAR）	1. 我容易使自己的思想不受所观看的或所听到的东西所干扰。	
	2. 我容易使自己的视线和说话不受自己的思想所干扰。	
狭窄性注意（RED）	1. 我很难摆脱掉内心的思想和意气。	
	2. 比赛时我出了差错，是因为我在看某个人在做什么，以及我忘掉了别人。	

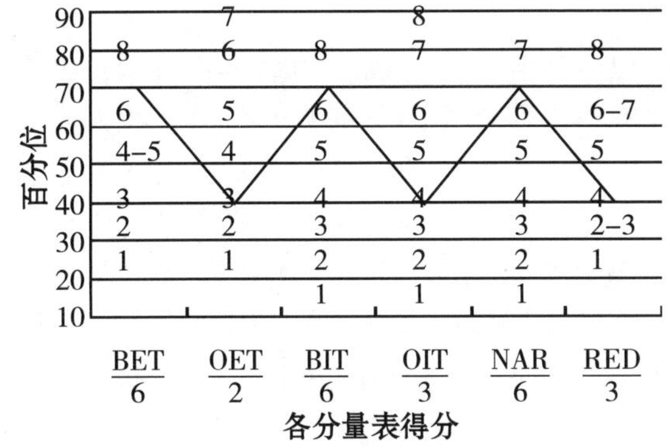

图 6–3　有效注意类型的剖面图

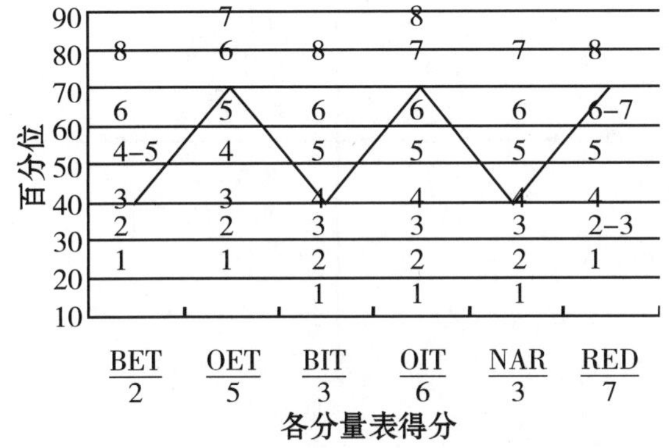

图 6–4　效率不高注意类型的剖面图

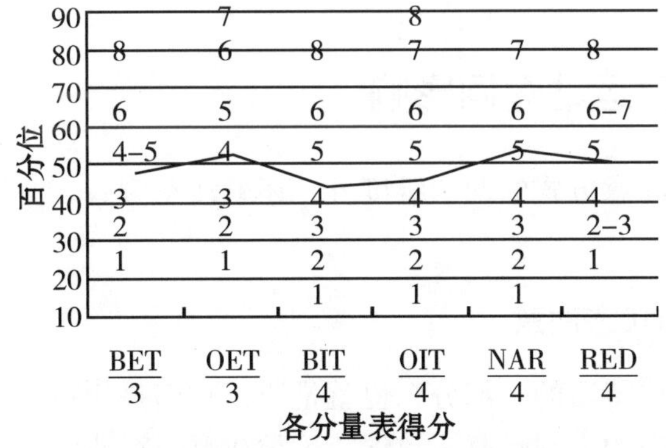

图 6–5　“平常”注意类型的剖面图

专栏 6–1 注意方式只适用于运动员吗

其实注意方式还可以应用到许多方面，如图 6–6 所示，维度 1 是指人们同时面临大量的刺激时的注意状态，就好似在熙熙攘攘的街道上找人一样，这时需要广阔的外部注意。维度 2 是指在意识中有大量的信息，需要你去同时分析，就好似你要把当前和过去的信息进行比较，选出最优方案，这时需要广阔的内部注意。维度 3 指只专注于当前头脑中的信息，就好似进行 15 减 7 的运算或让你想象海滩度假的场景，这时需要狭窄的内部注意。维度 4 是指在执行动作中需要常采用的注意模式，旨在排除外界干扰只关注眼前的动作，这时需要狭窄的外部注意。

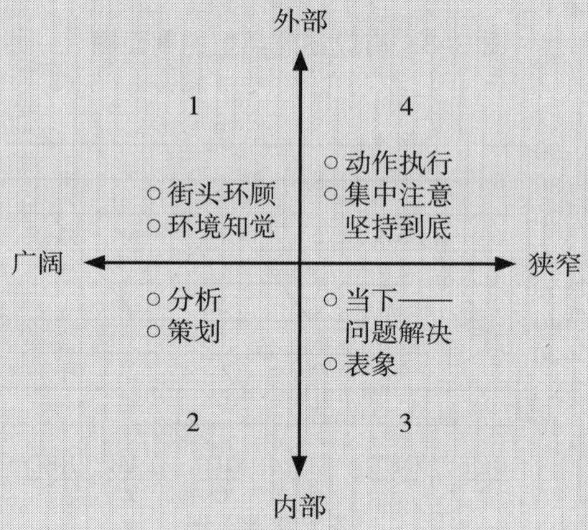

图 6–6 注意方式的其他应用

二、注意对体育运动有何影响

奈德弗除了提出了注意方式的两个维度外，还就注意方式、注意能力和注意过程等方面提出了一些假设。

（一）特质注意和状态注意

某些注意特征是人格特质的一部分，也就是说，它们是相对稳定、不易变化的。就个体而言，其在不同情境中的表现具有一致性。这种注意叫特质注意。另一方面，有些注意特征又依赖于具体情境，是不断变化、可以调节的。这种注意叫状态注意。特质和状态的划分有助于解释为什么在个人的操作活动中会出现很大不同。如果注意仅有特质这种成分，我们就可以毫不担心地根据一个人的注意特质去做十分准确的预测。但这同时又意味着所有注意力的训练只有针对特质去进行，因为特质决定它是不能随时调节和塑造的。状态的成分意味着依情境的不同而会有不同的表现，使预测的准确性受到影响。

（二）注意能力的个体差异

很多事例表明，注意方面的问题可导致比赛的失误。例如，有些运动员不能及时自我调节以适应场地条件或对手战术的变化。他们建立了自己的心理定势，且固守这种定势，很明显，这就是狭窄的外部注意型运动员的注意特征。

个体在注意能力方面的差异，似乎要求我们根据专项运动的特点来选择与之相应的注意类型的人从事某项运动，还需要针对运动员注意方式方面的弱点进行训练以提高注意能力，因为每个人在注意方面均有其长处和短处。当然，这就需要有一个有效的、可以测量出个体注意能力优劣的工具，这也是奈德弗当初编制 TAIS 的目标。

（三）焦虑唤醒与注意过程的相互关系

奈德弗根据他自己的观察和其他一些人的研究，提出焦虑和唤醒水平的升高会对注意过程产生以下两方面的影响：第一，干扰从一种注意方式转至另一种注意方式的过程；第二，造成注意范围的缩小。

一些研究认为，高唤醒水平会导致注意范围的缩小。对这种现象进行研究的常用方法是双重任务技术。这一技术要求被试同时操作两个任务，一个视作主任务，另一个视作次任务。具体操作步骤是：当被试在操作一个主任务的过程中，测试者要求其再完成一个次任务（一般采用简单反应时任务），并同时测定主任务和次任务的操作成绩，次任务的成绩一般称为探针反应时（probe reaction time，PRT）。该方法的基本假设是：PRT 的快慢反映了主任务使用认知资源的程度，如果 PRT 与操作单一任务时的简单反应时相一致，说明主任务操作时还有足够的剩余资源；如果 PRT 比简单反应时慢，便说明主任务操作时使用了部分或较多的认知资源。鉴于这一假设，采用这一方法时，测试者要特别要求被试将主要的注意集中在主任务的操作上。这是因为，被试有可能将注意集中于次任务的操作，这种注意分配策略可能导致主任务的操作成绩下降、次任务的操作成绩稳定的现象，从而影响正确评价被试认知资源的使用情况。

当采取各种方法提高被试的唤醒水平后，被试一般都报告对次任务的外周注意范围缩小了。这种现象的机制尚未了解清楚。但张力为等人在 1992 年的研究报告中指出，人在唤醒水平升高时，周围视觉的敏感性降低。对于操作活动来说，注意范围过于狭窄，会遗漏一些与操作活动有关的信息。注意范围过于广阔，也会由于纳入了一些无关信息而产生不利影响。

第二节 运动员注意分配的特点是什么

一、运动员为什么可以“一心二用”

注意分配指在同一时间内将注意指向不同对象，其基本条件是熟练的技能技巧和大脑皮质正常的兴奋性。篮球新手在根据教练员的讲解完成运球动作的同时，不能看着篮圈或看着其他队员，或者不能思考防守与进攻的任务，就是由于运球技术本身需要花费时间和能量去进行信息加工。

经验表明，一个篮球新手与一个篮球高手花在运球上的信息加工时间是不同的。新手在运球时几乎要花去所有有效的信息加工时间，高手则能在一定程度上减少对运球的注意，因此他能在运球的同时有更多的时间去寻找其他有关的线索并思考战术方案。

人类似乎具有同时注意一个以上的对象的能力。例如，熟练的篮球运动员可以在运球的同时举起另一只手，指挥队友跑向接应位置；汽车司机可以在驾驶汽车的同时减油门、踩离合踏板换挡并与乘客谈话。

可见，在注意分配能力有限的条件下，如果对有效信息加工时间的要求不太严格的话，人可以同时注意到一个以上的信息，也能够同时做出一个以上反应；假如完成每项任务都要求花上全部有效信息加工时间，则人只能注意其中的某一项任务，从而使完成其余任务的能力下降。

专栏 6-2 运动员真的需要会利用线索指引注意吗

在网球、棒球、篮球等球类项目中，优秀运动员能够利用对手的挥拍和抛球动作或投球手的投球动作等线索来判断发球的类别和来球的方向。运动员根据对方动作线索预测球的飞行方向和飞行速度的能力，常常是制胜的关键。例如，网球运动员在抛球阶段，专业选手的注意力主要集中在球拍和球上，此外，他们在这一阶段还会注意看发球选手的脚和膝盖。在发球选手击球后，他们的知觉追踪着球从飞行到落地的轨迹。

但研究也表明，人的信息加工能力是有限的，即一个人同时做几件事的能力是有限的。如果一个运动员在完成某些运动任务时不能与其他的语词任务或运动任务同时完成，那么就表示要花时间去对一项或两项任务进行信息加工；相反，如果几项任务能够在同一时间内完成，则表示有些任务或者所有的任务是不需要花时间去进行信息加工的。因此，在注意分配能力有限的条件下，要求同时完成两项任务，有时就会降低运动成绩。当然，更为重要的是要弄清每项任务需要花多少时间来进行信息加工。

二、怎样评价注意分配能力

双重任务技术是研究注意分配的主要实验范式之一。例如，里斯伯格（Wrisberg）和谢伊（Shea）在20世纪70年代就曾利用双重任务技术对运动员的注意分配进行过研究。

双重任务技术的一个重要作用是能够探明动作操作过程中哪一个时期需要注意。在追踪移动目标的任务中，一些研究者发现动作开始阶段需要较多的注意；动作结束阶段也需要较多的注意；而在快速动作的中间阶段则不需要更多的注意。在体育运动中，研究表明当来球的飞行后期或运动员接球动作开始时需要最大的注意。章建成认为，乒乓球运动员在正手引拍、向前挥拍和顺势挥拍时需要较多的注意，在击球瞬间则不需要过多的注意。

双重任务技术的另一个作用是可以比较各种运动项目运动员的注意特点。从目前的资料来看，运动心理学研究者运用此技术对射击、羽毛球、跳高、乒乓球、网球等项目进行了研究。此外，研究者对排球、网球、百米短跑、跨栏运动员注意需求的研究表明，不同运动项目运动员的认知资源具有高度专门化的特点。

双重任务技术的一个最重要的作用是可以帮助教练员通过评价运动员的认知资源，从而评价运动员的技能水平。因为认知资源的分配与技能熟练程度有关，即运动技能越熟练，可分配的认知资源就越多。因此，这一技术不仅可评价新手与高手之间的技能水平差异，而且还可评价高手之间的技能水平差异。在大多数的运动技能评价中，用单一任务很难准确评价熟练者之间的技能水平差异，而双重任务技术则为这一评价提供了一个有效手段。

三、怎样提高注意分配能力

在大多数体育比赛中，运动员时常需要同时加工两个以上的信息。因此，比较新手和高手在操作双重任务中的成绩以及比较训练前后操作双重任务的成绩，成为研究提高注意分配能力的切入点。

帕克（Parker）在1981年曾做了一个要求被试在30秒内接住一个来球后迅速将球投向一个指定目标（主任务）的同时，再判断一个视觉刺激（次任务）的实验。被试根据技能水平分成A、B、C三组。实验结果表明，三组的主任务之间没有显著性差异，而A组的次任务成绩明显好于其他两组。这一结果说明高水平被试显然有较多的剩余资源分配给次任务。同样的结果在章建成等人对三种不同水平的乒乓球运动员的实验中得到证实。

1991年，辛格（Singer）等人对接受单一任务训练和接受双重任务训练的两组被试进行了比较研究。结果表明，当两组都操作双重任务时，双重任务组的注意分配能力明显优于单一任务组。这一结果说明，双重任务的训练有利于提高运动员的注意分配能力。

艾森克（Eysenck）认为，双重任务训练可提高成绩的内部机制可能至少有三个。第一，操作者对一个或两个任务的注意需求减少。第二，操作者掌握了更有效的时间分配和注意转移策略，从而减少了任务之间的干扰。第三，可能是由于操作者减少了加工双重任务所需要的资源，使双重任务的各方都能避开另一方所需要的资源。

（张禹）

本章要点

1. 奈德弗的注意方式理论将注意分解为两个维度：注意范围（狭窄到广阔）和注意方向（内部到外部），并以此分为广阔—外部注意、广阔—内部注意、狭窄—外部注意、狭窄—内部注意四种注意方式。

2. 奈德弗认为，注意有特质注意和状态注意之分，在发展注意能力方面，人与人之间有个体差异。焦虑和唤醒水平升高对注意方式的转变有干扰，并使注意范围缩小。

3. 运动员的注意方式可通过《注意及人际行为类型测验》量表（TAIS）中的6个注意分量表进行测量。该测验还有一个12个题目的简本，十分简便和实用。

4. 在注意分配能力有限的条件下，如果对有效信息加工时间的要求不太严格的话，人可以同时注意到一个以上的信息，也能够同时做出一个以上反应；假如完成每项任务都要求花上全部有效信息加工时间，则人只能注意其中的某一项任务，从而使完成其余任务的能力下降。

5. 双重任务技术是测量注意分配情况的主要实验范式之一，其主要操作程序是：要求被试在完成一项基本的运动任务（主任务）的同时，必须完成一项简单反应时的任务（次任务）。如果主任务测得的反应时比简单反应时更慢，那么这项基本运动任务被判定为要求加以注意的任务，因而也是要求花时间去进行信息加工的任务。

6. 双重任务技术的作用包括：探查动作操作过程中哪一个时期需要注意；比较各种运动项目运动员的注意特点；评价运动员的认知资源，进而评价运动员的技能水平。

思考与作业

1. 按奈德弗的理论，注意方式怎么分类？
2. 紧张程度的提高会对注意产生哪些影响？
3. 运动员在比赛中能“一心二用”吗？为什么？
4. 根据你所从事的运动项目特点，设计一个双重任务实验，以检验技术水平。

第七章 心理技能训练

【内容提要和学习指导】

心理技能训练是运动员训练内容中不可或缺的组成部分。通过本章的学习，您可以了解心理技能训练的定义、作用及原则，掌握放松训练、表象训练及注意训练等几种常见心理技能训练方法，了解心理技能训练计划的制订和实施中常见的几个问题。

竞技赛场比拼的不仅是技术、战术及体能，同时也是运动员之间心理的较量与对抗。如何有效提高运动员的基本心理素质，尤其是比赛情境下的自我心理调节能力，已成为广大教练员与运动员十分关注的一个问题。心理技能训练也已成为运动训练的一个有机组成部分。

第一节 心理技能训练概述

一、什么是心理技能训练

（一）心理技能训练的定义

关于什么是心理技能训练（psychological skills training，PST，也称心理训练），尽管各种表述不甚一致，但通常可以从广义和狭义两个角度对其加以界定。

广义的心理技能训练是指有目的、有计划地对运动员的心理过程和个性心理特征施加影响的过程。而狭义的心理技能训练是指采用特殊的方法和手段使运动员学会调节和控制自己的心理状态并进而调节和控制自己的运动行为的过程。

（二）心理技能训练的内容

运动心理学家们一直试图了解优秀运动员应该具备哪些心理技能。芬斯（Fenz）的一项关于优秀运动员与普通运动员心理技能差异的研究表明,优秀运动员具有更强的自信心、较高的动机水平、良好的唤醒水平、较强的焦虑控制和集中注意能力。马奥尼（Mahoney）等人在 1987 年的一项有关不同水平运动员心理技能的研究表明，优秀运动员比一般运动员具有更高水平的心理调节能力和稳定的自信心。

美国高级教练员培训教材提出了五种与运动员的运动表现有关的心理技能，分别是：焦虑控制、认知控制、环境控制、身体放松、唤醒水平控制。一些运动心理学家在所编制的量表里也反映出他们对运动心理技能训练内容的看法（表 7–1）。

表 7–1　运动心理技能量表测量内容

量表名称	设计者	运动心理技能测量内容
运动心理技能量表（PSIS）	Mahoney，Gabriel，Perkins（1987）	焦虑控制、注意力、自信心、心理准备、动机和团队精神
运动应对技能量表（ACSI）	Smith，Schultz，Smoll，Ptacek（1995）	高峰体验、目标设置、心理准备、注意力、摆脱焦虑、自信心和成就动机、可训练性
行为策略测验（TOPS）	Thomas，Murphy，Hardy（1999）	自我暗示、情绪的控制、自动性、目标设置、表象、激活、负面思维和放松

二、心理技能训练有哪些作用

提高运动知觉、记忆、思维、表象等心理品质，激发训练兴趣、动机，增强意志，发展智力，调整情绪，都是心理技能训练的关注点。现今，如果一名运动员不经过适当的心理技能训练，缺乏合理的比赛计划，将难以在高水平的竞技比赛中拥有出色的发挥。那么，心理技能训练究竟可发挥怎样的作用?

（1）可以促进运动员心理过程的不断完善，形成适合运动专项需要的良好的认知能力（如专门化知觉等）及人格特征（如情绪稳定性、自信心等）。

（2）帮助运动员掌握自我心理调节的方法与策略。

（3）提高运动员形成适合训练和比赛发挥要求的心理状态的能力，从而为运动员创造优异成绩奠定良好的心理基础。

罗睿在综述国内外关于心理技能训练的研究时发现，长期心理技能训练是针对所有运动员均应具备的心理素质所采取的训练，它贯穿在身体、技术、战术训练过程中，主要培养运动员的参赛动机、感知能力、反应能力、挫折耐受力、情绪调节能力、意志力、战术配合能力和集体责任感等，另外还包括了对运动员个性心理倾向的矫正和培养。而短期心理技能训练的主要任务是使运动员具备其专项运动所必需的特殊心理品质，或者是使运动员针对具体比赛形成最佳的心理准备状态。

专栏 7-1 “折磨”使你更坚强

2008 年北京奥运会前，中国国家乒乓球队赛前开展过所谓的“心理折磨”训练，希望借此促进运动员养成大赛所需的顽强的意志品质和必胜信念，增强运动员在逆境中克服困难的能力。比如，在马琳的训练中，先让他在不公平的规则下进行比赛，输掉了比赛要罚跑，罚跑之后还禁止其进行相应的恢复，而是继续比赛。尽管一天下来马琳一场球都没赢，但是他在比赛的投入程度上却取得了非常大的进步。在随后的一系列比赛中，尤其是在奥运赛场上，马琳在与对手交锋中的顽强表现显现了“心理折磨”训练的效果。用马琳自己的话说，打得很自信！

资料来源：迟立忠 . 43 届世锦赛赛前准备心理讲座 [Z]. 北京：国家体育总局射击射箭运动管理中心，2008.

三、心理技能训练应该遵循哪些原则

心理技能同技战术能力及身体能力一样，可以通过系统的训练加以获得和提高。为保证心理技能训练的效果，训练实施中应遵循以下几项原则。

（一）自觉积极

心理技能训练只有赢得运动员和教练员的积极配合，才能使训练时间和训练质量得到有效保证。为此，心理技能训练中应注意通过相关心理知识的传授及训练效果的反馈，使运动员的训练态度尽快实现由“要我练”到“我要练”，甚至到“我爱练”的转变，从而为心理技能训练奠定积极的认识和情感基础。

（二）循序渐进

“不积跬步，无以至千里；不积小流，无以成江海。”心理技能训练遵循着与一般技能学习相同的规律，即必须通过长期、系统地开展，才能收到切实的效果。期待心理技能一学即会，一用即灵，是急功近利的想法，很可能导致欲速则不达的结局。

（三）结合专项

不同的运动项目，在技战术的掌握及比赛发挥上会对运动员的心理提出不同的要求。在心理技能的训练中，应充分考虑运动专项对运动员心理状态、心理特征方面的特殊要求。只有这样才能较快收到切实的训练效果，进而赢得教练员、运动员的信服，调动其开展和参与心理技能训练的积极性。

（四）区别对待

世界上没有完全相同的两片叶子，也没有完全相同的两个人。开展心理技能训练也要兼顾运动员不同的身心特点，使心理技能训练的实施具有一定的灵活性、针对性，做到因人施训。譬如，对情绪不够稳定、比赛中难于控制自己的运动员，心理技能训练就应侧重提高其情绪的自我控制能力。

此外，心理技能训练还应做到：预防为主，防患于未然；尽量使用量化指标对心理技能训练的效果进行评价；使运动员有能力将心理技能训练的效果迁移到其他情境中去。

第二节　放松训练

一、放松训练概述

（一）什么是放松训练

放松训练是以一定的暗示语集中注意，调节呼吸，使肌肉得到充分放松，从而调节中枢神经系统兴奋性的一种训练方法。

目前介绍和使用较多的放松方法包括：美国生理学家雅各布森（Jacobson）首创的渐进性放松方法，德国精神病学家舒尔茨（Schultz）提出的自生放松方法，以及东方传统的一些放松方法，如中国的气功、印度的瑜伽和日本的坐禅等。

虽然上述放松方法在训练形式、内容及程序上各有不同，但还是存在以下一些共同点：要求注意高度集中于暗示语，进行深沉的腹式呼吸，清晰知觉肌肉不同程度的紧张状态，并使全身肌肉达到彻底放松。

大量资料表明，放松训练可以在比赛之前用以调节情绪，做好赛前心理准备，也可以在训练和比赛过程中作为消除紧张情绪、稳定心理状态的一种措施。同时，它还可以在训练或比赛之后作为心理恢复的措施来采用。

（二）放松训练有哪些作用

在运动训练和竞赛中，运动员经常会遇到各种情绪问题，如过度紧张、焦虑、恐惧、倦怠等，而且会伴随出现中枢神经系统的过度兴奋、过度抑制或中枢疲劳等生理变化。对此，放松训练可以帮助运动员通过掌握身心调节的一些方法，使其身心状态向有利于训练与比赛需要的方向转化。

作为一种最常见、最基础的心理技能训练方法，放松训练主要有以下几方面的作用：

第一，降低中枢神经系统的兴奋性；

第二，降低因情绪紧张而产生的过多能量消耗，使身心得到适当休息并加速疲劳的恢复；

第三，为进行其他心理技能训练做好准备。

放松训练之所以具有上述作用，是因为大脑与骨骼肌之间具有双向联系，即信号不仅从大脑传至肌肉，也从肌肉传往大脑。肌肉活动积极，从肌肉向大脑传递的神经冲动就增多，大脑就更兴奋，热身准备活动就能起这种作用。反之肌肉越放松，向大脑传递的神经冲动就减少，大脑的兴奋性就降低，运动员心理上也感觉不到那么紧张了。

孙宁的研究显示，放松训练对运动员的认知焦虑和状态自信心具有显著的调节作用。同时，不同放松方法对运动员的焦虑水平的调节作用具有显著差异。蒋丰、储石生的研究发现，渐进式心理放松训练对于降低运动员的躯体焦虑和特质焦虑水平效果非常明显，并且稳定。

二、常见的放松训练方法有哪些

（一）自生放松训练

自生放松训练是一种通过暗示语使身体各部位直接放松，最后达到全身放松的方法。

1. 准备姿势

要求训练对象在安静的环境中，在舒适的体位下，静听带有暗示性的指导语，缓慢地逐个部位体验肌肉松弛带来的沉重感和血管扩张带来的温暖感，并慢慢进入心理和生理的放松状态。

自生放松训练可采取坐式或躺式。

（1）坐式：舒适地坐在一张软椅上，胳膊和手放在椅子的扶手或自己的腿上，双腿和双脚采取舒适的姿势，脚尖略向外，闭上双眼。

（2）躺式：仰面躺下，头舒服地靠在枕上，两臂微微弯曲，手心向下放在身体两旁，两腿放松，稍分开，脚尖略朝外，闭上双眼。

想象自己套上一副放松面罩，把紧锁的双眉和脸上紧张的皱纹舒展开来，放松脸上的全部肌肉。深深地吸气，然后慢慢地呼出，呼出的时间可以是吸入时间的约两倍。

2. 放松练习

自生放松训练包括六种具体的练习方法：①四肢沉重感练习；②四肢温暖感练习；③心脏调整练习；④呼吸调节练习；⑤腹部温暖感练习；⑥前额温暖感练习。

3. 以沉重感练习为例的练习程序

闭上双眼，从右手开始做起。一边默默地重复下面的句子，一边想着它们的含义："我的右臂变得麻痹和沉重"（6 ~ 8 次）；"我的右臂越来越沉重"（6 ~ 8 次）；"我的右臂沉重极了"（6 ~ 8 次）；"我感到极度平静"（1 次）。

睁开眼睛，抛掉这种沉重感，弯曲几下胳膊，做几次深呼吸，重新摆好适当的姿势，设想自己又套上放松面罩，重复前边的动作，包括准备动作。

每天做 2 ~ 3 次这种沉重感练习，每次 7 ~ 10 分钟。要逐句重复前边的句子，用适当的语调对自己重复，同时设想自己的手臂正在变得越来越沉重。

练习时不要过分用力，只要全神贯注于这些语句和沉重的感觉就行了。如果想象不出这种沉重感，就在两次练习之间举个重东西，体会这种感觉，并对自己大声说："我的胳膊越来越沉重"。

用右臂做 3 天沉重感练习后，用完全相同的方法用左臂练习 3 天，最后按照下面的程序来训练：双臂变得麻痹和沉重（3 天）；右腿变得麻痹和沉重（3 天）；左腿变得麻痹和沉重（3 天）；双腿变得麻痹和沉重（3 天）；四肢变得麻痹和沉重（3 天）。

（二）渐进式放松训练

美国学者雅各布森 1929 年创立了渐进放松训练方法，被誉为西方放松技术的先驱。他认为如果肌肉得到了放松，个体就不可能再产生精神紧张；如果骨骼肌得到了放松，"非自主性"肌肉和组织器官的紧张性也会得到降低，焦虑能因肌肉紧张程度的降低而消除。雅各布森在 20 世纪 20 年代开始用肌电仪监测病人的肌电活动，帮助病人进行放松训练。20 世纪 60 年代，多种放松方法与生物反馈技术相结合，产生了生物反馈放松训练方法，提高了放松训练的效果和科学性。

1. 准备姿势

与自生放松训练的准备姿势相同。

2. 放松练习

渐进式放松训练强调放松要循序渐进地进行，要求人们在放松前先使肌肉收缩，继而放松，目的是通过让人们比较肌肉收缩和放松后的不同感受来体验放松感。放松训练要求人们自上而下、按顺序、渐进地进行。

渐进式放松训练的具体做法是：

找一个安静的场所，坐好，尽可能地使自己舒适，最大限度地让自己放松。

首先右手握拳，逐渐用力，这样做时要体会紧张的感觉，继续握紧右拳，并体会右拳、右手和右臂的紧张感。然后，放松……让右手手指放松，看看此时的感觉如何……现在，自己去试试全部放松一遍……再来一遍，把右拳握起来……保持握紧，再次体会紧张感觉……然后，放松，把手指伸开，再次注意体会其中的不同……现在，用左手重复这样做。

可用同样的方法放松左手与左臂。接着放松面部、颈部、肩部和上背部，然后放松胸部、腹部和下背部，再放松臂、大腿和小腿，最后身体完全放松。

三、如何运用放松技术

通过练习熟练掌握放松技术后，运动员可将其灵活地运用于训练与竞赛实践。放松技术通常可在以下几种情况下使用。

（1）表象训练之前：帮助运动员集中注意力，使生成的运动表象更为清晰、逼真、稳定。

（2）训练后或临睡前：有助于运动员消除疲劳，使身心得到充分放松。

（3）赛前过于紧张时：帮助运动员减少能量消耗，使唤醒水平处于适宜状态。

第三节　表象训练

一、表象训练概述

（一）什么是表象训练

表象训练是在暗示语的指导下，在头脑中反复想象某种运动动作或运动情境，从而提高运动技能和情绪控制能力的方法。表象训练是运动员最常使用的一种心理技术，是心理技能训练的核心环节。

如跳高时可以表象自己打破个人纪录时的过杆动作，跳远时可以表象自己助跑和腾跃的成套动作等，长跑时可在跑程中表象盖房子、做算术题或想象自己是一列火车在向前奔跑等。

专栏 7-2　运动员缘何热衷“表象”

一项对韩国 180 名国家队运动员应对策略的调查发现，表象训练是极具代表性的一项心理技能训练技术（89 名运动员报告，占样本总量的 49.4%），具体内容包括：对运动、比赛、出场的表象，对失败与成功经历的表象，以平和的心态再现动作或比赛场景等。一位马拉松运动员介绍说：“我经常做大量的再现练习和表象训练。比赛前一天，我要进行心理表象活动，想象自己从比赛一开始到比赛结束每一步将如何做。这一应对策略让我清楚地知道比赛中将发生什么以及自己该如何应对。这当然也令自己保持了一种更加沉着平静的心态。”

资料来源：Park J K.Coping strategies used by Korean national athletes[J].The Sport Psychologist，2000，14（1）：63-80.

（二）表象训练有怎样的作用

许多运动员坚持进行表象训练，主要是因为表象训练可发挥以下几方面作用。

（1）表象训练有利于运动员学习和掌握复杂的技术动作，建立和巩固正确动作的动力定型。

（2）表象训练能够帮助运动员掌握和练习其他心理技能，如表象训练往往与放松训练、暗示训练等结合使用。

（3）表象在比赛中将采用的行为方案，可促使运动员增强自信心，形成良好的竞技状态。

（三）表象训练的原理

表象训练作为一种心理技能训练，为何具有上述多种作用？对此不同理论给出了各自的解释。

心理神经肌肉理论认为，表象训练时，与此动作有关的肌肉会产生细微的神经支配活动，其活动模式与实际完成活动时完全一致，只是强度较弱。这种神经活动模式会存储在记忆中，并作为反馈调整以后的动作执行。

符号学习理论主张，表象训练对动作执行有促进作用是因为它可以帮助动作执行者理解并形成动作图式的心理编码，进而从认知上为动作执行做好准备，制订计划。

二、表象训练的基本程序是什么

表象训练的进行一般包括以下四个步骤。

（一）表象能力的测定

表象训练的第一步就是通过测验来评价运动员的表象能力，如表象的清晰性和控制性，以及表象中出现的视觉、听觉、运动觉及相应情绪状态的清晰度或强度。

（二）表象知识的传授

表象训练中应向运动员介绍有关表象训练的知识，如运动表象的含义及特征、表象训练的作用及实施程序、视觉表象、动觉表象、表象的清晰性和控制性等。

（三）基础表象训练

基础表象训练分为多种形式，如训练感觉觉察的卧室与赛场练习，训练表象控制能力的比率变化练习，木块练习和上臂沉重感练习等。这里例举上臂沉重感练习、卧室练习和木块练习，它们可用于训练运动员的感觉觉察性、表象的清晰性和表象控制能力。

1. 上臂沉重感练习

运动员可以按如下顺序进行上臂沉重感练习。

“表象你正用右手握着水桶的把手，当你完全把水桶拉到与肩处于同一水平位置时，仔细感觉一下水桶的重量。接着表象有一个人往你桶里倒入了 2 千克重的沙子，你的上臂感觉到重量变化了吗？再倒入 2 千克沙子，集中感觉桶又重了多少？你的上臂越来越感到疲劳，让你自己感觉桶的沉重，感觉到你的上臂越来越沉重……非常、非常重……集中于你上臂的沉重感觉。现在表象有人把你上臂的水桶拿开，你的手和上臂又恢复到了原来的感觉，把它们放回到原来的位置，并进行放松。”

2. 卧室练习

运动员可以回想自己少年时期（如 12 岁）卧室的情况。

“你站在卧室门口向房间里看，你注意到了四周墙壁的颜色，注意到了地板的纹理与颜色，之后将注意转移到你的床上……上面铺着白绿相间的格子布床单，整齐的被子叠在床的一端，床头放着与床单配套的绿格子大枕头。枕头很松软。枕头旁边有你喜欢看的杂志和言情小说。床边的桌子不很讲究，但有一盏实用的台灯，可以在晚间照明，伴你读过很多书。床的一旁还有一把旧椅子，用来摆放平时换洗的衣服，大毛巾总是搭在椅背上，只要放学回来，它总是在那个位置……之后将你的注意集中到你住在这间卧室时曾出现过的各种情绪上。”

3. 木块练习

运动员可以想象有一块四周涂了红漆的方木块，有六个面，就像小孩玩的积木。

（1）用刀将它横切，一分为二，想一想，这时有了几个红面？几个木面？

（2）再用刀纵切，二分为四，这时有了几个红面？几个木面？

（3）再在右边两块中间纵切一刀，四分为六，这时有了几个红面？几个木面？

（4）再在左边两块中间纵切一刀，六分为八，这时有了几个红面？几个木面？

（5）再在上部四块中间横切一刀，八分为十二，这时有了几个红面？几个木面？

（6）再在下部四块中间横切一刀，十二分为十六，这时有了几个红面？几个木面？

记录从提问结束至做出正确回答之间的时间（秒）作为练习成绩。

（四）结合运动专项的表象练习

表象练习一般从放松练习开始。先放松 3 分钟，再经过活化动员便可开始表象练习。由于表象不如感知觉那样直观，没有实物的支持，运动员很难长时间将注意集中在表象上，因此，表象训练的时间不宜太长。

下面是一位乒乓球运动员进行表象练习的自我指示语。

（1）自然放松5分钟。

（2）活化动员："我已得到了充分的休息。我头脑清醒，注意集中，全身充满力量，准备投入新的工作"。

（3）表象练习："我正在清晰地想象训练的情境。先看优秀选手正手攻球的动作，第一板，第二板，第三板……第三十板。现在，我准备练习正手攻球。我可以清晰地想象出场地、灯光、球台、同伴、教练员以及各种声音。教练员正站在对面给我发球，我应特别注意向优秀选手学习，调整好引拍、挥拍方向、用力程度、击球部位、重心交换、步法移动、放松和紧张的配合以及还原动作。第一板，第二板，第三板……第一百五十板"。

三、实施表象训练需注意哪些问题

（一）良好的准备条件

适宜的条件或环境可以促使对表象的清晰性和控制性进行最有效的练习，为此，运动员进行表象训练时应力求做到：处于放松的注意状态；拥有渴望训练的动机；抱有正确的训练态度或期望；坚持持久系统的练习。

（二）练习时从视觉表象为主逐步过渡到动觉表象为主

表象训练的开始阶段往往以视觉表象为主，随着训练的持续进行，应逐步过渡到动觉表象为主，因为只有这样，表象训练才能更好地发挥其作用。为了做到这一点，开始训练时运动员应该注意感知完整的动作形象，鼓励自己想象示范动作，建立起清晰的视觉表象；同时认真体会和把握肌肉运动的感觉，通过实际动作的练习，形成和完善运动动作的动觉表象。为了提高动觉表象的质量，可以像电影慢镜头那样缓慢地做动作，采用不同重量的器械进行练习，或分别去完成整体动作的各个部分等。

（三）利用准确简练的语言提高表象训练的效果

在形成和完善运动表象的过程中，要选择清晰简练的语言说明技术动作的特点。注意讲解完成技术时的相应肌肉运动感觉，使运动员在理解肌肉用力的时间、空间、力量特征的基础上记忆和掌握动作。例如，在传授推铅球最后用力的动作时，用"蹬"（右腿）、"转"（右髋）、"挺"（胸）、"撑"（左侧）、"推"（右臂）、"拨"（球）六个字来说明用力顺序，能较为准确、简明地表达最后用力的特点，容易记忆和引起相应的运动表象。

第四节 注意训练

一、注意训练概述

注意在运动任务的执行过程中担负着重要的调控功能。其中，注意集中能力尤为重要。它是指运动员全神贯注于一个确定目标，不为其他内、外在刺激的干扰而产生分心的能力。

注意训练主要指通过各种方法提高注意的稳定性、抗干扰性或提高注意集中程度的过程。

任何比赛中运动员要想拥有出色的发挥，都必须全身心地投入比赛，即在整场比赛中都能高度持久地集中精力，力求做到全神贯注、心无旁骛。只有这样，运动员才能充分调动自己的身体、技术和心理潜能，使训练水平在赛场上得到充分展现。

对运动员而言，注意集中无疑是极为重要的一种注意品质，然而，运动任务的完成还需要其他方面的注意品质做保证。例如，在篮球比赛中，为组织战术配合，带球队员要从场上球员中搜寻传球对象，这体现了注意的选择性功能；队员带球的同时，还要观察场上情况，进行战术决策，这体现了注意的分配性功能；在足球比赛中，守门员始终都要保持一定程度的警惕，以防对方球员突然起脚射门，这体现的是注意的警觉性。所以，注意训练中除了要重视注意集中能力的提高外，也应加强注意选择、注意分配及警觉性等注意品质的培养。

二、有哪些一般性的注意集中训练方法

（一）纸板练习

准备好两块正方形纸板，一块是黑色，边长约 38 厘米；一块是白色，边长约 5 厘米。将白纸板贴在黑纸板中央，挂在墙上，纸板中心高度与眼睛平齐。保证室内光线充足，可以看清楚图案。

先使自己处于放松状态。

闭眼两分钟，想象面前有一块温暖柔软的黑色屏幕，如同未打开的电视屏幕一样。

睁开眼睛，注视图案中心 3 分钟，此时不要眨眼，也不必过分用力。

缓慢把视线移开，注视空白墙壁。此时墙上会出现一个黑色正方形虚像，注视它直到消失。

虚像消失后，闭上眼睛，在头脑中想象那个图像，并尽量保持稳定。

重复完成上述过程。

这套练习可坚持做一周。每天一次，每次约 15 分钟。

（二）五星练习

准备一块黑色正方形纸板，边长 38 厘米。准备一个白色五角星，宽约 20 厘米。把白色五角星贴在黑色纸板中央，将纸板挂在墙上。在距墙约 1 米处坐好，保持放松状态。

闭上眼睛，在头脑中想象一个黑色屏幕。

睁开眼睛，凝视五角星图案两分钟。

把视线移到旁边的墙面，注视上面出现的五角星虚像。

闭上眼睛，在头脑中再现五角星虚像。

也可在室外借助自己的影子做这种练习：站或坐在阳光下，使自己身旁产生影子，盯着影子的颈部看两分钟，然后看淡色的墙壁（如在室外，则看天空）。注视影子的虚像，闭上眼睛，在脑海中重现图像。

（三）想象练习

开始想象练习前，可先练习一周以上的图案观察技术，之后进行下面的练习。

找一个僻静的地方，将灯光调暗，仰卧。

做一节放松或集中注意力练习。

闭上眼睛，想象有一个温暖、柔软的黑色屏幕。

想象在屏幕上出现一个白方块，边长约 30 厘米，距自己约 30 厘米远。努力使这个图像稳定。

然后想象在白方块上出现一个硬币大小的黑圆圈，集中注意力看这个白方块中的黑圆圈。

突然整个图像消失，想象这时突然闪过脑海中的各种图像。

这种练习可以帮助回忆过去曾进入大脑的信息。回忆时先闭上眼睛进行自我暗示："我一定要想起来（名字、事实、地点）"，然后再做记忆练习。

（四）实物练习

运动员也可以使用身边的运动器材或其他物品随时随地开展注意集中练习。例如，网球运动员可以在训练间隙凝视手中的球或球拍，观察它的纹理、形状、颜色等细节；体操运动员可以在休息时专心注视单杠、双杠或鞍马等器材。

美国优秀射箭运动员麦金尼曾随身携带一张小靶纸，一有空闲就拿出盯着看，以训练自己精力回收和集中注意的能力，使自己在比赛中能更快地进入状态，更加专注地进行比赛。

运动员随身携带的手表也可用来进行注意训练。训练时集中注视手表秒针的转动，如果能做到 1 分钟注意不离开秒针，就将观察时间延长到 2 分钟、3 分钟。待确定了注意不离开秒针的最长时间后，依此时间重复三四次，每次间隔 10 ~ 15 秒。如果能做到注意 5 分钟不转移，就是较好的成绩。

为了提高注意集中训练的效果，运动员也可以逐步加大上述四种注意练习的难度，如刻意让自己在易分心的环境中进行练习，如在播放音乐、电视或相对嘈杂的训练场、汽车站等情境中进行训练，以进一步提高运动员的抗干扰能力。

三、如何结合运动训练开展注意集中训练

为了真正能够促使运动员在训练及比赛中保持注意的高度集中，可以尝试将注意练习穿插在训练活动中来进行，这样既能提高训练的趣味性，又可以提高训练的实际功效。

（一）训练中的口令练习

教练员在训练时可以要求运动员按照口令的相反意思去完成动作。比如出操时，发"立正"口令，运动员要"稍息"；发"向左转"口令，运动员应"向右转"；发"立定"口令，动作应为"齐步走"等。

教练员在训练中也可采用十分微弱的、勉强可让运动员听清的声音发出指令，让运动员执行，旨在要求其保持注意力的高度集中。练习持续时间一般不超过 3 分钟。

此外，操练中可规定带"快"字的口令为无效口令，不带"快"字的口令为有效口令。规定对无效口令进行反应者和成绩最差者罚做两个引体向上。

（二）专项性的注意练习

在开展一般性注意技能训练的同时，还应考虑专项训练对运动员注意特征的要求，运动员个体的注意特征，以及专项训练和比赛环境、程序方面的特点，进而开展更加切合比赛和训练需要的注意技能训练。

例如，对于射箭运动员而言，注意集中能力至关重要。为减少比赛中外部事件的干扰，运动员可通过适应性脱敏训练及制定个人比赛行为程序克服，如有的运动员为防止比赛时受到拍照或摄像的干扰，在平时训练中有意让人对其进行近距离的拍摄，使其对此类事件产生心理上的适应。为了防止赛中受到赛场环境中某些因素的影响，有的运动员自行设计了一个解决办法，就是训练中每射完一支箭，都将视线指向正前方两米远场地上的某一点，想象一下动作，之后再开始发射下一支箭，由此避免了发射后无意间观察到场上情况而可能带来的干扰。

专栏 7-3　靶纸的秘密

2004 年雅典奥运会男子 10 米气步枪比赛结束后，许多电视观众或许都已注意到，当时朱启南表情疑惑地用手指了指自己，又比画了一个一，实际上他是在向自己的教练员确认：自己是不是第一名。这一生动的画面说明，朱启南比赛中打得十分投入，

并未用心地去计算环数，以至于比赛结束时尚不知晓比赛具体的结果。

专心致志打动作，整个身心沉浸在比赛过程中，不去关注结果，不去关注无关因素，这种心态被证明是运动员比赛成功的一个重要的共同特征，也有人将其称为“瓦伦达心态”。

朱启南这位年仅 19 岁的小将赛前就已充分意识到奥运比赛的残酷性，以及自己比赛中可能出现的心理问题，如注意不集中或情绪波动等。所以，赛前他特意与教练员详细商讨了有关心理准备的事宜，如身后有许多人在该怎样做，甚至对如何进场也进行了专门的“设计”。朱启南赛后讲，进场时自己特意低着头不去看左边的观众，还故意在帽子上别了块靶纸，把视线遮挡住一部分，目的是减少外部人或事可能带来的影响，使自己更加专注地、心态平稳地去面对比赛。

朱启南的成功再次印证了这样一个看似浅显但又十分重要的道理：比赛要全身心地投入，要创造条件让自己全身心地投入，要专注在技术的完成与过程的把握上，少想结果，这样才更有可能获得好的成绩。

资料来源：迟立忠. 43 届世锦赛前准备心理讲座 [Z]. 北京：国家体育总局射击射箭运动管理中心，2008.

★第五节　其他几种心理技能训练

一、生物反馈训练

生物反馈训练是指在电子仪器的帮助下，将身体内部的生理过程、生物电活动加以放大，放大后的机体电活动信息以视觉或听觉形式呈现出来，使主体得以了解自身的机体状态，并学会在一定程度上随意地控制和矫正不正常的生理变化。

生物反馈训练可以帮助运动员有效调整情绪状态，缓解焦虑。通过仪器以视听方式将运动员紧张与放松时的生理状态反馈给运动员，让他们了解并逐步学习控制自己的机体生理活动，进而将紧张控制在适宜程度。生物反馈训练还可以提高运动感知能力，加速运动技能的掌握与完善。在技术训练时，通过仪器让运动员观察到自己做动作时的肌电变化，帮助其更好地分辨用力肌肉，体会用力感觉。

殷恒婵、丁雪琴、陈勇嘉研究了生物反馈技术在运动员心理技能训练过程中的应用，结果显示，前额电（EMG）、心率（HR）、手指皮电（SC）等生理指标可以作为评价运动员心理状态变化和心理技能训练效果的客观指标。而且，在表象和放松心理技能训练过程中采用声光反馈的方法，能够增强运动员的放松能力和动员双向调节情绪的能力。

在 2008 年北京奥运会上，中国跳水队、体操队、击剑队等队伍在赛前准备阶段就将生物反馈技术用于对运动员进行心理调节能力训练。

二、暗示训练

暗示训练也叫自我暗示训练，是指利用语言等刺激物对主体的心理施加影响，进而调控行为的过程。我国的气功与印度的瑜伽均运用了许多自我暗示的方法。

自我暗示作为一种心理调节方法，能够有效提高运动员动作的稳定性和成功率，稳定运动员的情绪，增强自信心。有的运动员在训练日记中写道："我在射击瞄准时，心里反复默念准星，缺口，准星，缺口，可以提高射击的稳定性和准确度。"有的运动员说道："为了消除赛前的惊慌，使大脑安静下来，我的暗示口诀是'镇静，镇静，镇静就是胜利，我相信我自己的力量，我一定会取得胜利'。"

专栏 7-4　自我暗示助他游过了那道坎

美国学者兰德斯（Landers）曾讲述过一个自我暗示训练的案例。

一名游泳运动员有一次参加 1000 米长距离的重要比赛，游到 700 米时，忽然感到体力不支，只能放慢了游速，最后比赛成绩因此而下降。这次比赛失败的经历对他产生了很大的影响，以后比赛中一游到 700 米时，他就联想起那次失败的经历，觉得自己体力不行，只能放慢游速。兰德斯让这名运动员逼真地表象自己参加比赛，奋力游到 700 米时，立刻在心中默念：我浑身充满了力量，我完全能够保持游速。兰德斯让这名运动员每天做几次这种练习，一直做到他真正相信这个自我暗示语为止。最后这名运动员终于在比赛中矫正了这种心理障碍。

资料来源：张力为，毛志雄．运动心理学 [M]. 北京：高等教育出版社，2007: 254.

暗示训练通常可按以下几个步骤进行：①使运动员理解语言对情感和行为的决定作用；②发现运动中经常出现的消极想法；③明确如何认识这种消极想法；④确定取代这种消极想法的积极提示语；⑤不断重复意义对立的句子，如这下全完了——还有机会，拼搏到底；⑥不断重复和定时检查，做到举一反三。

提示语应多考虑过程性问题，少考虑结果性问题。过程性提示语如"发别的落点""动手腕""多向前摩擦""上手快点"；结果性提示语如"胜利""我准能赢这场球"等。

提示语应是有针对性的、具体化的。有针对性的提示语如"固定拍型""掌握击球点""要耐心追""咬住""要冷静，只有冷静下来才能打球"；无针对性的提示语如"遇到困难——解决困难""遭遇逆境——摆脱它"。

提示语应为积极词汇，不应为消极词汇（表 7–2）。

表 7–2 运动员消极提示语和积极提示语示例

消极提示语	积极提示语
观众的喊声真讨厌	他们是在为我加油，在期待我打得更好
别紧张，别着急	放松，稳住
（点球时）千万别射偏了	我有信心踢进去
这个球千万别发失误	对方比我还要紧张，主动权在我手里

三、模拟训练

模拟训练是针对比赛中可能出现的情况或问题进行模拟实战的反复练习的过程，目的是适应各种比赛条件，保证技战术在变化的情境中也能得到正常发挥。

模拟训练分为实景模拟和语言图像模拟两种。实景模拟是通过设置比赛的情景和条件对运动员进行训练，包括模拟对手的技术、战术，模拟比赛的天气、场地，模拟观众行为或裁判的误判等。语言图像模拟是利用语言或图像描述比赛的情景，想象比赛时可能出现的各种问题和自己的策略，以使运动员对比赛情景形成先期适应。

模拟训练可提高运动员对比赛应激情境的适应性。如果不进行模拟训练，运动员对于意外情况的出现就缺少必要的心理及行为准备，面对意外事件就可能出现比赛程序被打乱，技术动作流畅性受破坏的局面，致使应有的技战术水平得不到充分发挥，甚至发挥失常。

常用的模拟训练方法主要有对手特点的模拟，不同地点比赛的模拟，裁判错判误判的模拟，观众影响的模拟等。

专栏 7–5 适者制胜

奥运赛场上选手们所承受的心理压力非一般比赛所能比拟。为使运动员经受得住奥运会比赛的严峻考验，真正拥有强大的压力应对能力、心理调控能力、赛场抗干扰能力以及临场应变能力，2004 年雅典奥运会前各运动队均采取了颇具针对性的训练，目的之一就是模拟困境，提高心理承受能力与临场适应能力。

国家射击队在当时的选拔赛上，组织了由基地领导、运动员组成的啦啦队，模拟 2004 年雅典奥运会决赛的现场氛围。啦啦队时而加油，时而为发挥不好的队员喝倒彩，再加上一些现场的嘈杂音，构成了一种较为逼真的奥运决赛的现场氛围。赛后，队员们直呼“太紧张了”。这种模拟比赛的训练方式，不仅有利于考察队员在外有干扰、内有压力情况下的稳定发挥能力，也可作为提高运动员应对压力能力的一种有效心理技能训练手段。另外，为了使运动员们适应雅典风大、气温高的比赛条件，考虑到40摄氏度高温下，运动员身穿皮制厚重衣服容易烦躁，步枪托腮的地方易出汗、多打滑等困难，国家射击队特意选择了更为炎热且风大的地方开展赛前适应训练，以此提高运动员奥运赛场上的困难适应能力。

资料来源：迟立忠．43届世锦赛赛前准备心理讲座[Z]. 北京：国家体育总局射击射箭运动管理中心，2008.

★第六节　心理技能训练计划的制订与实施

一、如何制定一个有效的心理技能训练计划

运动员心理技能训练计划的制订主要涉及以下几方面工作。

（一）了解心理技能训练的对象

运动员个体不同的心理特点，运动专项对运动训练和竞赛的特殊心理要求，都制约着心理技能训练计划制订的内容及实施程序。所以，在制订心理技能训练计划时必须了解训练对象的心理特点及需要。

（二）交流对心理技能训练的认识

心理技能训练计划所涵盖的内容是否切合教练员与运动员的实际需要？提供的训练方法及程序能否有效实施并真正发挥作用？这些问题的答案只有在与运动员和教练员深入沟通后方可确认。只有双方达成共识，心理技能训练计划才能合理、有序、持久地执行。

（三）理解专项运动的基本特征

运动心理学专业人员只有对专项运动的技战术以及训练竞赛特点拥有一定程度的了解，才能更好地体察运动员身处问题情境时的内心感受，发现运动员身上存在的具体心理问题，也才能制订出一个切合运动队与运动员实际需要的心理技能训练计划。

（四）评估运动员的心理特征

为了使制订出的心理技能训练计划更加针对运动员心理素质提高的需要与心理调控技能方面存在的不足，运动心理学专业人员可以借助一些有效的评价手段与工具，系统了解运动员目前的心理活动特征及有待解决的问题。常用的评价方法包括：面谈、行为记录、现场观察和纸笔测试等。

（五）确立心理技能训练的内容、方法和程序

在清楚地了解了运动员在心理特征与心理技能方面存在的薄弱环节的基础上，需要进一步确立心理技能训练的重点内容，以及适合的训练方法。常见的心理技能训练内容包括：目标设置、放松、自我暗示、表象、注意集中、生物反馈等。在方法的选择和使用上，要注意结合所要解决问题的性质、运动员的个人心理特征以及专项训练竞赛的具体情境特点。

另外，还需要设计一个简洁清晰的训练实施程序，其中包括训练内容、操作顺序、时间进度、环境条件等，以确保心理技能训练能够正常有效进行。

二、心理技能训练计划实例

郑清喜在为韩国国家射箭队备战 2004 年雅典奥运会开展心理科研服务时，对运动队的赛前心理准备进行了认真系统的规划，并将整体的心理技能训练工作分为五个阶段进行，每一阶段又提出了具体的时间期限及目标设置（图 7–1）。

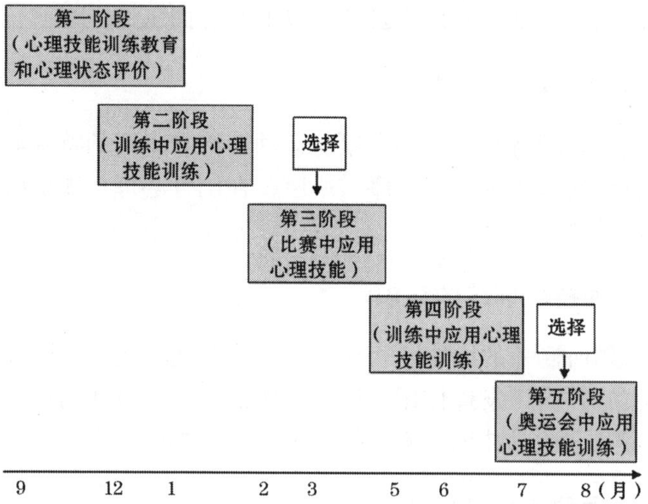

图 7–1　韩国国家射箭队备战 2004 年雅典奥运会心理技能训练工作阶段划分

（一）第一阶段：心理技能训练的基础阶段

期限：2003 年 9 月至 12 月。

目标：①心理技能训练基础培训；②运动员心理状态调查（深度访谈、问卷、仪器测试）；③个人简介。

（二）第二阶段：心理技能训练的练习阶段

期限：2004 年 1 月至 2 月。

目标：①个人训练计划和准备；②心理技能运用；③自我暗示的固定和赛前常规；④评价第二阶段，计划第三阶段。

（三）第三阶段：心理技能训练的实践阶段

期限：2004 年 3 月至 5 月。

目标：①赛中心理技能训练的运用；②逆境应对中心理技能训练的应用。

（四）第四阶段：心理技能训练的练习阶段

期限：2004 年 6 月至 7 月。

目标：①调整和完善在第三阶段运用的心理技能训练；②加强个人的心理技能训练；③固定心理技能的练习程序；④制定心理技能的练习程序。

（五）第五阶段：心理技能训练的实践阶段

期限：2004 年 8 月。

目标：完成赛中心理技能训练的运用。

（迟立忠）

本章要点

1. 广义的心理技能训练是指有目的、有计划地对运动员的心理过程和个性心理特征施加影响的过程。狭义的心理技能训练是指采用特殊的方法和手段使运动员学会调节和控制自己的心理状态并进而调节和控制自己的运动行为的过程。

2. 心理技能训练应遵循的原则有：自觉积极，循序渐进，结合专项，区别对待。

3. 放松训练是以一定的暗示语集中注意，调节呼吸，使肌肉得到充分放松，从而调节中枢神经系统兴奋性的一种训练方法。目前常用的放松方法主要有：渐进性放松方法、自生放松方法和东方传统的一些放松方法。表象训练前、训练后或临睡前、赛前过于紧张时都是使用放松技术的时机。

4. 表象训练是在暗示语的指导下，在头脑中反复想象某种运动动作或运动情境，从而提高运动技能和情绪控制能力的方法。表象训练的主要步骤包括：测定表象能力，传授表象知识，基础表象训练，结合运动专项的表象练习。

5. 注意训练主要指通过各种方法提高注意的稳定性、抗干扰性或提高注意集中程度的过程。一般的注意集中训练方法主要有：纸板练习、五星练习、想象练习和实物练习。

6. 生物反馈训练是利用仪器将与心理生理过程有关的生物学信息（如肌电、皮电、皮温、心率、血压、脑电等）以视觉或听觉的方式呈现给人们，训练人们有意识地调控自身的心理生理活动，可以帮助运动员有效调整情绪状态，缓解焦虑。暗示训练是指利用语言等刺激物对主体的心理施加影响，进而调控行为的过程，能够提高运动员动作的稳定性和成功率，稳定运动员的情绪，增强自信心。模拟训练是针对比赛中可能出现的情况或问题进行模拟实战的反复练习的过程，目的是为运动员参加各类比赛做好适应性准备。

7.要制订一个合理的心理技能训练计划，应该做到：明确心理技能训练的对象，与运动员和教练员交流对心理技能训练的看法，理解专项运动的基本特征，评估运动员的心理特征，最后确立心理技能训练的内容、方法和程序。

思考与作业

1.心理技能训练应遵循哪些原则？

2.如何有效使用放松技术调节比赛中的紧张情绪？

3.表象训练如何实施？

4.怎样结合运动训练开展针对性的注意能力训练？

5.试结合比赛准备制订一个心理技能训练计划。

第八章　比赛心理调节

【内容提要和学习指导】

比赛心理调节能力是影响运动员比赛表现的重要因素之一。通过本章的学习，您不仅可以了解赛前心理准备的主要内容，如目标设置、角色定位、比赛方案的制定等，也可以了解比赛中常见的心理问题及其解决方法，进而学会在实践中灵活运用各种方法，针对不同个人、不同情境而采用不同的心理调节措施。

体育比赛的魅力之一在于比赛结果的不确定性，如名将的意外落马，新手的异军突起等，这些现象的发生往往与有些运动员比赛中不良的心理状态有关。基于此，如何有效进行赛前、赛中、赛后的心理状态调节，就成为教练员、运动员应对各种比赛的一项重要准备工作。

第一节　比赛目标的设置与心理定向

一、如何设置合理的比赛目标

目标设置是指对动机性活动将要达到的最后结果所进行的规划。洛克（Locke）和莱瑟姆（Latham）认为，合理的目标设置可以指导人们的注意，促进人们寻求实现目标的适宜方法，并有助于人们加强和保持努力。

运动员比赛前都会为自己设定一个比赛目标，或夺取金牌，或创造个人最佳成绩。比赛目标的设定不仅会影响运动员的赛前准备工作，而且会对运动员的赛中表现产生重要影响。

（一）目标设置对运动员的比赛心理具有怎样的影响

合理的目标设置会对运动员的参赛心理与行为产生积极影响，具体表现在以下方面。

（1）把运动员的注意和行为引向训练和比赛任务；

（2）调动起运动员的积极性，提高训练质量；

（3）促进运动员为完成目标而设计和执行新的策略；

（4）消除枯燥感，提高运动员的挑战欲；

（5）进步缓慢时能够提高运动员的坚持性。

不合理的目标设置则会对运动员的参赛动机、自信心及比赛情绪等产生不利的影响。

（二）目标设置时应该处理好哪几种关系

为了设置合理的训练和比赛目标，运动员和教练员应该处理好以下几种关系。

1. 长期目标与短期目标

几乎每位运动员都拥有长期目标，却常常忽略短期目标的设置。相比于长期目标，短期目标具有以下几点优越性：第一，活动开始后，短期目标更能使运动员形成积极的期望；第二，活动期间，短期目标比较易于实现，可以提高运动员的兴趣与自信心；第三，短期目标有助于运动员对自己的能力进行比较直接、准确的评价。需要注意的是，如果只有短期目标，运动员会容易失去行动的明确方向，进而难以实现运动的最终价值。

洛克和莱瑟姆认为，短期目标和长期目标相结合比仅设置长期目标更能促进运动成绩的提高。霍格和格里（Hogue & Gree）认为，长期目标应该分解成短期子目标，当子目标一一实现后，就自然加大了实现长期目标的可能性。

虽然研究结果不尽相同，但是大量实践经验表明，只有短期目标和长期目标相结合才是比较理想的目标设置方式。

2. 技术动作完成目标与结果目标

技术动作完成目标是指用来评价运动员比赛表现的相关技术动作标准，而结果目标则是指运动员比赛获胜与否或比赛名次等。一般而言，完成技术动作比兑现比赛结果具有更大的可控性，因为比赛结果只部分地为运动员所控制，对手的发挥、裁判、观众、天气、场地等都会对比赛结果产生影响。设置技术动作完成目标可以增加实现目标的可能性，提高运动自信心，使运动员对比赛中出现的各种情况具有更好的应对能力。

艾利斯（Ellis）认为，初学者把注意集中在技术动作完成目标上，可以消除练习中的困惑，强化与标准的一致性，加强练习技巧的获得，而且会提高对进步的自我知觉、自我效能和内部兴趣。

3. 挑战性目标与容易完成目标

太过容易的目标，易使运动员失去兴趣，难以激发出强烈的取胜动机。高难目标可能有助于挖掘个人最大潜力，但如果无法实现，则可能造成失败感，使运动员的自信心和兴趣受到损害，甚至会对自我价值产生威胁。困难的、具有挑战性的目标比适中或容易的目标能促进运动员更努力、更好地完成任务。

马忠进行的困难目标和容易目标对篮球投篮成绩和努力程度的影响的实验研究显示，中等难度的目标是最好的，不现实目标组和容易目标组成绩都不理想。吕晓昌和李学强进行的目标设置难度与罚定位球成绩关系的研究发现，适度困难组被试的罚定位球成绩提高幅度最大，其次为高度困难目标组、轻度困难目标组，“尽力做好”组被试成绩最差。

设置合理的挑战性目标，一方面要考虑运动员的技战术能力和目前竞技状态，另一方面也要考虑影响比赛的各种客观因素（如对手、比赛环境等），通常会把运动员的近期训练及比赛成绩作为确立目标难度的基础。

4. 具体目标与模糊目标

具体、明确、可测量的目标更有助于运动员产生积极有效的行为，因为具体的目标通常能把清楚的期望、量化的要求、严格的时间限定明确地传递给运动员，如“今天的一传到位率要达到 80%”“今天 12 支箭的成绩要在 112 环以上”等。这样的目标有助于运动员对自己提出明确的要求，并清楚检验自己是否达到了目标。“尽全力去拼”“进攻主动点”这样的目标则会由于过于笼统模糊而难以兑现与评价。

殷恒婵 2006 年所做的一项对 60 篇研究报告的综述指出，设置明确目标比设置一般目标或不设置目标更有助于运动水平的提高。设置明确目标后，射箭运动员的成绩显著提高。在投镖任务中，技术完成目标组比结果目标组有更好的投镖技巧、积极的自我反应和自我效能感。

（三）目标设置中要注意哪些方面的问题

为使目标设置对运动员的训练和参赛起到积极的促进作用，目标设置时应注意以下几个问题。

1. 目标设置应主要由运动员来完成

运动员自主设置目标的效果通常比他人代为设置好。如果目标由他人（如教练员、管理者等）代为设置，运动员有时会不予认可，产生抵触情绪，比赛时常常不够投入和主动，遇到困难时也难以去积极应对。运动员自主设置目标的好处在于：可增强运动员对自身的认识，对目标的认同，使其更加主动地进行比赛准备，比赛中更加积极地设想各种应对策略。当然，运动员有时也会“不识庐山真面目”，缺乏对自身实力的准确认知，继而难以设置合理的比赛目标。此时教练员应给予针对性的帮助与引导。

2. 及时反馈有关目标设置的情况

虽然目标设置时已比较缜密地考虑到了运动员自身、比赛对手及比赛环境等方面的情况，但随着比赛的进行，常会有各种临时的、预想不到的情况发生，使既定目标的实现受到阻碍。为此，应该帮助运动员在分析比赛形势的基础上，做出适时的、必要的比赛目标及策略的调整。

3. 比赛目标应具备系统性与可调控性

运动员往往同时有多个目标，既有长期目标，也有短期目标；既存在技术完成目标，也存在结果目标，它们共同组成了个体的一个目标系统。目标系统应具有一定的灵活性和可调控性，因为运动训练与竞赛活动是动态进行的，比赛目标也应根据比赛形势的变化得到重新认知或适度调整。如运动员求胜欲望过强，则可适度调低目标以调节比赛动机。

二、如何确立正确的比赛心理定向

心理定向指个体在某种情境下习惯性的心理准备状态和反应倾向。它是长期经验积累的结果，可提高同类情境下的思维和反应速度。比赛心理定向是指比赛开始前或比赛过程中，运动员的心理准备状态及注意的焦点。它影响着运动员的比赛发挥及比赛结果。

（一）如何进行有利于比赛发挥的角色定位

1. 角色定位怎样影响运动员的比赛发挥

运动员参赛的角色定位是指运动员比赛前和比赛中对自己、队友、对手之间关系的认识倾向，它直接影响着运动员判断自己的比赛表现正常与否，影响着运动员的自信心和比赛应变能力。赛前和赛中，运动员如何摆正自己的位置，是每位教练员和运动员非常关心和重视的问题，也是赛前心理准备的重要内容。

张忠秋认为，运动员参赛角色的合理定位是比赛心理调节的重要指导要素。他结合运动实践对参赛角色的定位问题做出了比较具体的解释。

参赛角色定位中重要的是处理好“夺”和“保”的关系。定位“夺”的角色意味着以低姿态向高处冲击，定位“保”的角色则是自认为身在高处，守位防失。两种不同的参赛角色定位往往会导致截然不同的比赛心态与行为表现。“夺”者大多赛前战绩不占优或赛中与对手难分高下，其角色心态相对纯净，更多专注于比赛过程，较少对比赛结果产生过高的期望和压力，只将冲击对手作为目标和己任；“保”者大多赛前战绩占优或赛中比分领先，其心态较为复杂、矛盾，注意力更多转向比赛结果，对比赛结果期望过高。

2. 如何进行合理的参赛角色定位

关于参赛角色定位需注意的问题，张忠秋提出以下几点建议。

第一，每次赛前都应对自己或全队的参赛角色重新定位。影响运动员比赛成绩的因素有很多，任何一场比赛的胜负都很难做到百分之百的准确预测，所以运动员和教练员应从概率的角度来看待每场比赛的结果，而采取“夺、冲、追”的赛前角色定位应该是一种理想的选择。在 2008 年北京奥运会上为中国夺得首枚射箭奥运会金牌的张娟娟赛后说道，决赛中之所以面对三名韩国强手自己依然能保持良好的心态，是因为自己是以“拚”对手的心态来打这几场硬仗的。对手实力确实强，其中不乏奥运会冠军、世界纪录保持者，而且以往与对手比赛的战绩也不占优，但自己就是要拼她们。正是这种合理的角色定位促成了她良好的比赛心态及出色的发挥。

第二，比赛中应坚守“冲击”对手的原则进行参赛角色调整。比赛中，随着双方成绩的相对变化，运动员常会有意或无意地将比赛进程与比赛角色定位相联系。如果开赛成绩大大好于赛前预期，运动员容易滋生侥幸心理，认为自己的定位保守或偏低，此时不是乘胜“追”击，而是由“追”变“保”。相反，如果开赛成绩不如赛前期望或出现伤病等意外，运动员则容易产生自我怀疑，“拼劲”大减。一些运动员在领先或落后时出现“不会打比赛”的现象，这往往与运动员不合理的参赛角色定位有关系。

第三，每次赛后应对自己和全队重新进行角色定位。经过比赛应激和胜负体验，运动员的参赛角色常常面临重新调整。胜者的自我形象往往会被无意识地夸大，败者则会无意识地发生自我形象的降低，由此使运动员参赛时的杂念迅速增多，甚至出现大胜后大败或一蹶不振的现象。美国的奥格利夫曾在《再当冠军者为什么如此少？》的调查报告中列举了运动员获得冠军后会增加的一些心理负担和顾虑。赛后的参赛角色重新定位可根据比赛的胜负情况而采用不同的方法。对胜者应针对比赛找出几项缺点，对负者则应针对比赛指出几项优点，以此纠正运动员的赛后自我认知偏差。

（二）合理的比赛心理定向应坚持哪些原则

为做到合理的比赛心理定向，应注意坚持以下几项原则。

1. 坚持比赛的过程定向

过程定向是指比赛时将注意的方向定位在比赛过程要素而不是比赛最终结果的认识倾向。比赛过程要素主要指与比赛表现直接联系的、且自己可以控制的要素，例如比赛之前的器材维护、饮食调节、休息、练习等，以及比赛之中的技战术运用、体能分配等。比赛最终结果主要指比赛名次、比赛成绩、与他人相比的差距等。将注意指向比赛最终结果之所以不利于运动员的比赛发挥，是因为：第一，思考结果及其对自己可能产生的影响，会提高运动员的紧张程度，甚至将紧张程度提高到难以自控的程度；第二，思考结果会使运动员难以集中注意认真进行比赛准备，也会干扰技战术任务的执行与完成。只有专注于比赛过程要素，才更有可能获得预期的比赛结果。

2. 坚持比赛的当前定向

当前定向是指比赛时将注意的方向定位在当前任务而不是过去结局和将来结果的认识倾向。运动员参赛的过程往往是一个分阶段且持续时间较长的过程，前一轮的比赛结果往往会对后一轮的表现产生重要影响。因此，在比赛进程中不断进行心理调节，树立正确的心理定向，就成为运动员保持优势或反败为胜的重要保证。当前定向的原则要求运动员在不断进行心理调整的过程中，确立和保持从零开始的心理定向，将注意集中在立刻需要加以完成的具体任务上，既不过多缠绕在已经发生的事件上（不论是积极事件还是消极事件），也不过多缠绕在将要取得的成绩上。也就是说，要做到打一场，甩一场，场场从零开始。这个原则具体化到射击比赛中，可以成为“打一枪，甩一枪，枪枪从零开始”；具体化到体操比赛中，可以成为“比一项，甩一项，项项从零开始”。

3. 坚持比赛的主位定向

主位定向是指比赛时将注意指向自己的思维和行动，而不是天气、裁判、观众等难以控制因素上的认识倾向。制约比赛结果的因素很多，其中有些是运动员难以控制或根本不可能控制的，如对手、气候和裁判。关注那些不能控制的因素，不但会使运动员因产生无助感而信心下降，而且还会干扰其必要的技术、战术和体能方面的准备工作。

主位定向的原则要求运动员将注意集中在可以控制的因素上，例如自己正在和将要采取的技术和战术手段，体力分配策略，思维和表象的内容，以及与教练员的沟通等。同时，运动员应采取一切必要的措施，回避和排除与自己无关或与比赛过程无关的信息。例如，在射击比赛的间歇阶段，可选择人少且较安静的地方，戴上耳机听听音乐或闭目休息，既可放松身心，也可回避干扰信息，更好地准备下一轮的比赛。

专栏 8-1　不去管无法控制的东西

美国短跑明星约翰逊在 1996 年亚特兰大奥运会上取得了 200 米跑和 400 米跑两枚金牌的骄人成绩。但主场作战的他同时也承受了由观众的高度期待所造成的巨大压力，赛后约翰逊讲道：

缓解压力的有效办法就是知道什么是自己控制不了的，因为压力永远存在，是自己生活和工作中的一部分。

在奥运会 400 米跑决赛中，我感到了巨大压力，后来认识到，只要跑出自己的水平就足够了，不要总是害怕失去这个冠军，不能去管自己无法控制的东西。执行赛前计划是我能决定的。我不能控制对手跑出当天更好的成绩，执行好自己的计划就行。比赛中要投入进去，不要考虑其他人可能超水平发挥。径赛是身体不接触的比赛项目，其他人不会影响自己的发挥，注意力集中在自己身上最重要。

资料来源：迟立忠 . 43 届世锦赛赛前心理讲座 [Z]. 北京：国家体育总局射击射箭运动管理中心，2008.

第二节　比赛方案的制定

一、如何理解比赛方案的作用

比赛方案是教练员和运动员根据比赛目标而为比赛进程制订的详细计划。

制定比赛方案，主要是为了提高运动员应对比赛中各种重要情况和突发情况的能力，做到有备无患。为此，应针对该项目比赛前和比赛中可能出现的各种问题或情况，制定相应的应对策略和方法。

详细且有针对性的比赛方案，具有以下几方面的作用。

（1）全面分析比赛形势和各方面的问题，以使赛前准备更充分、细致。

（2）有利于增强运动员的比赛信心，使他们做到心中有数，无论出现什么情况，甚至意外事件，也能沉着冷静地按比赛方案的提示去处理。

（3）通过比赛方案的制定，可以让教练员更好地了解运动员的想法，运动员更准确地理解教练员的意图，有助于双方的沟通与队伍凝聚力的增强。

（4）有助于运动员在比赛时的思维净化和集中注意力。因为赛前该想的都想到了，问题和对策也想好了，临赛时就能放心地去集中注意比赛技战术的运用。

二、如何制定有效的比赛方案

制定比赛方案就是为比赛准备制订一项工作计划。运动员参加重大比赛的准备主要包括身体准备、技战术准备和心理准备三个方面，其中心理准备的目的是要促成理想的竞技心理状态。比赛方案中的心理准备通常包括以下四个方面的内容。

（一）比赛心理净化程序

针对运动员赛前心理敏感且容易发生变化的特点，应结合比赛的进程建立相应的心理净化程序。例如，在比赛前一天可进行以下几项准备：合理定位参赛角色，摆低位置去冲击对手；列出比赛可能遇到的困难及应对方案；安排好作息等活动内容，放松身心而不受比赛困扰；比赛当天早晨进行积极的自我暗示，表象演练自己成功发挥的情景。

此外，还应制定准备活动、检录、上场前及比赛各轮次间的心理净化内容，使积极的思维内容充盈头脑，以便运动员镇定、自信、专注地准备比赛。

（二）比赛行为活动程序

为了使运动员比赛前的活动更加有目的、有次序、有效果，需要预先计划好赛前不同时段要做的事情，以免慌乱出错。比赛行为活动程序可参照以下模式制定。

1. 赛前部分

（1）积极的自我谈话。

（2）呼吸放松。

（3）表象成功动作。

2. 赛中部分

在赛中完成难度动作前使用特定的暗示语。

（三）比赛思维活动程序

为了使运动员的赛前各项活动有次序、有重点和更加积极地进行，需要预先计划好赛前不同时段要做和要想的事，以免到时思想混乱或头脑一片空白，甚至让消极思维占据上风而严重影响比赛心理状态。运动员比赛思维活动程序可参照表 8-1 所示的模式制定。

表 8-1 运动员比赛思维活动程序

主要时段	想什么
入住赛区宾馆	这里环境很好
赛前训练	寻找好的感觉
赛前 1 天	我在养精蓄锐
赛前晚上	表象成功动作
比赛当天早晨	今天感觉真好
比赛当天上午	营造愉快心情
比赛当天中午	休息好就行
比赛当天下午	想想比赛动作
赛前准备活动	我非常清醒
检录点名	我是最棒的

（四）比赛心理调节策略库

为了使运动员的赛前心理准备更加充分、细致，真正有助于比赛信心的增强，思维的净化，情绪的稳定，建立比赛心理调节策略库是一种可供选择的方法，即把运动员比赛时可能遇到的问题归纳梳理，提出针对专项、针对个体的调节策略，提示运动员比赛时如何思考、如何行动，帮助运动员根据需要进行有效的自我心理调节。

专栏 8-2 射箭运动员心理调节策略库内容举例

国家射箭队心理课题组在对国家射箭队队员半结构化访谈的基础上，归纳概括出六类优秀射箭运动员常见比赛心理问题及应对策略：①如何增强比赛自信心？②如何调节赛前情绪？③如何专注地投入比赛？④如何让头脑更纯净？⑤如何做到关注比赛过程？⑥如何做好赛前心理准备？每类问题下面又分三个子类，即共性、专项和个性化问题及应对。

1. 共性问题及应对

例 1：赛前信心不足怎么办？

（1）保持耐心，训练时抓重点、抓技术关键；

（2）认真、细致地进行赛前准备，梳理赛中可能遇到的困难及应对方法；

（3）建立对个人技术实力的信心；

（4）多给自己积极的暗示：坚持、耐心、我已充分准备……

（5）回想自己的长处，看到自己的进步；

（6）表象自己发挥最出色时的情景及动作感觉。

2. 专项问题及应对

例 2：担心跑箭怎么办？

（1）训练时有意识地强化果断放箭，保证放箭节奏；

（2）训练时重整体动作，抓关键点，力求按比赛情形发射；

（3）比赛时不抠动作，注重整体感觉；

（4）按照赛前预案及动作习惯程序发射。

3. 个性化问题及应对

例 3：如何使淘汰赛打得更加自信？

（1）专注个人发射，不抠动作；

（2）淡化与对手做环数的比较；

（3）落后时不急躁，暗示自己稳住、坚定、果断；

（4）领先时不保守，不苛求技术；

（5）每放一支箭前给自己一些坚定的信念，就这样去打；

（6）咬牙坚持，“出水方显两腿泥”。

资料来源：迟立忠 . 43 届世锦赛赛前心理讲座 [Z]. 北京：国家体育总局射击射箭运动管理中心，2008.

三、制定比赛方案时应注意哪些问题

为使比赛方案在比赛的准备中发挥切实有效的作用，比赛方案的制定应注意解决好以下四个方面的问题。

（一）切合专项的比赛需求

不同的运动项目，如个人项目与团体项目、直接对抗项目与非直接对抗项目，其在技战术特点、比赛规则、比赛程序及比赛环境方面通常存在不同程度的差异，这不仅会对运动员的参赛心理产生不同的影响，也会对运动员的比赛心理状态提出不同的要求。在制定比赛方案时，应认真研究专项比赛中运动员的心理活动特点，以及专项比赛在运动员心理特征及心理状态上的特殊要求。

（二）切合运动员的个人需要

制定比赛方案时需要兼顾到运动员个体的身心特点，提高比赛方案的针对性。例如，有的运动员比赛时情绪易激动，对此方案中就要考虑如何加强其情绪的自我控制；有的运动员比赛中状态调动得慢，方案中就要考虑如何提高其心理的“自我动员”能力等。张忠秋指出，依据运动员比赛发挥水平和个体身心消耗特点进行针对性心理调节是非常必要的，而且在比赛前，要认真了解运动员比赛过程中的兴趣和欲望的感受点在哪里，设计和安排运动员在比赛前和比赛过程中强化专项比赛所需的兴趣和欲望内容，以实现良好的比赛自我表现水平。

（三）切合具体比赛的要求

同一运动项目的不同赛事（奥运会、世锦赛，世界杯等）也会对运动员的心理提出不同的要求，并产生不同的影响。例如，奥运会对运动员的心理影响就不同于其他比赛。对于奥运会等赛事的赛前心理准备，应考虑到参加该项赛事时运动员特殊的心理反应，进而在赛前开展有针对性的心理准备工作。

（四）强化方案的可操作性

比赛方案的内容除要求具体、有针对性外，还应重视它的可操作性，否则方案的作用就难以有效发挥。为提高方案的可操作性，应深入了解专项比赛中运动员切实的心理反应以及最可能出现的心理问题，进而通过在方案中提供相应的心理净化程序、行为活动程序和思维活动程序，帮助运动员有效调节比赛的心理状态。方案不仅要告诉运动员比赛时该如何积极思维，而且要告诉运动员该如何有效行动；不仅要告诉运动员赛场上该如何思考和行动，还要告诉他们赛场下该如何安排比赛期间的日常生活、作息娱乐等方面的内容。

第三节　比赛心理调节方法

面对即将开始的比赛，运动员通常会产生临场应激反应，并在心理及身体上出现相应的变化（表 8–2、表 8–3）。

表 8–2　运动员比赛临场应激状态的心理要素特征

要素特征	占总体比例 /%
1. 情绪过于紧张	89.6
2. 感觉自己的身体状况不佳	83.2
3. 身体肌肉紧张	80.7
4. 消化不良	75.4
5. 对比赛环境的机体感觉适应程度差	72.5
6. 食欲不正常	71.1
7. 感到胃部紧张	68.8
8. 紧张性发热或腹泻	63.9

资料来源：孟献峰，许彩明，姜忠于 . 心理状态对比赛的影响及其调节方法研究 [J]. 湖北体育科技，2004，23(4)：486.

表 8-3　运动员比赛临场不良心理应激状态影响因素

要素特征	占总体比例 /%
1. 容易兴奋	75.6
2. 兴奋不起来	64.3
3. 对手实力太强	87.1
4. 过度注重比赛结果	54.9
5. 缺乏自信	66.8
6. 赛前身体的不良反应	43.2
7. 把比赛看得很重	77.4
8. 不适应比赛环境	32.4
9. 比赛关键时刻难以控制自己	23.9
10. 比赛条件不理想	22.1
11. 比赛安排不合理	19.7

资料来源：同表 8-2。

张力为指出，为了使运动员的身体和心理状态向适合比赛需要的方向转化，并力求使其在比赛中保持在最佳水平，运动员、教练员及相关人员可根据情境特点和个人情况，从三个方面进行心理调节，即身体调节、认知调节和环境调节。

一、基于身体动作的心理调节方法有哪些

（一）呼吸调节

呼吸调节指通过调节呼吸的频率、深度和方式以控制情绪的方法。深沉的腹式呼吸有助于缓解运动员的情绪波动。情绪紧张时，常有呼吸短促现象，这时缓慢的呼气和吸气练习有利于情绪兴奋性的降低。情绪消沉时，长吸气与有力的呼气练习有助于提高情绪的兴奋水平。这种方法之所以奏效，是因为情绪状态与呼吸之间存在着密切的联系。例如，情绪紧张时，呼吸快而浅，二氧化碳呼出过多，使血液中的二氧化碳失去平衡，时间一长，中枢神经系统便迅速做出抑制性的保护性反应，这时采用一小段时间的加深呼吸或放慢呼吸频率的方法，就会得到安静的效果。

（二）活动调节

活动调节指通过调节身体活动方式以控制情绪的方法。大脑与肌肉的信息是双向传导的。肌肉活动积极，从肌肉向大脑传递的神经冲动就增多，大脑的兴奋水平提高，情绪就会高涨。反之，肌肉放松时，从肌肉向大脑传递的神经冲动减少，大脑的兴奋性就降低，

高涨的情绪也会得到适度缓解。这样，采用不同速度、力量、幅度、方向和节奏的动作练习，可以用来调节运动员临场的情绪状态。例如，情绪过分紧张时，可采用一些强度小、幅度大、速度和节奏慢的动作练习，以降低情绪的兴奋性。情绪低沉时，可采用一些幅度小、强度大、速度与节奏快的动作练习，以此提高情绪的兴奋性。

（三）表情调节

表情调节是通过有意识地改变自己的面部和姿态表情以控制情绪的方法。情绪状态与外部表情存在着一定的联系。情绪的产生会伴随一系列生理过程的变化，并由此引起面部及姿态表情的改变，如愉快时笑容满面，手舞足蹈；愤怒时横眉冷对，紧握双拳；沮丧时垂头丧气，肌肉松弛等。正是由于情绪状态与表情之间存在着一种双向联系，故可以通过调节表情来改变情绪状态。例如，感到紧张焦虑时，可以有意识地放松面部肌肉，或者用手轻搓面部，使面部肌肉有一种放松感；当情绪低落时，可以有意识地做出笑脸，或看看别人的笑脸，或想想过去最高兴的事，如自己最得心应手的一场比赛情境等。

二、从认知角度进行心理调节的方法有哪些

情绪的认知调节指通过改变认识来控制情绪，包括表象调节、暗示调节、宣泄调节、情志转移、激化调节等。

（一）表象调节

表象调节指通过表象控制情绪和行为的方法。比赛上场前，在脑中清晰重现自己过去获得成功时的最佳表现，体验当时的身体感觉和情绪状态，有利于增强信心，提高运动成绩。研究表明，有的马拉松运动员运用表象重现法，提高了比赛成绩。表象重现是一种积极的意念，它可以间接地使自主神经系统活跃起来，促进心跳加快，呼吸加强，使新陈代谢过程的血流量加大，糖分解加速，热能供应充足，使全身的增力感觉和增力情绪加强。

（二）暗示调节

暗示调节是通过言语暗示控制情绪和行为的方法，也可以借助手势、表情或其他暗号来进行暗示调节。

暗示可分为自我暗示和他人暗示。比赛前和比赛中，教练员与运动员应尽量使用积极语言分析对手情况，制定战术，树立信心。同时应避免使用消极词语，如用“我很镇静”代替“我不紧张”，用“我充满力量”代替“我还没有疲劳”，用“我站得很稳”代替“千万别摔倒”等。教练员和运动员还应十分注意自己的手势、姿态、脸部表情和眼神，这些都是传递暗示信息的媒介，可能对他人的心理带来一定的影响。

运动员自己也可以有意识地使用自我激励方法，如一名总是怯场的足球运动员在一次关键比赛上场前，站在场边，“啪，啪”自拍两下脸部，嘴里念叨着“别没出息”“打沉

对方”，使自己迅速激奋起来，结果场上发挥很好。

矫健和贾巍的研究发现，暗示调节的合理运用可以缓解运动员的心理压力，提高运动员的心理稳定性，使技战术水平正常或超常地发挥。

（三）宣泄调节

宣泄调节是以适当的方式及时、充分地宣泄情绪的方法。通过宣泄可以缓解自己内心的消极情绪。宣泄的方式有倾诉、痛哭和写日记等。运动队的管理者和教练员可创造条件给运动员提供合理的情绪宣泄渠道，尤其是在他们遇到困难和挫折时，以此满足他们情绪宣泄的需要。在有些情况下，只要善意地、耐心地倾听运动员的倾诉，让他们把压抑的心理活动内容倾诉出来，就可以起到明显的情绪调节作用。

（四）情志转移

情志转移是通过转移注意控制情绪的方法。情绪不快或过度紧张时，有意识地强迫自己把注意从应激刺激转移到其他事物上，如去专心解决紧迫的工作问题或进行有浓厚兴趣的娱乐活动等（如看演出、逛商店、游公园、打扑克、下象棋等），就可暂时缓解不快或紧张情绪。

赛场上激烈的争夺，观众语言的刺激，以及起伏不定的战局，容易使运动员的消极情绪不断蔓延。为此，应及时地实施心理干预，有效的方法之一就是主动分心，适时进行注意转移，把注意力或活动意向从原来的目标转移到新的目标上去。进行注意转移可以充分利用兴奋与抑制的相互诱导规律，将一时产生的消极情绪转化为积极情绪，使原有的消极情绪被某种强烈的兴奋所代替，从而抑制或消除消极情绪。

（五）激化调节

激化调节是通过刺激和唤醒自尊意识控制情绪和行为的方法。在竞争激烈的运动竞赛中，有时需要激发运动员的拼搏精神，充分挖掘运动员身上的巨大潜能，只有这样，才能使其战胜自己的弱点，克服比赛中的各种困难，在气势上压倒对方，进而争取比赛的胜利。为此，教练员可因人因事制宜，适当采取“激将法”。

有些情况下，运动员只有得到一定程度的“刺激”，才能明白和重视自己的问题，并采取实际行动加以解决。比如，必要时教练员可严肃地告诫运动员“为什么改不了这个毛病，难道要把它带到退役那天吗？”“这场比赛你必须出场，否则你就永远不用上比赛场了！”等。当然，有可能伤害运动员自尊心的话，要少用，慎用。

三、从环境角度进行心理调节的方法有哪些

情绪的环境调节指通过改变环境来控制情绪，包括音乐调节、颜色调节和气味调节等。

（一）音乐调节

莎士比亚曾说过："只有音乐的银声，可以推开烦闷"（见《哈姆莱特》），他用文学的语言说出了音乐的情绪调节作用。目前，人们在对情绪与身心健康关系深入研究的基础上，已创建了一门新兴学科"音乐治疗"。医生通过从古典和当代音乐中选择有代表性的曲目配合药物对抑郁症等精神疾病进行治疗，取得了良好的临床效果。日常生活中人们也常会通过欣赏音乐来调节个人心情。

由于音乐与人的情绪活动之间存在着密切的联系，所以运动员可通过有选择地聆听不同的音乐，调节一些不适当的情绪反应，帮助其形成良好的比赛心理状态，如紧张焦虑时，可听舒缓平和的乐曲；情绪消极忧伤时，可听欢快愉悦的乐曲；情绪懈怠不兴奋时，可听激昂振奋的乐曲；等等。

单小东探讨了音乐对运动员赛前心理紧张的调节作用。研究结果显示，运用音乐的调节功能可以有效缓解运动员的赛前心理紧张状态，是其他心理调节方法的一种补充，并建议教练员在赛前可因人而异地采取音乐调节法来调适运动员的赛前焦虑。我国男子跳高运动员朱建华在冲击 2.43 米跳高世界纪录时，就曾借助音乐帮助自己消除紧张不安的情绪。

（二）颜色调节

颜色调节是指通过颜色控制情绪的方法。

颜色作为视觉刺激物，可同时引起其他感觉，如使人感到冷暖、重量、味道等的不同，这称为"联觉"。江宇、张力为和陈荔 2006 年的一项研究表明，暖色的平均主观温度为 45.68 摄氏度，冷色的平均主观温度为 29.44 摄氏度。6 种颜色的主观温度从暖到冷的排序为红、橙、黄、绿、紫、蓝。他们还对颜色的情绪性进行了研究，结果提示，红色比橙色和黄色更易引起兴奋感，紫色的抑制性要高于蓝色和绿色。

在体育比赛中可以利用"联觉"现象调节运动员的心理状态。例如，运动员过分紧张时，看些绿、蓝、紫色彩，可以起到镇静作用；用绿毛巾擦汗，饮用带绿色的饮料，到蓝色环境中休息一下，可使过度兴奋的情绪得到缓解；当运动员临场精神状态不振时，教练员可以给予红色或黄色刺激。

（三）气味调节

气味调节是通过气味控制情绪的方法。

美国的气味疗法专家通过使用某些带香味的油剂帮助病人按摩，或者让病人嗅装有香料的瓶子，来治疗精神紧张引起的疾病。英国的科学家发现，模拟海滨实验室里的病人在室内加入海洋特有的气味时，精神更为松弛。日本一名研制香味空气装置的工程师声称，计算机操作人员在呼吸带有茉莉和柠檬香味的空气后，计算错误减少了 33% ~ 54%。

根据气味与情绪关系的研究成果，运动员在训练和比赛中，应注意保持宿舍清洁、空气清新，还应注意保持运动服和擦汗巾的清洁。比赛前，可在干净的擦汗巾上洒一点香水，这样在比赛间歇擦汗时，就能通过淡淡的香味在一定程度上调节自己的情绪状态。

★第四节 比赛中常遇到的几个心理问题及其调节策略

体育比赛的进程常常充满悬念和戏剧性。随着比赛局势的变化，运动员的心理状态也会发生改变，如由积极变为消极，或由消极变为积极。下面将对几种比赛中常见的心理问题加以分析，并给出调节建议。

一、如何应对比赛开局不利

即使赛前做了比较充分的准备，但由于比赛影响因素的多样性及不可控性，比赛开局不利的情形仍时有发生。如果此时运动员不能稳定心态，控制情绪，抑制住消极想法，则会使后面的比赛陷入被动局面。根据大量运动员成功的实战经验，这种情况下运动员通常应做好以下几点。

第一，专注比赛任务，回想比赛方案。开局不利可能由自己的某一失误引起，可能由对手的超常发挥引起，也可能由某一（或某些）偶然失误所致。不管缘起为何，此时理智的做法是在接受现实的基础上，更加专注于比赛形势的分析，通过回想比赛方案或默念暗示语来调控自己的情绪和思维。

第二，注重比赛过程，专心执行动作。开局不利往往使运动员的注意长时间停留在已完成的比赛上，而难以专心继续下面的比赛。此时运动员应及时提醒自己，借助暗示语、表象技术动作及回忆比赛方案等以使自己的精力重新集中起来。

著名射手特瑞·温德勒曾说过，一旦环值被记录在记分单上，就不要再去想它了，此时应集中精力准备下一组箭的发射，它才是最值得你重视的。

第三，坚定信心，不轻言放弃。暂时落后时更要坚信自己的技战术实力，坚信事先认真制定的比赛方案。只要比赛还在继续，落后局面就有扭转的机会。

专栏 8-3 成功大逆转

2008 年北京奥运会女子柔道 78 公斤以上级别的比赛中，中国队的年轻选手佟文可谓一路高歌杀入决赛。

佟文决赛的对手是卫冕冠军、日本名将塚田真希。此前两人交手中，塚田真希五次负于佟文，为此她特意加强了针对佟文的训练。

决赛开始后，塚田真希一上来就赢了一个“有效”分，并数次有效化解了佟文的“得意技”。随后比赛陷入僵持状态，直至比赛还剩 20 秒时，佟文仍然落后。此时体育馆内的中、日观众大声呐喊，佟文的教练员也大声叫佟文“不急”，并让她改变战术，从左边摔改为右边摔。在比赛还剩 17 秒时，塚田真希冲上来拽住佟文，稍作交锋，佟文顺势一个背负投，塚田真希庞大的身躯瞬间翻倒，双肩着地。佟文高高跃起！胜利！此时，所剩比赛时间停在8秒！全场沸腾！

“这是我打过的最难的一场比赛，以前我都是很短时间就一本获胜的。但是我有坚定信念，相信自己能够胜利！”佟文赛后说。她表示，在比赛即将结束而自己依然落后的情况下能够逆转夺冠，是人生难得的历练。塚田真希第六次负于佟文后，口服心服，她由衷地说：“多年来，我一直跟佟文比赛，一直想赢她，但是她确实比我强大！”

在当今竞争激烈的赛场上，比赛的进程和局势往往多变，胜负常常要在最后时刻方见分晓。所以作为运动员，一定要在比赛局势的变化中保持清醒，镇定、自信、勇于坚持就有可能抓住机会，变被动为主动，化落后为超越，使胜利的天平倾向于自己。

资料来源：肖苑玫．佟文“一本”揽金牌[N]．中国体育报，2008-06-16（A6）．

二、如何把握领先的局势

比赛中的领先局势通常会对运动员的心理产生积极的影响，如使其信心更强、注意更集中、情绪更高涨。但领先也可使运动员的心理产生一些不利于比赛的变化，如：

（1）产生“保”的念头，希望维持现状或比赛平稳进行。

（2）希望比赛早些结束，或迅速战胜对手。

（3）担心技术出现失误，过于求稳而放不开手脚，原有的技术动作感觉或流畅性也因此被破坏。

（4）领先优势缩小时，心态迅速变得紧张与焦虑。

（5）对比分过于关心，过分思虑对手及自己后面的表现，并担心出现逆转。

比赛领先时，运动员欲扩大领先优势，夺取最终胜利，应努力做好以下几点。

第一，认识到比赛中的领先优势往往是暂时的，此时作为运动员应提醒自己从零开始，完成好当前的技术动作，坚持按原定的比赛方案打。

第二，正确理解过程与结果的关系。比赛中只有集中注意于与过程和技术有关的方面，完成好每一个技战术环节，才有可能得到预期的比赛结果。比赛中，更多时候你所能控制的只是你的技术动作，而不是比赛结果。

第三，面对领先的局面，一些运动员会存在想赢怕输的想法。此时合理的做法是将“想赢怕输”的想法转变为“敢于胜利，不怕失败”“打好像我，打坏认可”的积极思维。保守怕输常会使优势退化为劣势。

第四，领先时，许多运动员会担心出现失误，担心好的动作感觉会失去，害怕对手有超水平发挥。此时积极的做法是把包袱甩给对手，而不应自己背上。此时不怕失败比敢于胜利更重要。

三、比赛中出现意外怎么办

运动员在比赛中有时会遇到一些意外事件，如比赛时间、场地、对手的改变，比赛器材、设备的遗忘或突然损坏，场上出现意外伤害事故，出乎意料的技术失误（掉下器械或脱靶等）或大比分差距，场内高分贝的噪声，赛前发生交通事故，私人贵重物品被盗等。

出现意外事件会使运动员的心理平衡被打破，产生严重的不适反应，如比赛动机指向改变，注意涣散，思维混乱，情绪波动，信心下降，动作感觉消失，失误增多，赛前准备的方案被打破，等等。如果运动员能对此有所准备，有适当的应对策略，则会将意外可能带来的干扰降至最低。1988 年汉城奥运会上，美国的跳水名将洛加尼斯在头触跳台受伤后，利用预赛人多、每轮耗时长的特点，在比赛间隙处理伤口的同时，以自己平时采用的心理技能，主动调节自己的注意，默念动作要领，进行动作表象，重新找到感觉，恢复了自信，顺利完成了之后的动作，进入了决赛，并在次日的决赛中力挫对手，勇夺桂冠。

关于意外事件的应对策略可概括为以下几点。

（一）清醒认识，理智面对

尽管意外事件不是大家所希望的，但发生了就必须面对，急躁、自责或埋怨他人都无济于事，此时运动员需要做的就是努力使其不要引起情绪的持续激烈反应，并尽快使自己恢复平静。

（二）保持思维的合理有序

意外事件发生时，运动员要立即改变头脑中的混乱或空白状态，坚持想当前、想要领、想比赛方案、想应急措施，使思维尽量有序。只要能够保持思维的清晰和行为的有序，就有可能抵挡住意外事件的干扰，保证技战术的正常发挥。

（三）主动调整情绪

意外事件发生后，运动员应结合平时的心理技能训练，根据赛场情况选用合适的方法进行自我心理调节。在允许的范围内争取时间，通过简单的静坐、深呼吸、身体活动、快速放松、自我暗示等来调节情绪，并借助肯定性的暗示语，如“放松”“镇静”“稳住”等帮助自己尽快排除干扰，恢复平静。

专栏 8–4　杜丽的冷静

获得 2004 年雅典奥运会女子 10 米气步枪金牌的中国女射手杜丽在谈及自己的雅典之行时这样讲述：其实资格赛就很不顺利，中间比赛过程中我支枪的枪架倒了两次，子弹全洒掉了。我之前挑好的都是对号的子弹，现在全撒掉、全换掉了，按理说我应该会受一点影响的。但是我觉得我当时想的是，在那么紧张、激烈的比赛情况下，是我精力回收的一种好时候，可以让精力尽快回到动作上，考虑动作。我这人的心理和别人有时候是不太一样的，就是特别喜欢比赛，特别喜欢在比赛中表现自己……

之所以在比赛如此关键的时刻，枪架两次意外倒地均未扰乱杜丽的心绪，影响后面的比赛发挥，就是因为她真正做到了理智面对，积极思维，坚持按预案继续比赛。

资料来源：中央电视台新闻评论部. 王者归来：中央电视台东方之子奥运冠军访谈录 [M]. 南昌：江西教育出版社：2004.

（四）回忆比赛方案，找回动作感觉

情绪稳住后，运动员应设法回忆比赛方案的要点，默念技术要领的提示语并对动作进行表象，寻找、恢复、强化动作感觉，重树高质量完成技术动作的信心。

（迟立忠）

本章要点

1. 目标设置是指对动机性活动将要达到的最后结果所进行的规划。比赛目标的设定直接关系到比赛动机的方向和强度，对运动员比赛表现具有很大影响。

2. 目标设置中应该处理长期目标与短期目标的关系，技术动作完成目标与结果目标的关系，挑战性目标与容易完成目标的关系，以及具体目标与模糊目标的关系。

3. 心理定向指个体在某种情境下习惯性的心理准备状态和反应倾向。它是长期经验积累的结果，可提高同类情境下的思维和反应速度。比赛心理定向就是指比赛开始前或比赛过程中，运动员的心理准备状态及注意的焦点。合理的比赛心理定向应坚持比赛的过程定向、当前定向及主位定向。

4. 比赛方案的内容包括比赛心理净化程序、比赛行为活动程序、比赛思维活动程序、比赛心理调节策略库四个方面。在制定比赛方案时应注意：切合专项的比赛需求，切合运动员的个人需要、切合具体比赛的要求，同时强化方案的可操作性。

5. 比赛心理调节方法可分为：基于身体动作的方法（呼吸调节、活动调节、表情调节），基于认知角度的方法（表象调节、暗示调节、宣泄调节、情志转移、激化调节）和从环境角度进行调节的方法（音乐调节、颜色调节、气味调节）。

6. 应对比赛开局不利，应该做到：首先，专注比赛任务，回想比赛方案，其次，注重比赛过程，专心执行动作；最后，要坚定信心，不轻言放弃。面对赛时的暂时领先，要清晰认识到赛场形势的多变性，专注于当前任务，坚持执行比赛方案；集中注意于比赛过程和技术方面；敢于胜利，不怕失败；不要给自己过重的心理负担。

7. 面对比赛中出现的意外情况，可采取以下几点策略：①清醒认识，理智面对；②保持思维的合理有序；③主动调整情绪；④回忆比赛方案，找回动作感觉。

思考与作业

1. 目标设置应处理好哪几种关系？

2. 参赛角色定位如何影响运动员比赛中的心理状态？

3. 比赛心理定向应坚持哪几项原则？

4. 比赛方案中的心理准备通常包括哪几方面内容？

5. 如何应对比赛中出现的意外情况？

第九章　运动中的心理疲劳

【内容提要和学习指导】

心理疲劳严重影响运动员的正常训练，并最终能够导致运动员成绩水平的下降。本章分析了运动中产生的心理疲劳现象，描述了运动中心理疲劳的具体表现，介绍了心理疲劳的相关理论模型，探讨了避免运动中心理疲劳产生的有效方法。学习本章时，您可以在了解运动中心理疲劳的概念的基础上，深入了解心理疲劳产生的原因及影响因素，熟知监测运动员心理疲劳的手段，进一步掌握控制运动中心理疲劳的方法。

有运动员说："我就希望去训练馆时，谁也找不到钥匙。"你知道这是为什么吗？

"那段时间，感觉特烦躁，对教练员、训练课、场地，情绪、性格上多少有点改变，但不能说孤僻。根本就不想练了，甚至想放弃了，训练根本就没法练了，不愿意练，练不动了。有一次训练之前，我一见场地，突然浑身颤抖，就已经不能看场地和所从事项目的器械了。我感觉运动员到这时候首先都不喜欢所从事的项目了，这是疲劳很明显的时候。

表现出闷闷不乐，不想说话。对自己的专项厌恶、烦躁，看见就不想骑，不想看见它的感觉，提起专项器材就烦，看见别人使用都替他觉得累。心理疲劳关键是失去自信心，对自己的能力产生怀疑和心理障碍。"

资料来源：刘方琳，张力为．运动员眼中的心理疲劳——一项探索性的定性研究 [J]. 体育科学，2004，24（11）：37-44.

长期艰苦的运动训练和比赛使运动员产生心理疲劳，心理疲劳及其控制是现代运动训练研究的核心问题之一，一直是体育科学研究者和教练员的关注焦点。

第一节　运动中有心理疲劳吗

一、什么是心理疲劳

关于心理疲劳，学界对工业、医护、教育等行业早有研究，并冠以“心理耗竭”“职业倦怠”或“工作倦怠”的名称。在运动领域，心理耗竭（burnout）也称身心耗竭或者崩溃，它是由于经常（或者完全，或者基本上）不能有效适应训练或比赛应激的要求而产生的一种耗竭性的心理生理反应。

心理耗竭用于描述长期处于高压力工作环境下所造成的心理资源耗竭现象，突出表现为情绪耗竭、缺乏人性化和丧失个人成就感。产生心理耗竭的主要原因是较大的心理压力，其形成的过程较长，结果较严重，有明显的行业特点。

但是，有研究者认为，在运动领域，“心理耗竭”的名称从字面来看有两点不妥，一是过于突出结果性状态（燃尽），二是只含有消极意义。“职业倦怠”或“工作倦怠”的名称从字面来看亦有不足，“倦怠”所能够包含的意义过于有限，仅仅强调“乏”。相比而言，“心理疲劳”似乎能够更加准确地描述相关现象，其理由是：第一，它可以较好地与生理疲劳相对应，分别说明两类相关但又不同的现象及其交互作用；第二，如同生理疲劳一样，它更容易容纳积极作用，表达疲劳—适应—再疲劳—再适应的适应性意义；第三，它更容易体现发展过程，而不是仅仅是突出结果。

到目前为止，心理疲劳的定义问题仍是运动心理学家们争论的焦点之一。史密斯认为，心理疲劳是一种由于过度压力和长期不满足而从一项先前喜欢的活动中在心理上、情绪上有时是实际行动上退缩的现象。它是一种精疲力竭的心理/生理反应，是由于经常性地、有时甚至极端地为应付过度训练和比赛要求而付出努力但又没有收到效果所引起的。

戴尔（Dale）和温伯格（Weinberg）针对运动心理学界对心理疲劳的不同定义曾进行过一个小结，认为这些定义之间有以下一些共同特点。

第一，心理疲劳中包含一种耗竭感，包括身体的、心理的以及情感的。

第二，这种耗竭感会导致个体对他人反应的消极变化，如冷嘲热讽（cynicism），缺乏人性化，缺乏精力和同情心等。

第三，心理疲劳具有成就感降低的特点，这会导致其与运动成绩下降之间的恶性循环并使运动员自尊心受挫进而产生退出念头。

第四，心理疲劳是对持续压力的慢性反应，这与剧烈压力下的偶然应激状态不同。

实际上，前三点正是马斯拉奇和杰克逊1986年提出的著名的心理耗竭三因素模型，即情绪耗竭、去人性化和个人成就感降低。

刘方琳、林岭根据对运动员、教练员进行的访谈调查，借鉴前人对心理耗竭和工作倦怠的界定认为：运动中的心理疲劳（或称运动性心理疲劳）是在竞技运动领域中运动员在应对内源性压力和外源性压力时，心理资源及生理资源被不断消耗而没有得到及时补充时所出现的心理机能不能维持原有心理活动水平（即心理机能下降）的现象，具体表现在情绪维度、认知维度、动力维度、行为维度和生理维度的改变上。

运动中的心理疲劳是一种综合征，泛指情绪和体力耗竭、成就感的降低和运动被贬值的综合表现。在运动员心理疲劳中，情绪和体力耗竭、成就感的降低两个维度是和其他领域职业倦怠相关研究中的维度相对应的。

张力为指出，运动中心理疲劳的产生过程可能存在着一个具有转折意义的心理疲劳的可感觉阈限。运动中的心理疲劳与生理疲劳一样，具有适应性的心理机能重建功能，应对得当时，可使运动员更好地应对训练和比赛中的各种压力。运动中的心理疲劳的发展如果没有得到适当的调节和控制，最终可能导致心理耗竭。

二、运动中的心理疲劳有哪些表现

运动中的心理疲劳会伴有许多生理症状，但主要表现为心理症状（表 9-1）。由于马斯拉奇等人对心理疲劳的研究较早，特别是提出了三维度理论和研制了相应的量表，引发的实证性研究较多，因此，他们对心理疲劳的描述和总结影响更大。但是，他们的早期研究并没有特别考虑竞技运动的具体问题。

表 9-1　心理疲劳的生理症状与心理症状

考克斯总结的生理症状	考克斯总结的心理症状	马斯拉奇等人总结的心理症状
安静与锻炼时心率加快； 安静时收缩压增高； 肌肉疼痛增加和长期肌肉疲劳； 血液中的应激生化指标增高； 失眠； 感冒和呼吸道疾病增加； 体重减轻； 最大有氧功率下降； 肌糖原水平下降； 性欲与消化功能下降	心境状态紊乱； 生理、精神和情绪的疲劳感增加； 自尊心受挫； 人际关系质量的消极变化（玩世不恭、冷酷无情、丧失人格）； 对日常应激的反应延长并消极堆积	情绪耗竭； 乏人性化； 个人成就感降低

为探究我国运动员心理疲劳的表现，刘芳琳通过分析运动员访谈结果，把心理疲劳的表现特征归纳为消极认知反应、疲惫感和负性情绪体验、调动不能、行为表现、身体反应五个方面。林岭罗列了 48 种运动中的心理疲劳发生时可能出现的症状，请运动员回顾自己发生心理疲劳时的情景，对每种症状发生的频度进行 1 ~ 5 的等级判断（1 表示“从不”，2 表示“很少”，3 表示“有时”，4 表示“经常”，5 表示“总是”）。结果发现，运动员发生心理疲劳（自己判断为心理疲劳）时常见的症状包括躯体症状、行为症状、动机下

降、消极情绪和消极评价五个方面。与躯体症状有关的题目平均得分最高，而与消极评价有关的题目平均得分最低。心理疲劳最明显的症状为厌倦训练，运动员有时、经常或总是出现此症状的百分比为 84%。

林岭的这项调查还显示：有 45% 的运动员 2 ～ 4 周发生一次轻度心理疲劳；32% 的运动员 2 ～ 3 个月发生一次中度以上的心理疲劳。真正发生严格意义上的心理耗竭的人不多，仅占被调查对象的 0.8%。1 年中，心理疲劳的持续时间在 3 天 ~ 6 个月。出现过心理疲劳症状的运动员中，70% 的人心理疲劳的持续时间在 1 ～ 2 周。心理疲劳的发生时机并不稳定，一般常见于长时间大负荷训练的中后期（42%）、封闭性训练阶段（35%）和重大比赛前后（33%）。可见，运动中的心理疲劳是比较常见的，其表现不仅有生理症状，而且有心理症状。

第二节　运动中的心理疲劳是如何产生的

探讨心理疲劳的理论模型，对于理解心理疲劳的原因及其与退出运动的关系具有重要的意义。心理疲劳的理论模型均以心理耗竭为主题词，大体上可以归纳为以下四种。

一、认知 – 情感应激模型

史密斯提出的认知 – 情感应激模型是一个四阶段、以应激为基础的心理耗竭模型，如图 9–1 所示。在该模型中，心理耗竭被理解为对长期的应激所做出的反应，表现为运动员在心理上、情感上乃至身体上不愿再从事先前从事和喜爱的运动。该模型把心理耗竭的产生过程分为四个阶段。

第一阶段，情境要求。当运动情境对运动员提出很高的要求，而且这种要求超出运动员潜在的应对资源时（如做超量的身体练习或者过于强调必须取胜），运动员就会出现应激，进而导致心理耗竭。

第二阶段，认知评估。它是个人对情境的解释和评估。假如评估者将应激情境看作威胁（如一位足球教练员连输三场球后可能会变得紧张，担心自己“下课”），那么他就会因为应激反应而精疲力竭。

第三阶段，生理反应。如果评估者持续将情境看作威胁，应激就会使他的身体产生变化，如紧张、易怒、疲劳。一般来说，心理耗竭的运动员觉得情绪已耗尽，很少有积极肯定的情绪，并且变得容易生病或昏昏欲睡等。

第四阶段，行为反应。生理的反应导致一些应对与任务行为，如成绩下降，人际交往困难，乃至从所从事的运动项目中退出。这是心理耗竭的行为表现。

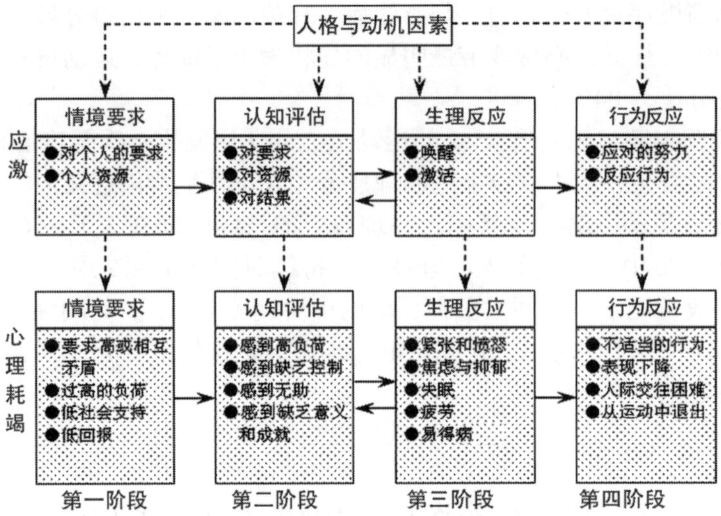

图 9–1　心理耗竭的认知 – 情感应激模型

（资料来源：R H COX. Sport psychology: concepts and applications [M]. 4th ed. Madison: Brown & Benchmark: 369.）

史密斯还认为，个人的人格和动机因素对运动情境的应激反应具有调节作用，也就是说，一个人独特的人格和内部动机常常决定他是否会产生心理耗竭。

二、消极训练应激反应模型

席尔瓦提出的消极训练应激反应模型（negative–training stress response model）认为，对训练应激的消极反应是产生心理耗竭的原因。如图 9–2 所示，为提高运动成绩或者增强运动表现而进行的训练或锻炼，势必产生训练应激。运动员或锻炼者对训练应激的积极适应会产生训练效益；反之，对训练应激的消极适应则导致训练效益的滞后。由于缺乏训练效益，运动员就会出现疲惫、过度训练和心理耗竭，进而导致运动员从所从事或者所喜爱的项目中退缩。

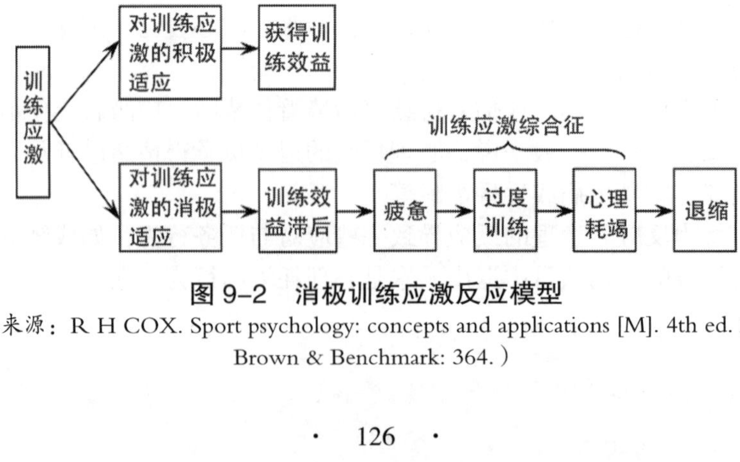

图 9–2　消极训练应激反应模型

（资料来源：R H COX. Sport psychology: concepts and applications [M]. 4th ed. Madison: Brown & Benchmark: 364.）

在这个模型中，疲惫、过度训练和心理耗竭合称训练应激综合征（training stress syndrome），而训练应激综合征是导致运动员退缩的直接原因。

三、投入模型

施密特和施泰因（Schmidt & Stein）1991 年提出了心理耗竭和退出运动的投入模型。这个模型简单地说，就是个体参与体育运动的投入和所得的评价，可以用来预测他究竟是继续参与这项运动还是心理耗竭乃至退出。具体地说，运动员是根据对五个因素的评价来决定自己对参与体育运动的看法。这五个因素是：参与某项运动所获得的回报、所付出的代价（应激）、满意度、时间和精力的投入以及其他选择。运动员根据评价的结果可以对自己的行为产生两种看法：如果他将所参与的运动视为享受，就会继续热情参与这项运动；反之，如果他将所参与的运动看作是一种约束，则迟早会产生心理耗竭并退出这项运动，如图 9–3 所示。

根据投入模型我们可以看出，运动员之所以喜欢运动，是因为参与运动的回报高而其付出却相对少；运动员觉得参与运动付出的精力和时间值得，因为他们获得了参与运动的体验；他们将其生命中重要的一部分投入到体育运动中，高投入得到高回报。除此之外，参加运动也给他们带来了满足感。虽然运动员把精力主要投入到了体育运动中，没有时间

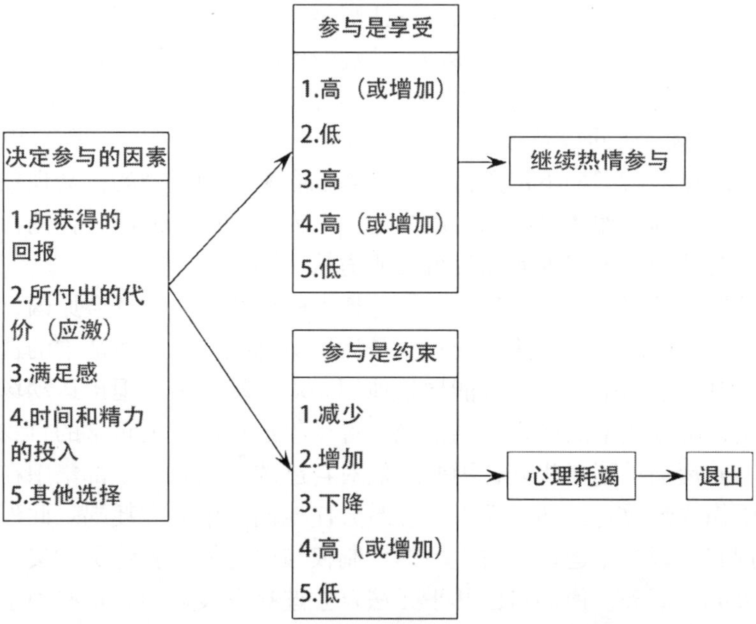

图 9–3　心理耗竭和退出运动的投入模型

（资料来源：R H COX. Sport psychology: concepts and applications [M]. 4th ed. Madison: Brown & Benchmark: 368.）

培养其他兴趣爱好和从事其他事业，但是这不应该被看成是消极的，因为这是他们自己做出的选择。

如果比较这个模型中的享受与约束，我们就会发现这两者在“回报”“付出”和“满足感”方面截然相反，但在“投入”和“其他选择”方面却相差无几。这种相似性正好可以解释为什么在回报、付出和满足感方面如此不同的情况下，运动员仍然继续参加体育运动。尽管在这种状况下训练的运动员没有从运动中获得享受，在他们眼里，训练枯燥无味，竞赛乏味无意义，运动和比赛是一种劳役和苦工，但他们仍然坚持了下来。这是因为他们的投入巨大，然而其选择其他活动的余地却很小，他们必须坚持下来。多年来他们为此投入了几乎全部的精力和时间，要放弃它不是一件轻而易举的事。也正因如此，这个模型才叫“投入”模型。另一个原因是他们除了体育运动外，几乎别无其他选择。多年来他们全身心地投入体育运动，几乎没有时间和精力培养其他兴趣，因此很难发展体育运动以外的其他事业。

当然，这种由于约束而参与体育运动的不健康状态不可能长期维持，因为运动员已开始感到心理耗竭。如果运动员不能改善心理耗竭及其症状，他们会不顾一切地离开运动场，并可能会逐渐培养其他兴趣爱好，减少对体育运动的投入，从而给自己退役找到出路。

四、单一认同发展和外部控制模型

上述心理疲劳的理论模型大多强调心理耗竭是训练应激的产物，而且多是从个体角度出发进行探讨的，科克利（Coakley）认为，应激和个人原因固然重要，但是不能忽略社会因素对运动员特别是青少年运动员的影响。科克利认为竞技运动的社会组织体系对青少年运动员造成的单一认同以及过多的外部控制，是运动员产生心理耗竭的社会原因。

科克利将心理耗竭做了如下定义：“一种以社会关系为基础的社会现象。青少年运动员通过这种关系认识到参加体育运动已成为他们个人发展的死胡同，他们再也不可能控制自己生活中的重要部分，他们因此而变得无所适从。”

单一认同发展和外部控制模型认为，心理耗竭的产生有两个社会原因，一是运动员发展体育运动以外的才能的愿望无法实现；二是运动员感到自己在生活中的选择权几乎都被训练和竞赛所控制。这两个原因很可能导致他们心理耗竭，最终退出运动场。

科克利指出，高度竞争的体育运动不允许青少年运动员发展正常的自我认同，他们没有足够的时间与非运动员同伴相处，因此他们对自己的认同几乎全部集中在运动中的成功上，而当他们受伤或失败时，随之而来的应激会使他们产生心理耗竭。此外，竞技运动的社会组织机构抑制了青少年运动员对生活的控制权与决定权，教练员和父母决定和控制了他们生活中的大部分事务，他们自己几乎无法自主选择发展方向，这些因素也导致运动员产生应激和潜在的心理耗竭。

当然，并非每个运动员在这种社会环境下都会产生心理耗竭。有些运动员并不感到疲惫可能是由于以下三个方面的原因。

第一，运动员生活中的机会很少，他们不可能想象其他比体育运动更诱人的职业。

第二，运动员由于参加体育比赛而获得了许多其他人无法得到的机会。

第三，取得成功的运动员会得到很高的奖励，因而也受到各方面的限制，他们并未意识到其他更诱人的选择。

上述关于心理疲劳的四个理论模型从不同角度解释了运动员（包括锻炼者）心理耗竭的原因。这些模型的共同点在于都认为应激与心理耗竭之间有着十分密切的关系，是否产生心理耗竭取决于个人的认知评估；其不同点在于认知评估的内容和角度有所不同，有人主张从训练学角度进行评估，有人主张从经济学角度进行评估，也有人主张从社会学角度进行评估。此外，需要指出的是，体育运动中的心理耗竭并非运动员或锻炼者所独有，教练员、官员、科研人员、队医等都有可能产生心理疲劳和心理耗竭。

关于心理疲劳影响因素的探讨大多是基于以上几个模型，在压力框架下进行的。更为简化的原因分析认为影响运动性心理疲劳的因素可以分为两类，即内部因素和外部因素，或者说个人因素和环境因素。与心理疲劳相关的内部因素包括个人的基本特征（如性别、年龄、单身还是已婚、是否有子女等）和人格特征（如特质焦虑、内控还是外控），以及个人的认知特征（如对回报的认知、对角色冲突的认知等）。外部因素是指比赛压力、训练安排、社会支持、娱乐时间、经济收入、工作回报等。

目前，国内外研究者大多强调个体因素、环境因素及其相互作用对心理疲劳的影响。马斯拉奇等人提出的匹配理论认为，心理疲劳是个体与工作不匹配所导致的。不匹配程度越高，个体体验的心理疲劳就越严重。为此，我们还可以从训练负荷、训练控制感、激励、沟通、公平、价值观等几个方面来衡量运动参与者与其所从事运动的匹配程度，探讨匹配程度、心理疲劳及其结果变量（如身心健康、工作满意度、承诺水平、工作绩效等）之间的关系，对心理疲劳做进一步深入的研究。同时，对于动机、自我效能感等积极因素与心理疲劳关系的探讨也有待进一步加强。

第三节　如何避免运动中的心理疲劳

对心理疲劳的控制，应当从产生的原因入手。根据心理疲劳理论模型的分析，运动中的心理疲劳的产生原因可以分为内部原因和外部原因两大类。其中，外部的训练因素和管理因素是运动员心理疲劳产生的最重要原因。因此，控制运动中的心理疲劳，应当首先从改善训练方式和提高管理质量入手，同时，也要针对其他原因采取措施进行系统调节，才能取得良好的效果。

一、设置短期目标

设置短期目标有助于避免运动中的心理疲劳。训练和比赛的短期目标容易使运动员更快得到积极反馈，进而维持对训练的兴趣及提高自信，减少成就感降低的可能性。因此，教练员应当帮助运动员设置多样化的短期目标，包括技术训练目标、身体训练目标、心理技能训练目标、伤病恢复目标等。设置的这些目标应可操作，可检验，时间短（如每天的目标、每周的目标），这样才能收到良好的效果。

二、变换训练方式

变换训练方式有助于缓解运动中的心理疲劳。贝克斯顿（Bexton）等人的“感觉剥夺”实验显示，2 ~ 3 天的极度“安静”会损害人的各种心理功能，使人“发疯”。刺激或刺激的变化如同水、食物、阳光一样，是人类生存的必要条件。同理，具有不断重复特点的长期训练所造成的单调感和枯燥感也会对运动员产生不良影响，其主要标志便是训练兴趣减弱和训练动机下降。应对方式之一是不断改变训练方式，如准备活动的音乐、身体训练的内容、技术训练的形式、训练场地的布置等，从而缓解运动训练的单调和枯燥造成的心理疲劳。

专栏 9–1　刺激的变化是人类生存的必要条件

1954 年加拿大麦吉尔大学的心理学家贝克斯顿等人进行了一项“感觉剥夺”实验（图 9–4）：被试单独待在实验室里，戴上半透明的护目镜，使其难以产生视觉；用空气调节器发出的单调声音限制其听觉；手臂戴上纸筒套袖和手套，腿脚用夹板固定，限制其触觉；吃喝都由主试事先安排好，用不着被试移动手脚。实验一开始，被试还能安静地睡着。但稍后，被试开始失眠，不耐烦，急切地寻找刺激。他们想唱歌，吹口哨，自言自语，用两只手套互相敲打。一些被试感到恐慌，进而产生幻觉……在实验室连续待了三四天后，被试会产生许多病理心理现象：对外界刺激敏感、出现错觉幻觉；注意力涣散，思维迟钝；产生紧张、焦虑、恐惧等负性情绪，精神上感到难以忍受的痛苦，急切要求停止实验，实验后需数日方能恢复正常。尽管实验中的被试每天可以得到 20 美元的报酬，但也难以让他们在实验室中坚持到 3 天以上。

对动物的感觉剥夺研究表明，把动物放在完全无刺激的寂静环境中，会损害动物健康，甚至可以引起死亡。

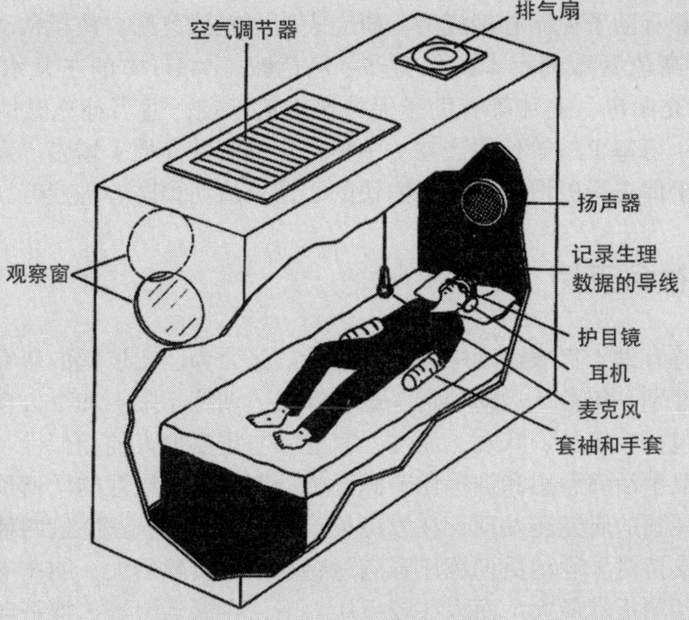

图 9-4　“感觉剥夺”实验

资料来源：张力为，毛志雄．运动心理学 [M]. 北京：高等教育出版社，2007：324.

三、变换休息方式

变换休息方式有助于防止运动中的心理疲劳。变换休息方式的主要目的是转移运动员对训练比赛问题的注意，以避免中枢神经系统不断加工训练比赛信息时可能产生的保护性抑制。应当鼓励运动员和教练员发展训练以外的兴趣和爱好，鼓励他们在休息时间投入自己喜欢的课余活动（如读书、绘画、编织等）。同时，也需要经常性地组织一些有益身心健康的集体休闲活动，如旅游、拓展训练活动，以丰富运动员的业余生活，防止运动员由于过度关注训练、比赛而造成的心理疲劳。

四、乐于接受自我

乐于接受自我有助于减轻运动中的心理疲劳。一个人要有乐观豁达的人生态度，既能接受自己的优点，也能接受自己的缺点，既能接受自己的成功，也能接受自己的失败，才有助于保持良好的心态，积极进取，勇于克服困难，迎接挑战，树立自信，坦然面对自己、面对一切，减轻心理疲劳感。

五、合理补充营养

合理补充营养有助于控制心理疲劳。研究表明，吃黑芝麻、核桃仁、瓜子仁，或者吃巧克力等可以提高色氨酸利用率，保持 5- 羟色胺（5-HT）的正常水平，提高抗抑郁的能力；适当补充面包、麦片等有助于保持血糖值稳定；适当补充碱性食物，如各种蔬菜水果，不使 γ- 氨基丁酸等代谢产物（中枢神经抑制性介质）增多。运动员合理膳食，营养均衡，有助于促进积极情绪，保持愉快的心情，从而预防心理疲劳。

六、寻求社会支持

寻求社会支持有助于克服运动中的心理疲劳。张力为、梁展鹏的研究发现，控制了人口统计学变量（性别、年龄、运动项目、运动等级、训练年限）和个人自尊的预测贡献之后，社会支持（包括教练员、队友、朋友、家庭、与重要他人的相似性、与重要他人的和谐性）仍可对一般生活满意感和训练比赛满意感分别做出实质性的增值预测贡献。

张力为、梁展鹏的研究还发现，在教练员、队友、朋友、家庭这四种重要的社会支持资源中，教练员支持对于运动员训练比赛满意感的预测贡献最大，朋友支持对于运动员一般生活满意感的预测贡献最大。而人在较大压力下，在遇到困难、挫折和严峻挑战时，寻求社会支持的倾向会提高。因此，社会支持对于长期处于较大压力下的运动员尤为重要。运动队应当建立良好的社会支持系统，使运动员和教练员在伤病、失败、家庭问题、退役问题、与重要他人产生矛盾等重大生活事件和日常困扰面前，能够方便地寻求社会支持。运动训练、比赛压力大时，社会支持对于运动员非常重要。

★第四节　如何监测运动中的心理疲劳

因为心理疲劳伴有各种生理、心理和行为症状，所以可通过心理指标和生理生化指标来监测运动中的心理疲劳。

一、心理指标的监测

（一）自陈量表

自陈量表是目前最常用的心理疲劳测量方法。自陈量表是一种自我评定问卷，施测时请被调查者就一些测题或问句选择合适的答案，以了解其心理特征。比较常用的心理疲劳自陈量表包括以下几种。

1. 心境状态量表

《心境状态量表》（Profile of Mood States，POMS）是20世纪70年代由麦克奈尔（McNair）等人编制的一种自评量表，包括紧张、抑郁、愤怒、精力、疲劳和慌乱6个分量表，每个分量表包括若干个形容词，全表共65个形容词，属各分量表的词混合排列。每个题目有5个等级，从0到5分别代表“全无”到“非常多”。测试时要求被试在10分钟以内，根据自己一周以来的心境，在这些描述心境的形容词上选择一个最符合自己情况的等级。该量表常用于运动员心理疲劳的监测。

20世纪90年代，格罗夫（Grove）等人对POMS进行了简化和发展，他们将65个题目简化成40个并增加了“自尊心”分量表。同时，他们用情绪状态的总估价（total mood disturbance，TMD）表明消极情绪状态的程度，TMD分数越高，即心情越纷乱、烦闷或失调。祝蓓里对简式POMS量表进行了修订并建立了中国常模。

2. 马斯拉奇心理耗竭量表

《马斯拉奇心理耗竭量表》（Maslach Burnout Inventory，MBI）是目前应用最为广泛的测量心理疲劳的纸笔测验。

MBI通用版从三个维度测量心理疲劳，包括三个子量表：①情绪耗竭，指一种过度的付出感以及情绪资源的耗竭感，有5个题目，如“在一天的工作结束之后，我觉得精疲力尽”；②去个性化，表现为对所从事工作的消极、冷漠、过分隔离及愤世嫉俗的态度和情绪，也有5个题目，如“我对工作变得不那么投入了”；③个人成就感，指自我能力感降低，倾向于对自己做出消极评价，尤其是在工作方面，有6个题目，如“在我看来，我擅长于我的工作”。所有题目都在0到6的7级利克特评定量表上打分，0代表“从不”，6代表“每天或更多”，个人成就感子量表反向计分。三个子量表的得分相互独立，不能相加。

3. 伊德斯运动员心理耗竭量表

《伊德斯运动员心理耗竭量表》（Eades Athlete Burnout Inventory，EABI）由伊德斯（Eades）1991年提出，是在对有过心理疲劳经历的大学生运动员的访谈基础上编制的，包括六个维度，36个题目，以7级利克特评定量表进行评估，0代表“从不”，6代表“每天或更多”。六个维度如下。

（1）运动能力消极自我概念，形容运动员对自己表现能力的自信降低，包含8个题目，如“在比赛中我没有很好地表现出自己的能力”。

（2）情绪和体力耗竭，是指在训练和比赛中出现情绪和体力上的超负荷甚至耗竭感，有9个题目，如“我感觉难以应付比赛要求”。

（3）心理退缩是指对运动参与失去兴趣，渴望退出训练和比赛，共有7个题目，如“我真希望这个赛季结束”。

（4）由教练员和队友引起的运动贬值，是指运动员感觉没有得到关心和人性化对待，包含6个题目，如“我感觉教练员把我当成一个物体而不是人”。

（5）运动员与教练员期望的协调性，描述运动员与教练员对表现期望的一致性，有

3 个题目，如“我清楚地知道教练员对我的期望”。

（6）成就感是对运动员个人成长和运动成就的评价，有 3 个题目，如“我对自己取得的运动成就感到满意”。

4. 运动员心理耗竭问卷

《运动员心理耗竭问卷》（Athlete Burnout Questionnaire，ABQ）由雷德克和史密斯（Raedeke & Smith）2001 年提出，共有 15 个题目，包括 3 个分量表，即情绪 / 体力耗竭、成就感降低、运动负评价。每个分量表 5 个题目。受试者根据自己当前赛季中的感觉，填写 5 级利克特评定量表。1 到 5 分别表示“从不”“很少”“有时”“经常”“总是”。情绪体力耗竭是指在训练和比赛中出现情绪和体力上的超负荷甚至耗竭感，比如“训练使我很疲倦以至于没有精力去做其他的事”。成就感降低指对自我的运动能力感降低，倾向于对自己做出消极评价，比如“我没有取得更好的成绩”。运动负评价即运动价值感降低，比如“我花在训练比赛上的努力用来做其他事可能会更好”。

5. 运动员训练状态监测量表

晏宁的《运动员训练状态监测量表》中也有对心理耗竭和心理疲劳两个因素的考察。在全表中，心理耗竭有 7 个题目，心理疲劳有 5 个题目，而在简表中两个维度各有 4 个题目，如“我觉得想要退出这项运动”。虽然这个量表不是专为测量心理耗竭和心理疲劳编制的，而且其信效度仍待进一步检验，但它仍为在中国文化背景下开展运动员心理疲劳的监测，乃至于以后的干预工作，提供了一个具有价值的参照。

（二）反应时、两点阈、闪光融合频率

反应时、两点阈、闪光融合频率这三类测验简单易行，而且量化程度较高，常用来作为监测心理疲劳的指标。

1. 反应时

反应时指从刺激呈现到个体表现出反应的一段时间。个体接受刺激后，会产生一个潜伏期，此时，先由感觉器官接受信息，然后由传入神经传至大脑中枢，再由大脑中枢经传出神经发放指令到肌肉，通过肌肉收缩引起可以观察到的反应。反应时依潜伏期刺激和反应的复杂程度而定。研究表明，疲劳时简单反应时和复杂反应时会延长。

2. 两点阈

两点阈指在皮肤上的两点承受触压时，能辨别为两点所需的最短距离。两点阈代表皮肤感觉的敏锐程度。两点阈的大小因身体部位而异。在两点阈之外，两点阈距离越远，距离的感觉越清楚。在两点阈之内，无法判断两点之间的距离。研究表明，疲劳时会伴有两点阈的加大。

3. 闪光融合频率

闪光融合频率也称临界闪烁频率，指刚刚产生闪光融合感觉的闪光频率。断续的光刺激（闪光）达到一定频率（每秒钟闪烁的次数）时，人眼看到的就不再是断续的闪光，而是融合的不动的闪光，如同家中的日光灯。研究表明，疲劳时会伴有闪光融合频率的下降。

反应时、两点阈、闪光融合频率这三类测验的可靠性极大地依赖于运动员测验时的配合程度，测验时运动员是否认真配合是保证测验可靠、有效的关键之一。

二、生理生化指标的监测

（一）脑波超慢涨落图分析技术

脑波超慢涨落图分析技术（encephalofluctuogram technology，ET）的原理是：神经递质与突触后电位之间存在着紧密关系。脑波是大脑神经元突触后电位的总和。神经递质振荡的信息，可以按下列次序被携带到脑波中：脑内神经递质释放的涨落—突触后电位的变化—脑电 α 波的涨落—超慢涨落系统（S 系统）的谱线和谱系结构。这种过程是非线性的，在各个环节上都可以通过自组织而把主要特征凸显出来，锁定在某个稳定的频率上。

5- 羟色胺是中枢内抑制性神经递质，中枢内 5- 羟色胺浓度的升高是运动性中枢疲劳的主要原因。作为一种抑制性神经递质，5- 羟色胺是通过 5- 羟色胺能神经元和 5- 羟色胺能受体在中枢内发挥调节作用。5- 羟色胺能神经元胞体主要集中分布在中脑下部、脑桥上部和延髓的中缝核，但其上行和下行纤维末梢则广泛分布于大脑和脊髓。ET 就是通过对 5- 羟色胺的特征性谱线 S4 系列的定量分析来反映中枢内 5- 羟色胺的浓度变化趋势，ET 的疲劳指数就是各个脑区 S4 系列谱线出现的数量总和。5- 羟色胺浓度升高，各脑区 S4 系列谱线增加，提示中枢疲劳指数升高。

研究者分别以动物和人体实验探讨了急性、慢性的运动性中枢疲劳、过度训练性疲劳、慢性疲劳综合征等的中枢机制，比较一致的看法是：5- 羟色胺在不同类型、诱因和性质的中枢疲劳中均起比较重要的作用，并且与抑郁、消沉等情绪症状有关。布洛斯特兰德（Blomstrand）在用支链氨基酸缓解中枢疲劳的实验研究中发现，补充支链氨基酸可以提高运动能力和改善疲劳状态下的认知能力，其主要机制是支链氨基酸可以通过竞争抑制而限制中枢内 5- 羟色胺合成的原料色氨酸的摄入，从而降低了中枢内 5- 羟色胺的合成，缓解了 5- 羟色胺的中枢功能抑制作用。这些研究结果显示，利用 ET 可能对心理疲劳进行有效的监测。

（二）情绪的生理生化指标

乔建中、孟昭兰、张明的研究发现，几乎所有心理疲劳都会发生情绪变化，而且应激也是所有心理疲劳的共同诱因。国内外研究者分别从不同角度、采用不同方法进行了大量的人体和动物实验，研究了应激、情绪、过度训练、慢性疲劳综合征、中枢疲劳等与心理疲劳相关现象的生化机制与生化反应。总体看来，一些主要的急性、慢性消极情绪体验的生理生化反应可以归纳为如下几个方面：肾上腺皮质激素分泌增加，脱氢表睾酮水平降低，细胞与体液免疫机能下降，血糖、血脂水平的变化，血乳酸、尿素氮等水平升高，神经内分泌的平衡扰乱等等，采用这些指标是监测心理疲劳可以探索的方向。

不同的运动中的心理疲劳监测方法有各自的优点和缺点，但还缺乏直接比较不同方法的研究，正如表 9-2 所示。就目前的应用情况来看，自陈量表和脑波超慢涨落技术似乎更受研究者的青睐。总的来说，采用哪些方法检测运动中的心理疲劳更为可靠和有效，仍有待探索。但不论采用哪种方式检测，均应遵循以下三个原则。

第一，综合应用多维检测方法可能比只用一种检测方法更好。

第二，检测和评定应该是长期进行的，以便掌握动态发展趋势。

第三，评定主要是个人化的，也就是说，对测试结果的评定应以自身对照为主。

表 9-2　运动中的心理疲劳检测方法的比较

运动中的心理疲劳检测方式		主要优点	主要缺点	应用情况
心理指标	自陈量表（如 ABQ 等）	实施方便；可直接探测主观感受	易受社会期待影响	较多
	反应时、闪光融合频率、两点阈	实施方便；有较高量化程度	依赖被试配合程度	一般
生理指标	脑波超慢涨落图	可探测中枢机制	实施过程稍显复杂	较多
	情绪的生理生化指标	量化程度较高	与其他指标的共变性不明确	一般

（姜媛）

本章要点

1. 心理疲劳也称身心耗竭或者崩溃，它是由于不能有效适应训练或比赛应激的要求而产生的一种耗竭性的心理生理反应。马斯拉奇和杰克逊认为，心理疲劳突出表现为情绪耗竭、乏人性化和丧失个人成就感。

2. 心理疲劳是指运动员在应对内源性压力和外源性压力时，心理资源及生理资源被不断消耗而没有得到及时补充时所出现的心理机能下降的现象，表现为情绪、认知、动机、行为和生理等方面的改变。

3. 运动员发生心理疲劳时常见的反应包括躯体症状、行为症状、动机下降、消极情绪和消极评价五个方面。

4. 史密斯于 1986 年提出了解释心理疲劳产生原因的认知－情感应激模型。该模型认为，运动员或锻炼者对训练或竞赛中应激情境的持续消极评估所产生的消极的情绪反应和行为反应，是最终导致心理疲劳的原因。

5. 席尔瓦于 1990 年提出了解释心理疲劳产生原因的消极训练应激反应模型。该模型认为，对训练应激的消极反应，是产生心理疲劳的原因。对训练应激的消极适应会导致训练效益的滞后。由于缺乏训练效益，就会出现疲惫、过度训练和心理疲劳。

6. 施密特和施泰因于 1991 年提出了解释心理疲劳产生原因的投入模型。该模型认为，个体对参与体育运动的投入与产出的评价，可以用来预测心理疲劳。运动员是通过对参与某项运动所获得的回报、所付出的代价、自我满意度、时间与精力的投入以及其他选择的余地等五个因素的评价来决定自己对参与体育运动的看法。如果他/她将所参与的运动看作是一种约束，则迟早会产生心理疲劳。

7. 科克利于 1992 年提出了解释青少年运动员产生心理疲劳的社会原因的单一认同发展和外部控制模型。该模型认为，心理疲劳的产生有两个社会原因，一是运动员发展体育运动以外的才能的愿望无法实现；二是运动员感到自己在生活中的选择权几乎都被训练和竞赛所控制。这两个原因很可能导致他们心理疲劳，最终退出运动场。

8. 影响心理疲劳的因素还可以分为内部原因和外部原因，或者说是个人因素和环境因素。内部原因包括个人的基本特征和人格特征；个人的认知特征。外部原因包括比赛压力、训练安排、社会支持、娱乐时间、经济收入、工作回报等。

9. 干预心理疲劳的方法有设置短期目标、变换训练方式、变换休息方式、乐于接受自我、合理补充营养、寻求社会支持等。

10. 可通过生理生化指标和心理指标对心理疲劳进行监测。心理指标包括自陈量表、反应时、两点阈、闪光融合频率等。常用的自陈量表有《心境状态量表》（POMS）、《马斯拉奇心理疲劳量表》（MBI）、《伊德斯运动员心理疲劳量表》（EABI）和《运动员心理疲劳问卷》（ABQ）等。生理生化指标包括脑波超慢涨落图、肾上腺皮质激素、脱氢表睾酮等。

思考与作业

1. 你有过心理疲劳的感觉吗？持续的时间长吗？为什么？
2. 长时间的单调刺激对人的心理功能会产生哪些不利影响，为什么？
3. 教练员的心理疲劳和运动员的心理疲劳有何不同？
4. 你会用哪些方法预防心理疲劳？
5. 有哪些具体措施用来监测运动员的心理疲劳？

第十章　运动团体的凝聚力

【内容提要和学习指导】

本章以团体凝聚力为主要内容展开阐述，在解释了团体凝聚力概念和结构的同时，还详细分析了运动凝聚力的影响因素，系统评价了团体凝聚力与运动成绩的关系，并列出了测量和营造团体凝聚力的有效方法。学习本章时，您可以首先理解团体凝聚力的概念及结构，在掌握团体凝聚力影响因素的基础上，明确团体凝聚力与运动成绩的关系，了解团体凝聚力的测量方法，熟知营造团体凝聚力的指导方针。

俗语说：“一根筷子容易折，一把筷子难折断”。运动竞赛虽然归根到底比的是运动员的个人能力，但要取得成功，当然离不开集体的力量。20 世纪 80 年代以后，中国竞技体育之所以能够崛起，其核心经验之一，就是依靠集体。在许多国家队中，男帮女、大帮小、做世界冠军的铺路石子的感人事迹比比皆是。竞技运动中，人们也常常看到，一个“群星荟萃，大腕云集”的运动队，未必就能实现预期的目标。足球界有句名言：“球星多了不成队”。为什么？这些都与运动团体的凝聚力有关。

第一节　什么是团体凝聚力

团体是指两个人以上彼此间有互动关系的组合，其具有以下特征：第一，成员间彼此觉知其存在，由于成员间的交互作用而产生隶属感和依赖心；第二，团体虽由个体组成，但本身仍为实体，既有的团体规范不因某个体的去留而存废；第三，团体的维护取决于团体规范以及团体成员共同的利益与兴趣；第四，团体是一种组织，有共同的目标，团体的维系有赖于团体目标和个人目标的一致。例如，球迷协会、体育局、登山队等都是团体。

专栏 10-1　团体与团队的区别

在社会心理学研究领域，一般说来，团体与团队的概念是等同的。但也有学者强调他们之间的细微差别。美国学者温伯格等认为“团体”不一定就是“团队”。比如，健身房里那些一起练习韵律健身操的锻炼者，或者聚在一起打太极拳的晨练者，他们可能是一个团体，但不能称为团队。

团体与团队有一些共同的特征，但两者之间的差别是成员之间的互动。团队的特点是，成员之间相互依赖、彼此支持，认同集体、分享目标，有结构的沟通方式，成员之间有吸引力。

看来，如果一定要区分团体和团队之间的关系，也许可以这样理解：团队是团体的下位概念，是组织结构更加清晰，成员间联系更为紧密的小团体。

一、团体凝聚力的定义

运动心理学中所指的团体或团队，多是小群体，如运动队、训练组、行政或科研管理部门等所辖的小规模人群，而不是国家（如中国、德国）、地区（如南方、北方、省市）等所辖的大规模人群。

团体凝聚力有时也称为团队凝聚力，是指团体成员之间心理结合力的总体。它表现在两个方面：一是团体成员对团体所感受到的吸引力，从而自愿参与团体的活动；二是团体对其成员所具有的吸引力，从而把团体成员积极地组织到团体活动中去。也就是说，团体凝聚力既是表现团体团结力量的概念，又是表现个人的心理感受的概念。这种个人的心理感受又进一步表现在以下三个方面：第一，认同感，它是指团体成员对重大事件与原则问题保持共同认识与评价方面的心理感受；第二，归属感，它是指团体成员在情绪上融入团体，作为团体一员，所具有的“我们”和“我们的”这种心理感受；第三，力量感，它是指团体成员在依靠团体、得到支持、完成任务的信心方面的心理感受。

二、团体凝聚力的心理结构

任务凝聚力和社会凝聚力（也称交往凝聚力）是团体凝聚力的两个独立的组成部分。

（一）任务凝聚力

任务凝聚力是指队员团结一致为实现某一特殊的和可识别的目标做出努力的程度。篮球队的进攻球员为了球队的利益而承担更多的防守任务时，排球队组织背飞进攻或防守背飞反击时，足球比赛最后两秒时客队一记漂亮的进球，使所有队员因险胜而紧紧拥抱在一起喜极而泣时……这些，都是任务凝聚力的表现。

（二）社会凝聚力

社会凝聚力指团体成员相互欣赏，并愿意成为队中一员的程度。一个运动团体，创造优异成绩的目标，可能使成员聚在一起，互相配合、互相支持，但成员之间未必互相欣赏、互相喜欢。换句话说，任务凝聚力高，社会凝聚力未必也高。

专栏 10-2　任务凝聚力和社会凝聚力的不同

20 世纪 70 年代末期，美国职业棒球大联盟（MLB）的纽约洋基队就是一个高任务凝聚力而低社会凝聚力的典型。团队很明显地不能好好相处，却能够赢得联盟冠军，并在世界大赛上取得佳绩。这个球队中，冲突的主要角色是老板乔治·施泰因·布伦纳（George Steinbrenner）、经理比利·马丁（Billy Martin）和著名外场手雷吉·杰克逊（Reggie Jackson）。施泰因·布伦纳和马丁都有很强的个性，经常发生冲突（事实上，施泰因·布伦纳曾三次炒了马丁的“鱿鱼”）。施泰因·布伦纳越权替代经理做决策，而马丁则希望完全控制赛场上发生的一切，并认为施泰因·布伦纳霸占了他的权威。更加讨厌的是，雷吉·杰克逊经常直言不讳地在公开场合坚决反对马丁和施泰因·布伦纳的决策，这样的闹剧上演了整个赛季，其他球员也无可避免地卷入了混战之中。

这样的球队似乎很难聚在一起一个赛季，但纽约洋基队在几年内大概都是职业棒球中最成功的球队。要理解这个队成功的关键，就要理解社会凝聚力和任务凝聚力的区别。也就是说，虽然这个球队有内讧和争吵（低社会凝聚力），但它有很强的求胜欲望，渴望最佳表现（高任务凝聚力）。所以当杰克逊站在击球位置上时，为了自己和球队的胜利，他会尽最大的努力。同样，马丁在做经理的决策时，他始终把赢球放在首位，不论他对杰克逊和施泰因·布伦纳有什么想法。因此，赢得联赛这个共同的目标，克服了球员和管理层之间人际吸引力较差的缺憾。

资料来源：WEINBERG R S, GOULD D. Foundations of sport and exercise psychology [M]. 2nd ed. Champaign, IL: Human Kinetics, 1999.

案例和经验似乎表明，要取得优异的运动成绩，任务凝聚力更为重要，而社会凝聚力并非成功团体的核心特征。但在实践中，所有的运动队都将任务凝聚力和社会凝聚力放在同等重要的位置，努力营造和谐气氛，使运动队成为“团结战斗的集体”。理解这一点并不难，因为“只能战斗却不团结”的队伍，必然产生“内耗”，对训练和管理造成不必要的麻烦，很难说它“永远不会损害战斗力”。

第二节　哪些因素影响团体凝聚力

影响团体凝聚力的因素很多，本节重点讨论其中九个因素，包括领导风格、目标融合、志趣相投、心理相容、成员互补、外界压力、内部竞争、团体规模和团体稳定性（张力为，毛志雄，2007）。

一、领导风格

领导风格是指领导者在领导行为的动态变化过程中表现出来的影响被领导者的风格。领导风格对团体凝聚力具有直接的和重要的影响。卢因曾将领导风格分为民主型、专制型和放任型三种；日本心理学家三隅曾将领导风格分为工作取向高的和人情取向高的两种。不同的领导风格对团体凝聚力和工作效率具有不同影响。民主型领导风格以及人情取向高的领导风格容易造成较高的团体凝聚力。

二、目标融合

目标融合是指团体目标与个体目标之间的一致。目标融合包括两个方面：对团体来说，整体目标应该满足个体的需要和愿望，使个体目标在团体内得以实现；对团体成员来说，各个个体目标必须与整体目标一致，或趋于一致，当整体目标和个体目标发生冲突时，应以整体利益为重，修正个人目标，甚至牺牲个人目标以顾全大局。

团体目标反映着团体凝聚力的量与质，对团体凝聚力的强度和方向都有重要影响。整体目标如果被团体成员广泛自愿地接受，团体的凝聚力就高。团体凝聚力反映着团体成员的相互吸引以及成员分担团体任务和目标的程度。成员分担团体整体目标的程度越高，团体凝聚力也越强。马西森（Matheson）通过对 11 名教练员 5 年的调查，发现在运动训练过程中通过目标设置建立队员的责任感和交往需要，可增强运动队的团体凝聚力。

三、志趣相投

志趣相投是指团体成员在动机、理想、志向、信念、兴趣、爱好等方面基本一致。志趣相投有以下两方面的作用，一是可以保证团体成员间有相似的态度；二是可以保证团体成员获得最大的心理满足，因为志趣相投有利于团体成员间的信息沟通，产生较多的共同语言，使各成员的观点、意图和活动方式易被理解。

四、人际关系融洽

人际关系融洽是指团体成员与成员、成员和团体、领导者和下属、领导者和领导者之间的相互吸引，和睦相处，相互尊重，相互信任，相互支持。关系融洽有两方面的作用，一是可以作为团体团结的心理基础和实现团体目标的保证；二是可以为创造性活动提供一个积极乐观的心理气氛，使团体成员保持良好的心境，有利于发挥人的主观能动性。否则，团体成员之间就会互相提防，关系紧张，矛盾重重，貌合神离，把时间和精力消耗在纠纷之中。

五、成员互补

成员互补是指团体成员在完成任务过程中的互相取长补短。一个团体内，每个成员所扮演的角色不同，完成的工作任务不同，因而，需要在不同方面互补，取长补短，才可能增强团体凝聚力。互补表现在以下三个方面：第一，智力的互补：既需要具有不同智力水平的人们共同协作，也需要具有不同智力结构的人们共同协作；第二，性格、气质的互补：有时会看到这样的现象，具有相同性格与气质的人反而合作得不好，而不同性格、气质的人在一起，因需要能够得到互补，而使心理气氛和谐；第三，年龄的互补：领导班子应老、中、青三者结合，相互取长补短。

六、外界压力

外界压力是指团体遇到的外来威胁。团体处于外界压力时，凝聚力会提高。米尔斯（Wright Mills）曾组织了几个三人一组的步枪射击组，设置了不同的情境，即让有些组彼此竞争，有些组不搞竞争。结果表明，开展组间竞争的组比不竞争的组团结得更紧密，成员间彼此相互吸引，相互合作，亲密宽容。

七、内部竞争

内部竞争是指团体成员间的互相争胜。这种内部竞争也会影响团体凝聚力。米尔斯研究了步枪队员之间竞争与凝聚力的关系。他将180名运动员中的90名运动员分配到竞争组，另外90名运动员分配到非竞争组。在实验中，对以下三种情况进行测量：①个体对他人的尊重；②个人感到被其他成员接受的程度；③个体在失败时相互指责的情况。研究结果表明，竞争组比非竞争组成员间显示出相互尊敬的现象。米尔斯由此认为，竞争性情境可促使队员间的相互理解和适应。但是，过分激烈的竞争肯定不利于群体凝聚力。卡伦指出，过分激烈的竞争会对整个队的人际关系或活动产生损害作用。

八、团体规模

团体规模指团体成员的数量。当团体规模增大且用力集中在相当专门的作业时，很可能由于两种原因而降低工作效率：第一，个人动机的强度减弱，人们感到他们在整体的努力中显得不重要；第二，有时，由于某种机械的原因而使效率丧失。

这种情况可以在拔河测验中看到，增加的人越多，则越不容易协调地进行努力；而参加拔河的人越少，则越容易协调他们的努力。比如，在里因戈曼（Ringlemann）的一项研究中，团体的人数由两名增加到 8 名时，其效率下降。研究者将假设的团体努力的平均数（如果总和是个人成绩相加而得的）与团体的实际拉力进行了比较，发现 63 公斤是个人努力的平均数。因此，两名、三名、8 名被试的团体努力应当分别是 126 公斤、189 公斤、504 公斤。但是，实际的团体努力分别是 118 公斤、160 公斤、248 公斤。这种个体表现随着团体内人数的增加而降低的现象，称为“里因戈曼效应”。斯坦纳（Steiner）认为，这一组数据揭示出下降程度是随团体成员的增加而逐渐变化的。两名成员构成的团体只有一种成员间的联系，而三名成员构成的团体则有三种联系，即 A 与 B、B 与 C、A 与 C 之间的联系。由 8 名成员构成的团体会有 28 种联系。联系越多，工效下降的幅度就越大。

克拉蒂（Cratty）提出，运动队越大，就越需要努力加强团体凝聚力。如果运动队突然变小，如一名受到处罚的运动员下场了，全队的效率未必会降低，因为其他队员会发现他们在整体中的努力变得更重要，从而会激发起更加努力的动机。但有时应当试图减少运动队的人数，为的是让替补队员有机会参加比赛，不要让他们一直坐在替补席上。队中不参加比赛的人太多，会增加队内的敌对情绪。因此，运动队的人数会影响队员间的情感距离，进而影响运动队的凝聚力。

团体规模和工作效率的关系还可以从责任扩散现象中得到进一步的解释。社会心理学家达利和拉坦内（Darley & Latane）在研究影响利他行为的因素时发现，在紧急情况下，只要有他人在场，个体的利他行为就会明显减少。旁观者的人数越多，利他行为减少的程度就越大。这种“旁观者效应”的一个主要原因就是，有其他人在场时，个人因袖手旁观而产生的内疚感、羞耻感将会减少，因为“见死不救”的责任并非由一个人而是由在场的所有人来承担，即所谓的责任扩散。同理，在需要多人努力才能完成的任务中，团体成员亦会认为所有团体成员均对完成任务负责，从而产生依赖他人努力的倾向，降低了自己的责任感和进取心，导致工作效率的下降。这提示教练员，在完成必须由各团体成员合作的任务中，要仔细、具体地分派各成员的任务，明确各自的职责，并严格按照个人的成绩进行奖惩。团体成员越多，就越要注意防止这种因“旁观者效应”而产生的责任扩散。

九、团体稳定性

团体稳定性指团体成员的变动程度。团体稳定性影响团体凝聚力的形成、巩固和发展；团体凝聚力的培养也需要时间。唐纳利（Donnelly）收集了1901—1969年间6个大型棒球队的比赛资料，发现有的队在一年里花去一半时间在调换和训练新队员，而新队员只有一半人能够取得成功。根据唐纳利在1965年跟踪研究的6个队所得资料发现，新队员至少要参加11场比赛，才能发展球队的任务凝聚力。唐纳利研究发现，团体成员不太稳定的运动队不仅凝聚力低，而且获得成功的次数较少。成员之间长期的友好联系有助于提高全队的凝聚力，一个队越有凝聚力，其成员就越不愿意离开运动队。

第三节　团体凝聚力与运动成绩有关吗

一、团体凝聚力越高，运动成绩越好吗

从直觉上，人们会认为团体凝聚力较好的运动队，运动成绩也较好；团体凝聚力较差的运动队，运动成绩也较差。但运动心理学的实证研究表明，实际情况要比人们想象的复杂。

（一）“正方”的研究

马腾斯等人于1972年研究了144支篮球队的1200余名运动员。结果表明，运动队的团体凝聚力与运动成绩的关系非常密切。在另一项研究中，马腾斯和彼得森（Peterson）探讨了赛季前的凝聚力对运动队成绩的影响。结果表明：高凝聚力的运动队比低凝聚力的运动队会赢得更多的比赛。卡伦对曲棍球，尚吉（Shangi）和卡伦对篮球等项目的研究结果是：团体凝聚力与运动成绩呈正相关。张立对我国优秀女子排球队，张忠秋对我国男子排球队的凝聚力问题进行的研究，也得出了团体凝聚力与运动成绩呈正相关关系的结果。

（二）“反方”的研究

菲德勒（Fiedler）等人却认为，运动团体凝聚力与运动成绩应呈负相关，这与人们的直觉以及上述实证研究结果正相反。麦格拉思（McGrath）的研究支持了菲德勒的观点。在他的实验中，三名人际关系不好的射击运动员组的成绩要好于三名人际关系好的射击运动员组的成绩。后来，伦克（Lenk）通过对奥运会划船运动员的研究也支持了菲德勒的观点，其研究对象是德国获得奥运会和世界冠军的划船队（8名运动员），这些运动员在1960年到1964年都取得世界最好成绩，但实际上该队成员间的内部冲突严重。该队教练员在揭示该队伍成为世界冠军的奥秘时，认为把握有矛盾运动员的技术和任务动机的调节，在队伍人际关系较差情况下更易成功。兰德斯和卢什（Lueschen）对保龄球项目的研究再

次表明，团体凝聚力与运动成绩呈负相关。此外，马尼克和切默斯（Melnick & Chemers）运用了和马腾斯等人的问卷和程序相似的方法进行了研究，却未发现赛季前的凝聚力与运动队的成绩有关。

专栏 10-3 孟关良、杨文军——只做搭档，不做朋友？

2004 年 8 月 28 日，在雅典奥运会男子划艇 500 米双人决赛中，合作组艇只有 10 个月的孟关良和杨文军以 0.072 秒的优势为中国代表团在该项目上赢得了首个奥运冠军。比赛结束后，当确定自己获得金牌的那一刻，人们发现这两位选手各自欢庆，却没有像其他队友那样彼此拥抱。

据说这对奥运冠军在国内比赛中，曾是激烈竞争的对手。而在日常生活中，也因各自的“性格原因”很少沟通交流，选择了“只做搭档，不做朋友”的交往方式。雅典奥运会之后，二人即告“分手”，孟关良进入了调整期，长期处于半退役状态，杨文军则继续在自己的个人项目中冲锋陷阵，竞技实力明显提升。

是北京奥运会的共同理想，使这两位个人项目的世界级选手又重新走到了一起。为了创造在奥运会上蝉联这一项目冠军的历史奇迹，孟关良选择了复出，杨文军则放弃了自己在个人项目中的原有目标。用杨文军自己的话说，上了这条船，就是一条心了。

正如国人所期盼的，奇迹出现了。2008 年 8 月 23 日，在北京奥运会男子划艇 500 米双人的决赛中，两人以协调的配合和顽强拼搏的精神，以 1 分 41 秒 25 的成绩蝉联奥运冠军。人们在见证他们奥运夺金的同时，也见证了两人激情相拥的一刻。

克拉蒂认为，教练员不应该过分担心队员中的对立关系，个体之间有最佳的关系紧张程度，引导得好，就会出现较好的成绩。也就是说，在一定程度上存在这种紧张关系还是有益的，它表明队员真正关心他们个人和集体的成绩。然而，这种紧张超过了限度，个体间的关系紧张和敌意可能会涣散全队的努力。

二、研究结果不一致的原因是什么

在心理学发展史上，研究结果的不一致往往可以激发起心理学家探索的热情。这种情况下，寻找影响两个变量之间关系的第三因素或第三变量，往往成为心理学家的努力方向。这个第三变量，即指调节变量或中介变量。那么，影响团体凝聚力和运动成绩相互关系的调节变量或中介变量是什么呢？

（一）团体绩效规范

团体绩效规范是指团体成员对该团体应以怎样的效率，达到怎样的目标所持的共同态度。例如，一个运动队的团体绩效规范，是指每个成员对日常训练的运动负荷，每个运动员的训练表现以及应该取得的阶段性成绩的共同看法。斯托格迪尔（Stogdill）分析了对各种不同团体所做的研究，发现凝聚力与成绩正相关的有 12 个团体，负相关的有 11 个，无相关的有 11 个，三类不同结果平分秋色。斯托格迪尔认为，影响凝聚力和成绩之间关系的关键因素是团体绩效规范。如果团体凝聚力和团体绩效规范都高，那么作业成绩会受正面影响；如果凝聚力高，绩效规范低，则成绩会受负面影响；凝聚力低，则具有高绩效规范和低绩效规范的团体一样，都不会有好成绩。

（二）运动任务的性质

卡伦等人提出：运动任务的性质也是一个重要的因素。在一些运动中（如游泳、田径、高尔夫球等项目），运动员是单独作战，而全队总分是以队员个人得分通过某种形式相加计算的，在这种情况下，凝聚力对成绩的重要性比另一些需相互配合的运动项目（如篮球、曲棍球等项目）要小。

克拉蒂等人提出了一个预测运动成绩与凝聚力之间关系的分类系统（图 10–1），并指出：运动任务要求队员之间有多大程度的相互依赖性是决定凝聚力与运动成绩的关键性因素。

马腾斯和彼得森 1971 年的研究也认为，运动团体凝聚力与运动成绩间关系的调节变量是运动项目类型。在团体项目中，队员的运动成绩与队的凝聚力之间都呈正相关；而共同活动要求少的运动项目，队员的运动成绩与队的凝聚力之间呈负相关。

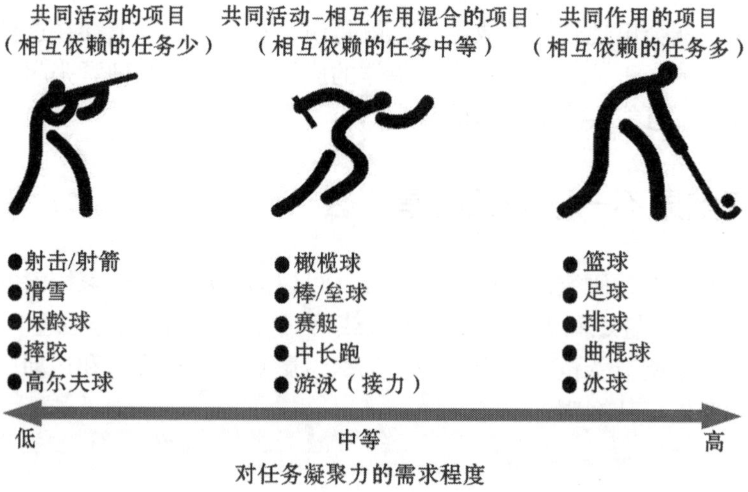

图 10–1　运动项目的性质与所需任务凝聚力之间的关系

（三）团体内交往和运动成就动机

从理论上讲，凝聚力是团体的一个重要属性，它对需要积极配合的运动项目来说，要求团体成员间有更密切的交往和具有更高的运动成就动机。因此，有更多团体内交往和更高运动成就动机的队也就会有好成绩。威廉姆斯（Williams）和韦德迈伊尔（Widmeyer）通过对 83 名高尔夫球运动员的研究发现，高凝聚力的队有更多的团体内交往和更高的运动成就动机，具有这些特点的运动员也有更多的好成绩。凝聚力能可靠地预测操作成绩，其中任务凝聚力是最佳预测指标。此外，凝聚力还可预测团体交往和动机。这一研究结果提示，团体内交往和运动成就动机可能是影响团体凝聚力与运动成绩关系的中介变量。

（四）测量方法

吉尔（Gill）在分析一些多重结论的研究后发现：采用直接测量方法时（直接对团体成员关系的紧密程度或吸引程度评定），往往得出凝聚力与运动成绩呈正相关的结果；而采用评定友谊的间接方法时，会得出凝聚力与运动成绩呈负相关的结果。

从上述研究成果来看，团体凝聚力与运动成绩的关系的确受到第三因素的影响，如团体绩效规范、运动项目的性质、团体内交往、运动成就动机以及测量方法等。引入和探索更多的第三因素，很可能帮助我们进一步理解两者的复杂关系。

三、是团体凝聚力影响运动成绩，还是运动成绩影响团体凝聚力

前面分析的团体凝聚力与运动成绩的关系,主要指的是团体凝聚力对运动成绩的影响。一些学者认为，运动成绩也可能影响团体凝聚力的高低。马腾斯和彼得森的研究探讨过运动队的成功对赛季后凝聚力的影响，结果表明：获胜较多队的凝聚力水平高于获胜较少队的凝聚力水平。马腾斯、卡伦等人的研究认为，是运动成绩使运动队的凝聚力加强，而不是凝聚力导致运动成绩的提高。兰德斯等人运用交叉滞后同组相关分析的研究表明，凝聚力对成绩和成绩对凝聚力都有影响；但是，通过路径分析，大多数的相互关系消失。威廉姆斯和哈克（Hacker）的研究报告指出，运用交叉滞后同组相关分析技术，可使凝聚力与成绩间的双向因果关系都存在，但是路径分析的结果表明成绩对凝聚力的因果流向更强一些。鲁德（Ruder）和吉尔探讨了一次比赛的胜负对凝聚力感知的即刻影响，结果表明，获胜队的凝聚力得到增加，而未获胜队的凝聚力降低。显然，经历一段时间胜与负的积累，可能会逐渐地调整运动队的凝聚力状况。许多其他因素和事件，也可以影响凝聚力的即刻感知和长期的发展。

综上所述，我们或许可以对团体凝聚力和运动成绩的关系总结如下：第一，两者具有相关关系；第二，两者的相关关系受到许多第三变量的影响；第三，这种相关关系是否具有双向因果关系的性质，仅靠调查研究和高级统计（如交叉滞后同组相关分析）是难以准确判定的。采用实验法，可能会有助于我们更清晰地确定两者的因果关系。

★第四节　怎样测量和营造团体凝聚力

一、怎样测量团体凝聚力

团体凝聚力的测量方法主要有两类，一类是问卷法，一类是社会关系图法。

问卷法是目前较为常用的方法。通过设计好的心理量表，可以直接测量团体凝聚力的现状。在运动团体中常用的测量工具如表 10–1 所示。

表 10–1　体育运动中常用的团体凝聚力问卷

名称（英文，简称）	研发者与年代
《体育运动凝聚力问卷》（The Sports Cohesiveness Questionnaire，SCQ）	Martens & Peterson，1971
《团队凝聚力问卷》（The Team Cohesion Questionnaire，TCQ）	Gruber & Gray，1981
《体育运动凝聚力测试工具》（The Sport Cohesion Instrument，SCI）	Yukelson，Weinberg，& Jackson，1984
《团体环境问卷》（The Group Environment Questionnaire，GEQ）	Widmeyer，Brawley，& Carron，1985
《团队心理问卷》（The Team Psychology Questionnaire，TPQ）	Partington & Shangi，1992

说明：五种问卷中，《团体环境问卷》（GEQ）多年来一直是运动心理学家的首要选择。

社会关系图法是一种传统的测量凝聚力的方法。当问卷法不能显示团体内具体的某些成员之间关系的特殊性时，这种方法是测量社会凝聚力的有效工具，能清晰地显示出谁是团体中的领袖，谁是被孤立的，谁是大家讨厌的人，团体中有没有派系等。具体的测量方法是，向每个团体成员提出一些特别的问题，如，“写出三个你最想一起吃饭的人的名字”；“写出三个你在训练时最不想在一起的人的名字”；“如果有一次自由聚会的机会，你最想和哪三个人在一起”，等等。然后，根据所有成员的回答，逐个绘出选择者和被选择者之间的连线，连线的箭头由选择者指向被选择者。相互讨厌的人之间连接成虚线箭头。被选次数最多的人放在图的中心，最不常被选择的人放在图的外侧。

二、营造团体凝聚力的指导方针

美国学者温伯格和古尔德综合了其他学者的观点，提出了营造团体凝聚力的指导方针。这个指导方针对于竞技运动、体育教学和大众健身的各种团队，都具有重要的参考价值。

（一）教练员或领导能做什么

（1）促进成员间的相互沟通。一个有效率的团体，能让每个成员很好地表达自己的思想和情感。有效的沟通可以减少许多潜在的问题。领导者应创造开放性的气氛，通过鼓励公开提问等方式，促使成员加强沟通。

（2）解释每个成员对于团体的成功所扮演的角色。教练员或领导应清楚地指出每个成员在团队中的角色，强调每个选手对于团队的重要性，以使成员了解他人的辛苦和贡献。

（3）培养小组荣誉感。在运动队中，小团体自然会存在。如不同位置的运动员会构成训练小组。教练员或领导应培养这些训练小组成员的荣誉感，使他们形成小团体意识，为小团体的荣誉而努力。

（4）设立具有挑战性的团体目标。设置具有挑战性的团体目标，规定团体绩效规范，可以对每个成员的表现产生正面的影响。教练员或领导为团体设置挑战性的目标，可以让团体专注于应该做什么，需要做什么。当运动员实现了目标，就会为自己和团体的表现产生成就感。

（5）鼓励成员对团体的认同。成员对团体的归属感十分重要。教练员或领导应通过订购统一的服装，佩戴统一的团体标识，使用统一的动作，甚至统一的发型来提高运动员对团体的认同感。

（6）避免社交派系的形成。社交上的派系对团体的危害是比较大的，它常常导致团体的分裂。派系形成的原因可能是一些人的需要没有得到满足，或是教练员对运动员不公平时产生的。教练员应迅速确定社交派系产生的原因，并采取适当步骤予以阻止。

（7）避免过度的人事变动。过度的人事变动会降低凝聚力，因为它可能造成过度竞争的紧张气氛，或者使成员之间无法彼此了解和熟悉。

（8）定期举行团体会议。

（9）了解团体的气氛。教练员或领导应该掌握，哪些人是团体中具有人气和威信的人，把他们当作与整个团体沟通管道。

（10）知道每个团体成员的一些私事。了解每个成员的一些私事，可以使他/她感到教练员和领导的关心，感到来自团体的温暖。

（二）团体成员能做什么

（1）更多地了解周围的同伴。成员之间彼此越了解，越是能接受个别差异的存在。每个团体成员都应该多花时间了解队友，特别是团体中的新成员。

（2）尽可能帮助别人。

（3）互相之间多鼓励、少批评。

（4）勇于承担责任。不应该在自己表现不好时责怪别人，应勇于承担责任并积极设法解决问题。

（5）与教练员和领导真诚地沟通。

（6）立即解决冲突，这样有利于减少矛盾的积累和激化。有矛盾应立即设法将它解决在萌芽状态。

（7）无论何时都应付出 100% 的努力。奉献和承诺是可以相互感染的，行动上的付出会对团体的整体感产生积极的影响。

（毛志雄）

本章要点

1. 团体凝聚力指团体成员之间心理结合力的总体，表现在两个方面：一是团体成员对团体所感受到的吸引力，从而自愿参与团体的活动；二是团体对其成员所具有的吸引力，从而把团体成员积极地组织到团体活动中去。

2. 对团体的心理感受有认同感、归属感和力量感。如果团体成员对一些重大事件与原则问题保持着共同的认识与评价，就会产生认同感。如果团体成员在情绪上加入团体，作为团体的一员，将团体看作“我们的”，就会产生归属感。如果团体成员做出符合团体期待的行为时得到了团体的赞许和鼓励，就会产生力量感。

3. 团体凝聚力可分为任务凝聚力和社会凝聚力。任务凝聚力指队员团结一致为实现某一特殊的和可识别的目标做出努力的程度。社会凝聚力指团体成员相互欣赏并愿意成为其中一员的程度。两种凝聚力与运动成绩的相关可能有很大不同。

4. 影响团体凝聚力的主要因素包括领导风格、目标融合、志趣相投、人际关系融洽、成员互补、外界压力、内部竞争、团体规模以及团体稳定性等。

5. 尽管从直觉上容易接受团体凝聚力与运动成绩呈正相关的看法，但运动心理学的研究结果却并不一致，有些研究结果支持这种关系，也有些研究结果不支持这种关系。

6. 团体凝聚力与运动成绩的关系受到第三因素的影响，如团体绩效规范、运动任务的性质、团体内成员间交往的多少、运动成就动机以及测量方法等。

7. 团体凝聚力可能影响运动成绩，同时，运动成绩也可能影响团体凝聚力，两者之间是否存在双向的因果关系，需要采用实验方法加以检验。

8. 为了营造团体的高凝聚力，教练员或领导应该：①促进成员间的相互沟通；②解释每个成员对于团体的成功所扮演的角色；③培养小组荣誉感；④设立具有挑战性的团体目标；⑤鼓励成员对团体的认同；⑥避免社交派系的形成；⑦避免过度的人事变动；⑧定期举行团体会议；⑨了解团体的气氛；⑩知道每个团体成员的一些私事。

9. 为了营造团体的高凝聚力，团体成员应该：①更多地了解周围的同伴；②尽可能帮助别人；③互相之间多鼓励、少批评；④勇于承担责任；⑤与教练员和领导真诚地沟通；⑥立即解决冲突；⑦无论何时都应付出100%的努力。

思考与作业

1. 如何检验任务凝聚力和社会凝聚力？哪个与运动成绩关系更为密切？
2. 一个运动队中，团体凝聚力是否越强越好？
3. 你觉得团体凝聚力和运动成绩哪个是因，哪个是果？为什么？
4. 请设计一个实验，以检验团体凝聚力与运动成绩是否存在双向因果关系。

第十一章　教练员的领导与管理

【内容提要和学习指导】

本章从管理和领导运动员的角度分析探讨教练员的角色，具体介绍了领导和领导者的概念、类型和功能，进一步阐述了领导行为的理论和影响领导行为的因素。学习本章时，您可以从掌握领导和领导者的概念及类型入手，在明确领导功能与影响因素的基础上，深入理解领导行为的相关理论。

在我国常常会看到这样的场景：集体项目的运动员在取得重大比赛成功后，运动员一齐上前将教练员抬起抛向空中。不同的运动队，教练员所起的作用虽然不同，但他们对于运动队和运动员的影响是毋庸置疑的。

第一节　什么是领导

一、领导的定义

领导是指引、影响或控制个人或组织实现某种目标的行动过程。这个动态过程由领导者、被领导者及其所处环境三种因素组成。领导者，则特指行使领导职能的人。

凡有人群聚集的地方，就有领导者。任何团体或组织，无论其规模大小，总会有它的领导者。正是由于有领导者的存在，就可以对内主持和领导整个团体，对外代表整个团体同外界进行协调活动。这种领导者有的是自然产生的，有的是由团体成员推举出来的，还有的是由上级组织委派的。教练员多为上级委派的，少数是由团体成员推荐的。

领导者之所以成为领导者，关键在于他能够影响和推动一批人，通过这些人去完成团体或组织的任务及目标。

二、领导有哪些类型

从领导的有效性出发，不同的研究者对领导方式提出了不同分类，但其共同关注的问题是领导者对工作任务、被领导者和权力的态度。

（一）卢因的分类

团体动力学创始人德国学者卢因（Kurt Lewin）在实验研究的基础上，根据行使权力和发挥影响力的方式不同，将领导风格分为三类。

（1）专制式领导。这是将权力掌握在领导者手中、具有唯我独尊、独断专行特点的领导作风。这种领导主要依靠领导者个人的能力、经验、知识和胆略来指导团体或组织的活动。他们大多独断专行而且缺乏对下属的尊重。例如，团体或组织的活动方针都由领导者决定，团体成员的分工由领导者决定，领导者不参与团体作业，只根据个人的看法表扬或批评运动员。在这种情况下，团体成员往往唯命是从，但士气低落，缺乏工作热情，因而工作效率不是很高。

（2）民主式领导。这是将权力定位于团体、具有相互尊重、博采众长特点的领导作风。这种领导以平等主义思想为指导，尊重下属成员的不同能力与资历，领导者以人格感召为主，使下属由衷地愿意追随和接受其领导。例如，团体或组织的活动方针由全体成员共同讨论决定，领导者从旁予以协助与激励，成员的工作分工由团体决定，工作同伴的选择由成员自己决定，领导者与下属成员一起工作，并根据客观情况表扬或批评成员。在这种情况下，团队的士气最高，工作效率也最高。

（3）放任式领导。这是将权力定位在团体成员、具有无为而治、放任自流特点的领导作风。这种领导采取无为而治的态度，一切活动都由下属成员自我摸索，团体或组织的方针和决策也由下属自行决定，领导者不参与。除了成员要求外，一般情况下领导者对工作不提意见，对工作成果也不加评论。在这种情况下，成员的士气不高，工作效率也低。

卢因认为，在实际工作情景中，三种极端的领导方式并不常见，大多数领导者采取的领导方式往往是处于两种极端类型之间的混合型。

（二）利克特的分类

美国学者利克特（Rensis Likert）把领导方式分为四类。

（1）剥削式的集权领导。这种领导将权利集中在领导者身上，由领导者单独作出决定，然后下达给下属，并在必要时以强制的方法让下属执行，下属无任何发言权。领导者与所属成员之间存在着一种互不信任的气氛，从而使团体或组织的目标难以实现。

（2）慈善式的集权领导。这种领导将权利控制在领导者身上，但授予下属部分权利。领导者对下属有一种比较和气的态度。做出决定时，领导者考虑下属的反映，执行决定的过程中奖惩并用。领导者与下属之间存在一些沟通和交流，但仍然是表面的、肤浅的。领导者对下属并无信任，下属对领导者心存畏惧，所以工作的主动性受到限制。

（3）协商式的民主领导。这种领导将权利控制在领导者身上，授予下属部分权利。决策权虽然主要在领导者，但需在充分听取下属意见并在取得下属同意之后才做决定。有时在一些次要问题上，下属也有决定权。领导者与下属沟通程度比较深，彼此都有一定的信任感，执行决定时，能获得一定的相互支持。

（4）参与式的民主领导。这种领导让下属参与管理和领导，上下级处于平等地位，双方有比较充分的信任，并且建立起一定的友谊。有问题时，双方民主协商讨论，由最高领导者做最后决策。按分工授权的原则，在规定的范围内，下属有自行决策权。领导者可以根据团体目标的要求，向下级提出具体目标，不过多地干涉下属如何实现目标的方法，而是给予实现目标的支持。

采用参与式的民主领导，效果最好；采用剥削式的集权领导，效果最差。

（三）三隅二不二的分类

日本学者三隅二不二（Misumi Jifuji）对领导者的两种行为取向，即人情取向和任务取向进行了大量研究。人情取向是指以职工的利益和情感为重的领导作风；任务取向是指以完成工作任务和达到工作目标为重的领导作风。三隅二不二把任务取向和人情取向各分为高低两种水平，进而构成了一个 2×2 维度的四种领导方式：

PM = 任务取向与人情取向均高；

Pm = 任务取向高而人情取向低；

pM = 任务取向低而人情取向高；

pm = 任务取向与人情取向均低。

这四种领导方式对生产效率和团体凝聚力有重要影响（表 11–1）。通过对日本的一些厂矿企业进行的多次现场调查，三隅二不二发现领导行为处于 PM 型时，下属成员的生产效率和劳动积极性最高，处于 pm 型时，下属成员的生产效率和劳动积极性最低。

表 11–1　领导方式与团体效果

领导方式	生产效率	对团体的信任程度	团体凝聚力
PM	最高	最高	最高
Pm	中间	第二位	第三位
pM	中间	第三位	第二位
pm	最低	最低	最低

三、教练员的领导功能体现在哪些方面

教练员的领导功能主要体现在沟通、组织、决策和激励四个方面。

（一）沟通功能

教练员与运动员之间高质量的交流沟通和互相尊重，有助于增强运动员的满意感和提高比赛成绩。

教练员和运动员对教练员行为和环境的看法有时会出现很大差异。史密斯和斯莫尔（Smoll）的一项调查表明，教练员倾向于认为环境很理想，而运动员则认为他们的现实情况距离理想环境仍有很大差距。显然，身处中心地位的教练员，在队中进行人际协调，与其他成员进行各个方面和各种方式的交流与沟通是其主要职责之一，也是使其及时了解情况，协调各种关系，提高工作效率的可靠保证。

（二）组织功能

为了实现团体的目标，教练员要进行一系列的组织策划和管理工作，要尽可能科学有效地安排计划，使用人才，调动一切积极因素。

（三）决策功能

这是教练员领导行为的基本功能。由于教练员在运动团体中占据显赫重要的位置，他要审时度势，知人善任，确定目标，制定政策，采取措施，做出最终的决断。

（四）激励功能

激励是通过领导者的影响力和所制定的各种制度和奖惩条例，为提高被领导者的动机水平、充分发挥其积极性与创造性所进行的活动。在运动团体中建立起激励机制，就可以强化运动员的成就动机。因为，当把运动员的表现与对其奖惩与评价紧密联系在一起时，势必会促使其做出一定程度的努力，并会获得一定的成绩，奖赏自然也会同时而至。这样，运动员就会产生成功感和满足感，动机得到强化，进一步激励他向新的目标努力，形成良性循环。

教练员的激励功能主要表现在如下三个方面。

1. 培养运动员接受目标和执行计划的自觉性

通常情况下，运动员的行为目标与运动队的目标并不完全一致。运动员积极性、创造性的发挥程度同个人目标、团体目标之间的一致性成正比。因此，作为领导者，教练员就要千方百计把实现团体目标与满足运动员的需要统一起来，努力创造一种环境，加强运动员对团体目标的认同，从而提高运动员执行团体目标的自觉性。

2. 激发运动员实现团体目标的热情

运动员训练热情的激发是领导激励功能的重要内容之一。在团体内部，教练员和运动

员的关系不仅存在组织关系，而且存在感情关系。教练员可利用这种情感关系，满足运动员的心理需要，激发他们实现团体目标的热情。

3. 提高运动员的行为效率

运动员的行为效率是指为实现团体目标所做贡献的大小或能力才干的发挥程度。教练员可以通过自己的领导行为，给运动员充分发挥其聪明才干创造良好的条件，使“英雄大有用武之地”，为团体目标的实现做尽可能大的贡献。

第二节　怎样领导最有效

领导者在心理和行为上一定有区别于普通团体成员的独特性。为了研究这些特征，以便更有效地预测和挑选领导者，心理学家们进行了大量的研究，并发展了许多理论学说。

一、领导特质说

领导特质说盛行于20世纪20年代。该学说认为，领导者之所以成为领导者，是因为他们一定具有一些相对稳定的人格倾向，如聪明、果敢、独立和自信。这些稳定的人格倾向就是“领导特质”。根据这一学说，研究者们尝试着要去确定那些伟大的工商业领导者们具备哪些共同的特质。

学者们也曾依据领导特质说来描述成功的教练员。例如：具有坚强的意志，有权威，愿意承担球迷和媒体的压力，情绪成熟，独立思考，眼光现实等。

这一理论最大的问题是不考虑环境的作用。

专栏 11-1　球队领袖乔丹

1996—1997年度美国男子职业篮球联赛（NBA）总冠军决赛的第五场，芝加哥公牛队和犹他爵士队在之前的4场比赛中战成了2∶2，犹他爵士队赢得了前面两场主场。这是犹他爵士队的第三个主场，而他们在季后赛中主场作战还未尝败绩。迈克尔·乔丹此时染上了肠道病毒，因身体虚弱而整天躺在床上。比赛时，他显得病殃殃的，每个动作都显得有些吃力。但他总能以某种方式设法保存体力，并且专注于做什么才能赢球。不可思议的是，本场比赛他不仅独得38分，而且还投进了制胜的3分球。芝加哥公牛队赢下了后来的第六场比赛，在主场获得了总冠军，乔丹也当选季后赛最有价值球员。队友皮蓬（Scottie Pippen）在谈到乔丹的表现时说：“你今晚看到的是难以置信的勇气和领导表现。迈克尔是我们队的领袖，他带领每个人与他并肩作战。

他以身作则，而且，他对胜利的渴望和做到最好的心感染了每一个人。”

资料来源：WEINBERG R S, GOULD D. Foundations of sport and exercise psychology [M]. 2nd ed. Champaign,IL: Human Kinetics, 1999:189.

领导特质说到二战结束后就不再流行。斯托格迪尔（Stogdill）曾经对100多篇领导特质说的研究进行了回顾之后，发现仅有少数人格特质是稳定而一致的。虽然领导者拥有某些特质对他们有帮助，但这些特质并不能保证他们成功。

二、领导行为说

领导行为说是继领导特质说之后出现的新学说。该学说认为，领导者是塑造出来的，不是天生的。只要学会其他杰出领导者的行为，任何人都能成为领导者。

根据这一学说，运动心理学家对教练员、体育教师、健身指导员的执教行为进行了研究。这类研究使用的主要方法有两种：一种是事件记录技术，另一种是质性访谈法。

（一）指导和示范行为研究

撒普（Tharp）和加利莫尔（Gallimore）使用事件记录技术对美国著名篮球教练伍登的教练员行为特点进行了研究。在事件记录研究中，研究者列出了几种典型的教练员行为并记录这些行为在什么时间如何发生。通常会有一个以上的评分员进行记录，两个以上的评分员来证实，这样观察结果比较一致，从而提高了研究的可信度。使用这样的事件记录技术并经过30个小时的观察，撒普和加利莫尔确认了伍登所展现出的10种类型的指导和示范行为。他的大部分行为包含在指导中（如，做什么，怎样做）；他同时也鼓励训练强度和努力；在沟通方法上，例如，他花了大约50%的时间做口头指导，其中12.7%用于督促球员遵循指导；8%用来斥责然后再次指导；6.9%用来赞赏和鼓励；6.6%用来简单地表示不高兴（就是斥责）。

研究发现，伍登的示范很少持续超过5秒钟，但却很清楚，并在球员记忆中留下深刻印象，很像教科书中的图示。伍登通常在演练进攻战术、半场对抗时才吹哨暂停并亲自上场示范。他先示范正确的动作（正面示范），然后模仿球员刚刚所犯的错误（负面示范）。由此可见，伍登的指导和示范行为的特点是：主要是告诉球员做什么和怎样做，他通过高质量的示范正确动作来完成这些行为。

在另一项研究中，科特（Cote）和他的同事使用质性访谈法对17位优秀的体操教练员进行了研究。研究的目的是想了解他们在训练中如何使用自己的专业知识。结果发现，多数优秀教练员的行为特征是：①通过正向反馈提供支持性的环境；②提供让体操选手进步的技术指导；③传授心理技能，如处理压力、发展适当的动机并且能自我调整；④提供机会来模拟比赛对心理和技能的需求；⑤进行体能训练以确保安全；⑥强调状态的调整以确保体操选手做好身体准备。

对伍登和体操教练员的研究一致显示：成功的教练员重视正向、支持性的反馈，并为队员的进步做技术上的、修正性的反馈。因此有效率的运动领导的关键，是在清楚地反馈和技术指导时注重正面反馈和指导。

（二）反应行为和自发行为的研究

为了建立教练员养成自己的教育指导方针，研究者们也曾探讨了一般的教练员行为。他们提出了一套中介模型，认为运动员对教练员执教行为的知觉和回忆，影响他们对教练员的态度和自己的运动体验。为了能在自然训练、竞赛环境中客观地评价教练员的实际行为，他们研发了“教练员行为评价系统”（Coaching Behavior Assessment System，CBAS）。使用这个评价系统，数名经过训练的观察人员在观察教练员行为时，使用袖珍录音机记下教练员行为发生时的情境。这些行为可以归纳为反应行为和自发行为（表 11–2）。反应行为是教练员对某个特定的运动员行为的回应，如在队员出现错误时给予的指导。自发行为是教练员自己发动的行为，如教练员大喊来鼓励即将上场的队员。

表 11–2　教练员行为评价系统对教练员行为的分类

类别	情境	方法	外部表现
反应行为	对正确表现的反应	强化	对好的表现或努力的表现做出肯定的、奖赏式的回应（口头或非口头的）
		不强化	忽略对良好表现的回应
	对错误表现的反应	因错误而做的鼓励	运动员出错之后给予鼓励
		因错误而做的技术指导	对运动员的指导和示范，教其如何改正所犯错误
	对错误表现的反应	惩罚	运动员出错后给予否定的回应（口头或非口头的）
		惩罚式的技术指导	运动员出错后用惩罚或敌对的方式给予技术指导
		忽视错误	忽略对错误的回应
	对不当行为的反应	保持克制	为在队员中恢复或保持秩序所做的反应
自发行为	与比赛有关的行为	一般性技术指导	对运动技术和策略的主动指导（不是在出现错误之后）
		一般性鼓励	不是在出现错误之后的主动鼓励
		组织	根据比赛进程分派位置或责任的行政管理行为

续表

类别	情境	方法	外部表现
自发行为	与比赛无关的行为	一般性沟通	与队员间所做的无关比赛的互动

资料来源：WEINBERG R S, GOULD D. Foundations of sport and exercise psychology [M]. 2nd ed. Champaign,IL: Human Kinetics, 1999:192.

许多研究表明，当教练员经常使用“因错误而做的鼓励”和“强化”的方法，也就是说教练员对运动员的错误不是横加指责而是鼓励，或是运动员出现表现好或努力时得到教练员肯定，在赛季结束后会提高运动员的自尊心；当教练员较多使用“一般性技术指导”时，运动员会对自己的队友和比赛有更多肯定的评价。自尊心不强（低自尊）的运动员喜欢支持性的和重视指导的教练员，不喜欢批评性的和不重视指导的教练员；相反，自尊心强（高自尊）的运动员却不会因为教练员的支持和指导水平的不同而受影响。看来，对于教练员的领导行为来说，重要的是去支持那些低自尊的年轻人，以使他们在竞技运动中最大限度地产生潜在的正面体验。

三、权变模式

领导特质说和领导行为说都在强调人的因素，却忽略了环境因素的作用。菲德勒经过长达 15 年的调查研究，提出了一种进行有效领导的权变模式。权变模式也叫情境模式，是根据具体情况来确定领导方式。菲德勒把领导方式同情境分类联系起来研究领导方式和领导效率。他认为，任何形态的领导方式都可能有效，关键要看情境如何。某种领导方式是否有效，取决于领导者与下属相互影响的方式、情境给予领导者的控制和影响程度的一致性。具体地说，影响领导效果有以下三个决定性条件。

第一，领导者与下属的关系：这是领导者被下属接受和欢迎的程度；

第二，任务的结构：这是领导者所安排的工作任务，其结构完善、规范和明确的程度；

第三，领导权：这是指领导者所处地位的固有权力以及取得各方面支持的程度。

菲德勒认为，根据这三种因素的情况，领导者所处的环境从最有利到最不利，共可分为八个类型。其中，三种因素齐备是领导的最有利环境，三种因素均缺是最不利的环境。领导者所采取的领导方式，应该与环境相适应，才能卓有成效。以任务为中心的领导方式，在环境条件最有利和最不利的情况下工作效率较高，而在环境条件一般的情况下工作效率较低；相反，以人情为中心的领导方式，只有在环境条件一般的情况下工作效率较高，而在其他条件下工作效率较低（图 11-1）。

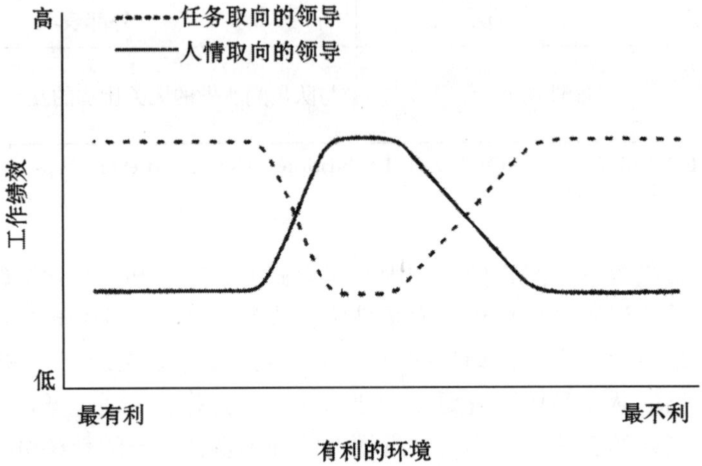

图 11-1　不同工作环境下领导方式与工作效率的关系
（资料来源：COX R H. Sport psychology: concepts and applications[M]. 5th ed. Boston: McGraw Hill: 350.）

专栏 11-2　教练员风格有好坏之分吗

教练员风格千差万别，什么样的教练员风格好呢？看完柯林斯（Doug Collins）的经历，或许你会有所感悟。

柯林斯是一个有激情的、情绪化、专制的领导者。他受聘担任芝加哥公牛队的教练员时，对于这一支年轻的队伍而言，他的风格正好是正确的。他那爆炸性的人格带动了这个有些不成熟和不稳定的队伍。但在芝加哥公牛队成熟后，这种爆炸性的人格特征和专制方法就成为一个负担，他们开始想把他赶走。几年之后，柯林斯成为另一个需要指引和强力领导的队伍，即底特律活塞队的教练员，柯林斯带着他那爆炸性的情绪为他们提供了方向感和目标感。这又成为正确的方法，帮助底特律活塞队成功转型。经过几个赛季的失败之后，底特律活塞队转败为胜，夺取了分区冠军。但在几个成功的赛季过后，柯林斯情绪化的领导方式对一个成熟的球队而言不再适合，他又被开除了。

引自：张力为，毛志雄. 运动心理学 [M]. 北京：高等教育出版社，2007：381–382.

领导行为的权变模式提示我们，教练员的领导方式要有弹性，必须与工作环境相适应。竞技运动领域如此，体育教学和大众健身领域也是如此。例如，在一个设施简陋、领导支持不够、教师权力有限的学校担任体育老师，可能采用任务取向的领导方式更好些；在一个设施简陋但领导支持力度大的学校担任体育教师，可能采用人情取向的领导方式更为合适。

四、运动领导的多维度模式

前面所述的三种领导行为理论都是来自非运动情境，而运动领导的多维度模式则是运动心理学者的专门贡献。美国学者谢拉杜莱（Chelladurai）提出了该模式（图 11–2），他认为：运动情境中的领导行为，由情境特性、领导者特性和团队成员特性三个因素（图中 1、2 和 3 号方格）决定。

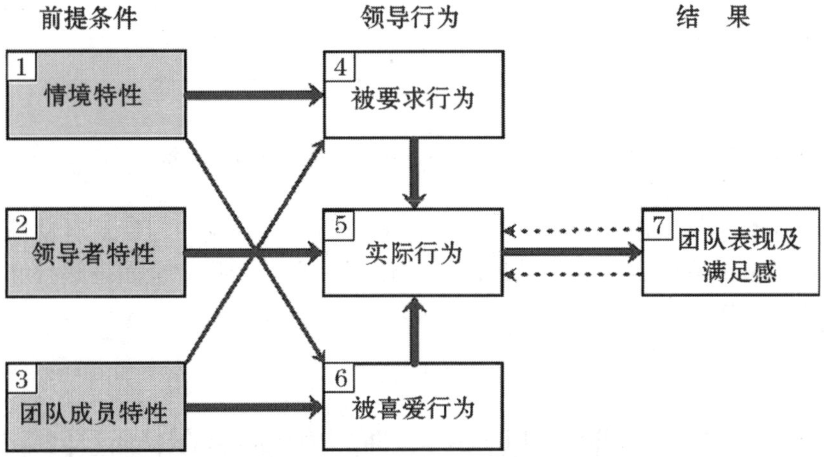

图 11–2　运动领导的多维度模式

运动情境中的领导行为包括三个组成部分，即被要求的行为、实际行为和被喜爱的行为。被要求的行为是组织系统的既定规范和原则相一致的行为，例如，比赛由教练员制定本队的战术纪律。被喜爱的行为是受运动员欢迎的领导行为，例如，教练员拥抱被替换下场的球员。实际行为是教练员在执教中实际表现出来的领导行为。

谢拉杜莱假设，这三个组成部分如果彼此一致，运动员就会有理想的表现和满足感；三种领导行为如果互不一致，就会出现放任自流的结果；如果被要求的行为与实际行为一致，但与被喜爱的行为不一致时，运动员也许会有上佳表现，但他们并不满意；如果实际行为与被喜爱的行为相一致，但与被要求的行为不一致时，运动员也许会感到满意，但场上表现可能不会令人满意（表 11–3）。

表 11-3　领导行为一致性的结果

领导行为			结果
被要求的行为	实际行为	被喜爱的行为	
+	+	+	理想
-	-	-	自由放任
+	-	+	免除领导者
+	+	-	良好表现
-	+	+	满意

说明：+ 表示与其他类型的行为一致；- 表示与其他类型的行为不一致。

这一理论的本质仍是权变理论，但它的价值有两个：一是专门针对运动情境进行了研究；二是综合考虑了情境、行为与结果的交互作用。它对于我们全面理解教练员的领导行为具有重要的启示作用。

★第三节　哪些因素影响教练员的领导行为

教练员的领导行为是否有效，是否有助于团体目标的实现，受多种因素影响。美国学者马腾斯于 1987 年提出了有效率的领导的“四要素”，分别是领导者的品质、领导风格、情境因素和追随者的特点（图 11-3）。

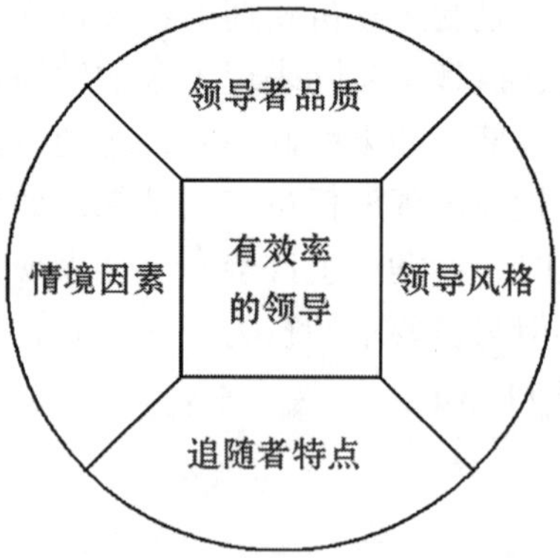

图 11-3　有效领导的四要素

一、教练员的品质

美式橄榄球优秀教练员比尔·帕斯尔斯（Bill Parcells）在他的著作《探索成功之路》中认为，教练员成功的领导，关键在于以下十大品质。

第一，正直。领导者自身必须有清晰的领导哲学，它以自己的基本价值观为根基，能使整个组织的人都知道并且接受，能对抗外界压力贯彻始终。

第二，灵活性。领导者不能墨守成规。假如你做事只会遵循老方法，那么你可能会丧失做得更好的机会。

第三，能培养忠诚。做领导者的第一项任务就是提升和强化整个集体的忠诚度，也就是团队合作精神。

第四，能建立信心。假如你想建立队员和教练员组的自信心，就要让他们承担责任、培养他们自我决策的能力，并支持他们想尝试的事情。

第五，负责任。责任是从领导自己开始的。如果做领导的自己不能承担责任，你就不能建立一个负责任的组织。

第六，直率。传达信息时，只有诚实和确切是不够的。信息的影响力关键要看谁在接收这个信息，他们想不想接受这个信息。

第七，准备性。有备无患的领导者总是对各种偶发事件都有事先的计划，包括那些他们认为不可能发生或不愿意发生的事情。

第八，足智多谋。简单地说，足智多谋是一种适应力，在形势非常不利时也要设法渡过难关，绝不放弃。

第九，自律。凡事皆有解决之道，即使是对抗上级，但需要坚持严谨的计划。

第十，耐心。耐心是最罕见也最有价值的品质，尤其是当团队表现不好的时候。只知道如何去改变自己是不够的，决定改变的时机同样重要。

除了比尔·帕斯尔斯指出的重点之外，研究者们还提出了另外一些成功领导者的特征，包括智慧、乐观、内部动机、同理心等。应注意的是，这些品质是教练员成功的必要条件，而不是充分条件；这些品质需要多少，要根据团体成员的偏好以及特定的情境来确定。

二、教练员的领导风格

前文曾介绍了卢因关于领导风格的分类，民主型教练员一般是以运动员为中心的、合作的和人情取向的；相反，专制型教练员通常是获胜取向的、结构严谨的和任务取向的。现实中，一个教练员在行为上不会单纯采用一种领导风格，他可以有效地去整合民主和专制两种风格。在追求卓越的同时，教练员和运动员之间也可以维持正面的互动关系。教练员应该懂得哪一种领导风格最符合哪一种环境，以及自己是否有足够的弹性去调整自己的风格以适应特定的环境。

三、执教的情境因素

教练员必须对执教情境和特定的环境因素具有足够的敏感性。在竞技运动中，有几个情境因素与领导的效率有关，应该考虑以下五个方面。

第一，是集体项目还是个人项目？团体项目的运动员通常比个人项目的运动员更喜欢专制型的领导风格。

第二，是共同活动的项目（如保龄球）还是相互作用的项目（如篮球）？相互作用项目的运动员比共同活动项目的运动员更喜欢任务取向的领导风格。

第三，团队的规模如何？团队越大，民主风格的领导越没有效率。

第四，可以利用的时间有多长？如果时间短、任务重，则任务取向的领导风格更容易发挥作用。

第五，这个团队有特殊的领导传统吗？一个有传统领导风格的团队通常要改成另一种领导风格是有困难的。

四、运动员的特点

运动员的特性也是决定领导者效率的重要因素。教练员和运动员在性格和领导风格之间的契合是十分重要的。例如，老运动员和有经验的运动员可能比较喜欢专制型的领导风格；女运动员可能更喜欢民主风格的教练员。

（毛志雄）

本章要点

1. 领导是指引和影响个人或组织，在一定条件下实现某种目标的行动过程。这个动态过程由领导者、被领导者及其所处环境三种因素组成。教练员的领导功能主要体现在沟通、组织、决策和激励等四个方面。

2. 从领导的有效性出发，不同的研究者对领导方式提出了不同分类，但其共同关注的问题是领导者对工作任务、被领导者和权力的态度。

3. 卢因将领导方式分为民主型领导、专制型领导和放任型领导三种类型，并认为民主型领导造成的团体的士气最高，工作效率也最高。

4. 利克特将领导方式分为剥削式的集权领导、慈善式的集权领导、协商式的民主领导和参与式的民主领导四类，他认为参与式的民主领导其效果最好。

5. 三隅二不二将领导方式分为任务取向与人情取向均高、任务取向高而人情取向低、任务取向低而人情取向高和任务取向与人情取向均低四种，并认为第一种领导方式，其下属成员的生产效率和劳动积极性最高。

6. 领导特质说认为，领导者之所以成为领导者，是因为他们具有一些相对稳定的人格倾向。这些稳定的人格倾向就是领导特质。该理论的不足是未考虑环境的因素。虽然领导者拥有某些人格特质会对他们有所帮助，但这些特质并不能保证他们成功。

7. 领导行为说认为，领导者是后天塑造的，不是天生的。只要学会其他杰出领导者的行为，任何人都能成为领导者。基于领导行为说，学者们研究了成功教练员的典型的执教行为，所得的启示是：对出错的运动员进行鼓励而不是斥责，并提供技术性指导，是有效的执教行为。

8. 菲德勒把领导者的领导风格和情境分类联系起来，提出了领导行为的权变模式。他认为某种领导方式是否有效，取决于领导者与下属相互影响的方式、情境给予领导者的控制和影响程度的一致性。领导者所采取的领导方式应该与环境相适应，才能卓有成效。

9. 菲德勒的研究表明，任务取向的领导方式，在环境条件最有利和最不利的情况下工作效率较高；人情取向的领导方式，只有在环境条件一般的情况下工作效率较高。

10. 美国学者谢拉杜莱提出了运动领导的多维度模式，这个模式认为：①情境、领导者和团队成员的特性，是决定运动情境中领导行为的前提条件；②运动情境中的领导行为包括三个组成部分，即被要求的行为、实际行为和被喜爱的行为；③这三个组成部分如果彼此一致，运动员就会有理想的表现和满足感，互不一致，就会出现放任自流的结果；如果被要求的行为与实际行为一致，但与被喜爱的行为不一致时，运动员也许会有上佳表现，但他们并不满意；如果实际行为与被喜爱的行为相一致，但与被要求的行为不一致时，运动员也许会感到满意，但场上表现可能不会令人满意。

思考与作业

1. 在报纸、杂志、书籍中寻找一篇优秀教练员的报道，分析他/她的领导方式，探讨这种领导方式成功的原因。

2. 如果你是运动员，你希望你的教练员采取哪种领导方式，为什么？

3. 如何根据运动员的性别、年龄、运动水平等特征，采取最有效的领导方式？

4. 如何根据训练和比赛的不同特点，采取最有效的领导方式？

第十二章　观众效应与主场效应

【内容提要和学习指导】

本章以观众效应和主场效应为主要内容展开阐述，在解释了社会促进模型和社会促进效应影响因素的同时，还详细分析了主场优势存在的证据和产生的原因，系统评价了主场效应与运动水平和运动项目间的关系。学习本章时，您可以首先了解观众效应、社会促进效应与主场效应的概念及其实证研究，在理解扎琼克社会促进模型的基础上，掌握社会促进效应的影响因素，明确主场效应产生的原因，了解主场效应与运动水平和运动项目间的关系。

在2008年北京奥运会上，中国体育军团凭借自己的出色发挥，最终不仅取得51枚金牌，位列金牌榜第一位的历史最佳成绩，而且还在许多项目上都有突破性的表现。这些优异成绩的取得，除了占据主场之利外，更离不开现场热情观众的支持。那么，什么是观众效应？主场效应又是怎么回事？观众效应和主场效应的影响因素有哪些？在本章中，我们将对这些问题进行具体探讨。

第一节　什么是观众效应

社会心理学对观众效应的研究由来已久。运动心理学最早的实验研究就是开始于对观众效应的研究。随着现代体育运动的发展，各种体育赛事已越来越离不开观众的支持和参与，这一群体已成为运动竞技场上不可或缺的一部分。那么，运动员的成绩究竟会不会受到在场观众的影响呢？本节将围绕这一问题对观众效应及社会促进效应展开讨论。

一、为什么会产生观众效应与社会促进效应

（一）观众效应

所谓观众效应，是指有他人在场时，操作成绩产生的变化。刘凯指出，运动竞赛中的观众效应是指观众的到场对运动员的运动行为和运动成绩产生的影响。这种影响既可能是积极的，也可能是消极的。

对观众效应的研究主要是以社会促进为主题进行研究。1897 年特里普利特进行的一项研究表明，有他人在场时，人的活动效率明显提高。这项最早的运动心理学研究和社会心理学研究一道开创了社会促进效应研究的先河。此后，关于社会促进效应的研究越来越多。

专栏 12–1　最早的运动心理学实验

特里普利特在 1897 年进行的一项观众效应研究被认为是最早的运动心理学实验研究。同时，这项研究也是最早的社会心理学实验研究之一。特里普利特发现，有他人在场，或群体性活动，会明显促进人们的行为效率。他让被试在三种情境中完成骑车 40 千米的任务：第一种情境是单独骑行计时；第二种情境是骑行时让一个人跑步伴同；第三种情境是与其他人骑车竞赛。结果显示：在单独计时的情况下，平均速度为 38.6 千米 / 时；有人跑步伴同时，速度达到 50 千米 / 时；而竞争情境与第二种情境相比，成绩则无明显提高，平均时速为 52 千米 / 时。特里普利特还在实验室条件下让被试完成计数和跳跃等任务，也发现了同样的社会促进作用。对此，特里普利特考虑了许多可能的解释，包括生理、身体、心理等方面的因素。他最后提出，被试有两个动力来源：第一，另一个骑车人的存在，对他是一种刺激，能唤起竞争的本能；第二，观察另一个骑车人的动作，可形成较高的速度，会成为对努力的激励。

资料来源：张力为，毛志雄．运动心理学 [M]. 北京：高等教育出版社，2007：396.

（二）社会促进效应

社会促进最初是指在有他人在场的情况下，人们完成一些较为简单的、十分熟悉的工作任务时，工作效率提高的现象；现在则是指在有他人在场的情况下，优势反应得到加强的现象。

继特里普利特在 19 世纪末的开创性研究之后，在 20 世纪前几十年，陆续出现了一些社会促进效应的研究。有些实验发现，他人在场可以提高人们完成简单工作任务的速度。还有些实验发现，他人在场可以提高完成简单运动任务的效率。但令人困惑的是，另外一

些研究发现了正好相反的结果：他人在场阻碍任务的完成。例如，他人在场会阻碍无意义音节的学习，阻碍迷津任务的完成，还阻碍复杂乘法题的计算。

（三）扎琼克的社会促进模型

扎琼克（Robert Zajonc）为调和前人研究结果的矛盾，将内驱力理论移植到社会促进效应的研究中，成功地解决了这个许多心理学家面临的难题。

扎琼克假定，他人在场会提高人的唤醒水平或兴奋程度。唤醒水平提高导致了优势反应的增强。如果优势反应是正确的反应，则他人的在场可促使操作成绩提高；如果优势反应是错误的反应，则他人在场会导致操作成绩下降（图 12-1）。这样的解释使过去相互矛盾的结果不再令人困惑。

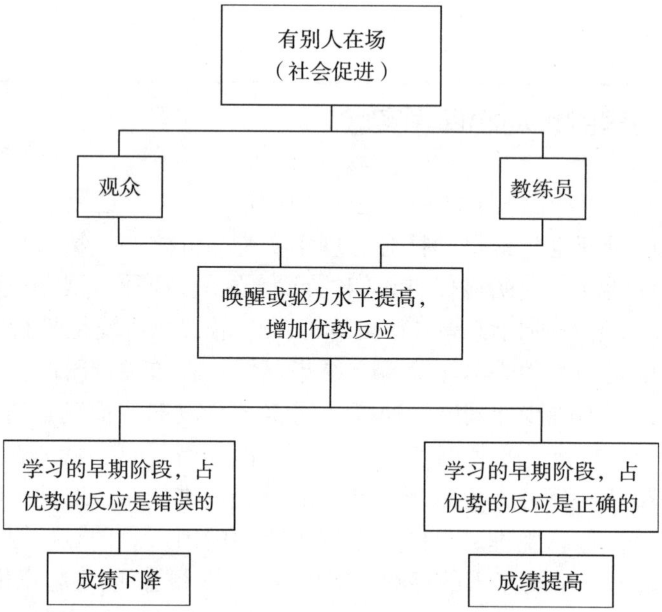

图 12-1　扎琼克的社会促进模型

这一解释获得了近 300 项实验研究的支持，被试人数累计达 25 000 多人。例如，在其中的一项研究中，扎琼克和塞尔斯（Sales）要求被试念一些无意义词，1 遍到 16 遍不等。然后告诉被试，同样的词会每次一个地呈现在屏幕上。每次呈现结束后，被试都要猜测刚才是哪一个词出现在了屏幕上。实际上，主试在屏幕上呈现的是一些随机的黑线条，时间是百分之一秒，被试根本无法辨认清楚。有趣的是，在这种情况下，被试报告“看到”的词，恰是他们念得次数最多的那些词。这些词成为了被试的优势反应。更重要的是，实验还发现，有两个其他人在场时，被试猜测优势词汇的可能性提高，说明观众在场可促进优势反应。迈克尔斯（Michaels）等人对大学生台球运动员的一项研究发现，水平高的选手（无人在一旁观看时命中率为 71%）在有人观看时，发挥得更好（命中率为 80%），水平低的选手（过去的平均命中率为 36%）在有人观看时，发挥得更差（命中率为 25%）。这一结果更加有力地支持了扎琼克的社会促进模型。

上述关于社会促进的理论探讨和实验研究与运动情境，特别是运动竞赛情境差别较大（表 12–1），因此，其结论的生态学效度，即这些结论能否推广到实际的运动竞赛中，仍有待检验。

表 12–1　社会促进实验与运动竞赛情境的不同

研究项目	社会促进实验的特点	运动竞赛情境的特点
观众数量	几个到十几个	几千、几万，甚至几亿（电视观众）
观众支持	对操作者无倾向性	对竞赛双方完全不同
社会交互作用	仅局限于操作者和观众	包括运动员、队友、对手、教练员、领队、记者、观众
技能操作	简单任务和复杂任务都相对容易	千锤百炼的极其复杂的运动技能

资料来源：张力为，毛志雄．运动心理学 [M]. 北京：高等教育出版社，2007：398.

二、哪些因素会影响社会促进效应

根据殷小川的总结，运动员及观众本身的一些特点均可能会影响社会促进效应。下面将分别进行讨论。

（一）运动员本身的特点

1. 运动员的人格特质

一些研究表明，特质焦虑高的运动员，在有陌生观众时，会表现得烦躁不安，运动成绩下降；特质焦虑低的运动员，在有陌生观众时，会表现得自信沉着，运动成绩不变甚至提高。甚至有这样的运动员（如 20 世纪 70 年代中国乒乓球男队的主将梁戈亮），比赛时就怕没有观众，观众越多，观众的情绪越高昂，表现得就越好，即所谓的“人来疯”。

樊道明认为，内控型和外控型的运动员受观众的影响情况不同。内控型运动员对自身和任务的控制感较强，对自己平时的努力和比赛时的自我调节更为自信。有了这样的基础，内控型运动员在观众效应被放大的比赛压力下，能化压力为动力，促进竞技水平的发挥。外控型运动员比较容易受到外界因素的影响，对自己缺乏自信，在比赛过程中，注意力容易被观众部分分散，这些都直接导致了外控型运动员在比赛中的表现明显下降。

2. 运动员的认知系统

博登用认知理论来分析观众效应，提出了认知—唤醒—注意的信息加工模式。他认为运动员能主动解释来自情境的信息，并预测观众的反应，相应地改变自己的行为。因而，一个人对社会情境的理解或认知对其随后的行为表现起着重要的作用。如果运动员对自己的表现感到满意，那么他就会将主场观众行为更多地视为对自己表现的肯定，运动员就会发挥得更出色；如果运动员对自己的表现不满意，他会倾向于将主场观众行为视为对自己的消极反馈，这样就会严重威胁到运动员的心理状态，进一步导致运动员发挥失常。

3. 运动员的水平

观众对运动成绩的影响与运动员运动水平的高低有关。对于高水平运动员，观众的影响较小；而对于新手，观众的影响就可能完全不同，观众的一举一动都可能成为干扰他们正常发挥技术水平的刺激。经常参加比赛的运动员和较少参加比赛的运动员相比，更能适应比赛环境，长期的比赛锻炼了他们的抗干扰能力，使他们在各种外界干扰下都能较好地保持情绪的稳定。

4. 运动员的年龄

不同年龄阶段的运动员在观众面前可能表现出有差异的行为。与成年运动员相比较，青少年往往表现出其独特的行为特点。史蒂文森（Stevenson）等人的研究发现：少年运动员在陌生人或者他们所“不喜欢”的人面前做动作，比在父母或朋友面前做动作时做得更好；除非怀有敌对情绪的观众到场，使他们的行为带有敌意，才会降低他们的成绩。进入青年期的运动员，则比较重视活动任务本身，不太注意观众的到场。

5. 性别因素

性别也是影响社会促进效应的因素。查普曼（Chapman）研究发现，不同性别的运动员受到在场观众的影响程度是不同的，女性比男性受到的社会促进作用更大。史蒂文森的研究也发现，当女性被试受到支持性评价时，操作成绩提高的程度远大于男性被试。史蒂文森将这种结果解释为“母亲形象”对儿童教育扮演的重要角色。

（二）观众本身的特点

1. 观众的数量

有的研究表明，大多数运动比赛的成绩不受观众绝对数量的影响。增加观众的绝对数量，只会自然地提高运动员的唤醒水平，但达到一定限度后，运动员的唤醒水平就不再提高了。在运动情境中，观众的绝对数量并不重要，重要的是他们的出现传递给运动员的信息。比如，在有 100 个座位的大厅中坐满 100 个观众，与在 200 个座位的大厅中坐了 100 个观众相比，给人的感受完全不同。那些空位传递给运动员的信息可能是“没有多少人在意你的成绩”。它常常对运动员的成绩产生一种消极影响。由此看来，或许比赛场地单位面积中观众的相对数量是一个更为重要的因素。到目前为止虽然还没有得出一致的结论，但可以确定的是，在一定范围内，观众数量越多对运动员产生的影响也就越大。但是观众的数量本身并不能决定运动员的表现，而只是在一定程度上影响了运动员的表现。

2. 观众的评价

张力为研究发现，观众消极的言语能使运动员产生烦恼；而且，观众的消极评价使复杂任务的成绩下降，使简单任务的成绩提高。另外，内行观众与外行观众的评价对运动员的影响也不同，一个内行观众对运动员的影响作用比一个外行观众要大得多。一些研究表明，运动员意识到观众有较高的专项知识水平时，内心就会有观众的存在。内行观众有助于激起运动员的比赛动机，从而加强他们的优势反应。

3. 观众的位置

观众的位置也可能对社会促进效应产生影响。观众的位置不仅有远近之分，而且还包括正面、反面、侧面。黄金柱认为，观众离运动员的距离越近，对运动员的影响越大；反之，影响就越小。处于正面位置的观众比处于侧面的观众对运动员的影响要大。

4. 观众的性别

张力为研究发现，青春期之前的男孩在成年男性观众面前的表现比在成年女性观众面前的表现更好。金盛华和张杰根据对多种日常生活情境的观察，提出了性别促进假设。这一假设认为，对于性意识发展达到成熟水平的个人，异性的存在会导致行为效率的提高。而性意识尚未得到充分发展的青春期之前的儿童则不存在这种性别促进现象。结合以上研究的结论，我们可以看出观众的性别对观众效应的影响：在青春期以前的儿童，同性的观众更能促进运动员运动成绩的提高；对于青春期之后的运动员，异性观众更能促进运动员运动成绩的提高。

第二节　什么是主场效应

社会促进领域的研究不仅激发了运动心理学家对观众效应的研究兴趣，同时，还激发了他们去探讨另外一个与此相关但更加有趣的现象，即主场效应。主场效应涉及的问题似乎更为复杂，因此，研究结果更加纷乱，至今没有一个强有力的理论能够概括这一领域的众多相互矛盾的研究结果。

一、如何界定主场效应

（一）主场效应的定义

主场效应也称主场优势，是指在主客场数相同的赛程中，运动队的主场胜率超过50% 的统计现象。到目前为止，大多数研究结果是支持主场优势的，只有少数的研究发现主场不仅没有优势，反而是一种劣势。主场劣势的存在，其中可能有着特殊的原因。需要注意的是，主场效应只是一种统计现象，并不能将主场效应作为影响运动员比赛成绩的因素。

（二）主场效应存在的证据

关于主场效应的第一项重要研究是施瓦茨（Schwartz）和巴斯基（Barsky）在 1977 年

进行的。他们的数据来源于统计资料，包括：1971 年进行的 1 880 场重要的棒球联赛和 182 场职业橄榄球比赛，1971—1972 年进行的 542 场美国曲棍球联赛，以及 1952—1966 年举行的 1 485 场大学篮球比赛。表 12-2 列出了这些比赛表现出的主场效应。在棒球、橄榄球、曲棍球和篮球 4 个项目中，篮球的主场效应最为明显，主场获胜比例达到 82%。其次是曲棍球，如果不计平局，曲棍球的主场效应可达 64%。

表 12-2　4 种运动项目主队的胜率

主队比赛结果	胜率（场次）				
	棒球（1971）	职业橄榄球（1971）	大学橄榄球（1971）	曲棍球（1971—1972）	篮球（1952—1966）
胜	53%（989）	55%（100）	59%（352）	53%（286）	82%（290）
负	47%（891）	41%（74）	40%（367）	30%（163）	18%（64）
平	—	4%（8）	1%（11）	17%（93）	—
总计	100%（1880）	100%（182）	100%（910）	100%（542）	100%（354）

资料来源：SCHWARTZ B, BARSKY S F. The home aduantage[J]. Social Forces, 1977, 55: 641-661.

表 12-3 显示的是关于主场效应的一些重要研究成果，这些研究成果都验证了主场优势的存在。

表 12-3　近年来主场效应的部分研究

研究者	研究对象	主要结果
Leonard（1989）	1896—1988 年夏季奥运会及 1924—1988 年冬季奥运会	与奥运会之前和奥运会之后的比赛相比，主队在奥运会上赢得更多的金牌
Gayton & Langevin（1992）	792 场摔跤比赛	61% 的主场效应
McAndrew（1992）	4 172 名高中学生摔跤运动员	主队运动员胜 1 422 场比赛，客队运动员胜 964 场比赛
谢红光，殷小川，李志强（1998）	1995—1996 中国足球甲 A 联赛	主场胜率 47.35%，客场胜率 20.45%
周欣，尤信招，蓝开辉（2006）	1995—2005 中国篮球 CBA 联赛	主场效应最低为 55.84%，最高为 66.78%
朱红军，杨鄂平（2008）	2004—2007 中国足球超级联赛	主场效应最低为 59%，最高为 65.9%

二、为什么会产生主场效应

在许多研究发现了主场优势现象之后，库尔内亚和卡伦建议将来的研究方向不应继续放在主场效应的存在性验证上，而应转向探讨主场效应产生的原因。下面讨论不同的研究得出的结果。

（一）观众

观众是主场效应产生的最主要的影响因素。大部分观众效应和主场效应的研究都表明，观众的支持和鼓励对运动员在赛场上的优良表现具有积极的促进作用。阿格纽（Agnew）和卡伦通过对 990 场 A 级冰球赛事做回归分析发现，观众密度与主场效应相关非常显著（$r^2 = .011$，$p < .001$）。由此他们推论，观众虽然只是影响主场效应众多因素中很小的一部分，但却是非常显著的。施瓦茨和巴斯基的研究发现，在职业棒球联赛中，主场优势随观众密度的增加而增加。观众密度小（观众少于体育馆容量的 20%）、观众密度中等（观众占体育馆容量的 20% ~ 39.9%）和观众密度大（观众超过体育馆容量的 40%）的主场获胜比率分别为 48%、55% 和 57%。在球队水平相近的条件下，也得到相似的结果。据此，他们认为，主场效应是由友好热情的观众提供的社会支持引起的。泽勒和尤尔科瓦克（Zeller & Jurkvac）的研究为施瓦茨和巴斯基的结论提供了进一步的支持。他们分析了 1969—1986 年间的 35000 多场棒球比赛，发现主场在体育馆内的比赛，比在空地的比赛获胜率高 10.5%，比在露天体育场比赛的获胜率高 7.2%。泽勒和尤尔科瓦克将这一结果的不同归因于体育馆内有更多观众的支持。他们认为，当体育馆内充满欢呼声时，球队得到更多热情观众的支持，他们表现得更好，因而也赢得更多的比赛。

但是，并非所有此类研究都得到了同样的结果。道伊（Dowie）在比较了英国足球联赛 4 个赛区的主场优势现象后，提供了关于观众绝对数量多少与主场效应的关系。尽管观众的人数从第四赛区的 2 500 人到第一赛区的 25 000 人不等，但主场优势现象并无不同。波拉德（Pollard）用与道伊相似的方式研究观众密度的作用。他比较了英国足球联赛 4 个赛区的主场优势现象并发现，即使观众平均密度从第四赛区的 20% 到第一赛区的 70% 不等，但出现的主场优势并没有差别。

以上相互矛盾的结果或许与比较的变量不同有关。实际上，观众也是一个包裹变量，可以在绝对人数、相对密度、欢呼声响、欢呼频率等方面进行分解。今后的研究，或许需要考虑控制这些可以进行分解的因素。

（二）对场地的熟悉度

运动员对场地越熟悉，越有利于其运动技能的发挥；相反，如果对场地特别陌生，那么就会限制运动员运动技能的发挥。波拉德通过对足球项目的研究发现，并没有直接的证据证明不同等级的场地（尤其是草皮）会影响主场效应。但是，也有研究发现了场地熟悉度对主场效应的明显影响。道伊对 5 个拥有特殊足球场馆的足球俱乐部的比赛数据进行了研究，其中包括 2 支拥有最小足球场馆的球队、2 支拥有最大足球场馆的球队以及 1 支拥有人工草皮的球队。研究发现，拥有最小和最大足球场馆的球队有着相似的主场效应（65.6%），与其他球队的主场效应（64.5%）略有差异；而仅有的那支在人工草皮上踢球的球队其主场效应为 63.9%，与其他球队基本没有差别。然而克拉克（Clarke）和诺曼（Norman）考虑了球队实力的因素，重新对上述的 5 个足球俱乐部 11 个赛季的数据进行了分析，结果发现，这 5 支球队的主场效应要高于其他的球队（p= .076）。巴尼特和希尔迪奇（Barnett & Hilditch）也得出了类似的结论。正因为以上研究发现拥有人工草皮的球队其主场效应明显，英格兰和苏格兰的足球联赛曾一度禁止球队使用人工草皮球场。

威尔金森和波拉德（Wilkinson & Pollard）选取了 1987—2002 年间美国篮球、垒球和冰球联赛中在同一城市更换新球场的 40 支球队，对他们在老球场中最后一个赛季、在新球场中第一个赛季和第二个赛季的比赛数据进行了分析。具体结果如图 12-2 所示。

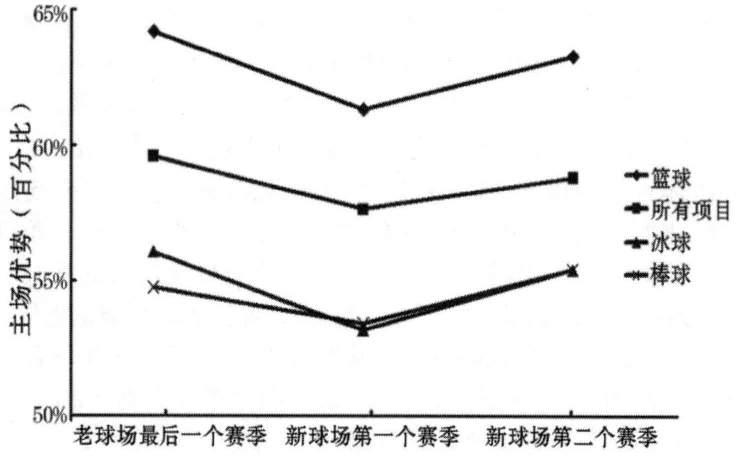

图 12-2 更换新球场前后不同时期的主场效应

对比赛数据的检验发现，球队在这三个赛季的主场效应差异显著（p= .015）。在新球场的第一个赛季，球队的主场效应明显下降（p= .005），而在新球场的第二个赛季，球队的主场效应明显上升（p= .036），基本回升到先前在老球场的主场效应水平。这一研究结果也说明，对场地的熟悉度至少也是影响主场效应的一个重要因素。

（三）裁判

裁判因素在主场效应中的作用，最可能体现在主观评分的项目上，比如跳水、体操和蹦床等。通常认为，裁判的主观评分更多的是偏向主队的。其原因可能是：①裁判自身水平、主场压力及比赛场外其他因素，往往会影响裁判员水平的发挥，从而出现错判、漏判；②由于客队在比赛中会产生所谓客场吃亏的心理定势，这往往使客队在比赛中不能正确对待裁判的判决，最终使裁判的情感更加偏向主队。

关于裁判因素解释主场效应的研究非常少。在评估某个因素对主场优势的影响中，最主要的问题是，其他因素将混杂在一起，同时对比赛结果产生影响。库尔内亚（Courneya）和卡伦控制了几乎所有其他可能存在的重要因素，来研究裁判对主场优势的影响。为了研究棒球队在主场的最后击球是否存在主场效应，他们选取了一个娱乐性的慢投垒球锦标赛，其中所有队伍都比赛两次，且交换主客场地点。结果表明最后击球的主场优势很小。这说明，裁判因素对主场效应的影响非常小。

（四）自我意识

所谓自我意识是个人对自己的身体状态、身体活动、心理活动及人际关系等的认识和评价。自我意识包括自我观念、自我知觉、自我评价、自我体验、自尊、自我监督、自我调节以及自我控制等。运动员在接受媒体采访时，在裁判点名入场时，在进球后绕场狂奔时，往往会有强烈的自我意识体验。

运动员的自我意识与观众行为有着密切的关系，观众的支持能促进运动员更加积极地评价自我，提高其自信水平，致使他们在比赛中发挥得更加出色。巴雷利（Bar–Eli，1992）认为如何感受比赛中观众的行为可以影响到运动员的心理唤醒水平，并能影响随后的表现。运动员所感知的心理状态与他们自己的表现、观众的反应以及主客场有关。尤尔科瓦克（Jurkovac）比较过大学生篮球队员在主、客场比赛时的感受。74 项调查结果表明，在激动喧嚣的主场观众面前，有 97% 的运动员感到他们发挥得更出色，而客场比赛只有 74% 的运动员会感觉他们表现得更好；当在主场观众面前比赛时，76% 的运动员感到他们会更自信，89% 的运动员认为他们的动机被支持他们的旗子、标语所激发。但在尤尔科瓦克的研究中，许多心理状态没有被评估。研究主要是要求运动员回忆他们主场或客场比赛前和比赛期间体验到的各种心理状态。尽管这种做法有它的局限性，但毕竟提供了主场优势存在原因的研究方式。

三、不同运动水平的主场效应相同吗

现有的研究表明，运动队在其主场比赛时，会受到其自身水平的限制。如果主队水平比客队高，再加上其主场比赛的各种有利条件，那么他们取胜的概率就会非常高；相反，如果主队的水平比客队弱，即使有主场优势的存在，其取胜的概率也不会很高，倘若比赛中取胜了，那就会成为所谓的“爆冷”或者“黑马”。

施瓦茨和巴斯基将主场效应的一个很重要的因素归为主队和客队的水平。马德里加尔和詹姆斯（Madrigal & James）的研究也发现主队的水平是影响主场效应的一个很重要的变量。换句话说，高水平主队在与低水平客队的比赛中，主队更有可能赢得最终的比赛；而低水平主队要想赢得与高水平客队的比赛，就会显得不太容易。概括起来，主队在与比自己水平低的客队比赛中的胜率要高于与水平相当或者高于自己水平的客队比赛中的胜率。斯奈德和珀迪（Snyder & Purdy）回顾了 NBA 某个赛季的比赛数据，他们首先将 5 支胜率过半的球队划分为强队，其他的 5 支球队则划为弱队。研究结果发现，强队和弱队在对阵水平相当的球队时均有主场优势。但是主客场与球队水平的交互作用对强队更有利，即强队在主场对阵弱队的比赛中有着 84% 的胜率，而弱队在主场对阵强队的比赛中仅有 40%

的胜率。因此他们得出结论，对于主场作战的弱队来说，客队的水平要比主场优势更能影响最终的结果。

马德里加尔和詹姆斯还认为，前人的研究在划分强队弱队的标准上存在问题（仅参考了一个赛季的数据），他们参考了多支女子篮球队近 10 年的比赛表现，然后将球队划分为高中低三个水平。研究结果发现，高中低三个水平的球队在主场对阵水平相当的球队时，其胜率分别为 70%、64% 和 60%。也就是说，高水平的球队主场效应更明显。但是，产生这一结果的原因还不是很清楚，他们将原因归于主场观众的期待效应。

樊道明也认为，观众的存在提高了运动员的内驱力，内驱力的增强将使优势反应出现的可能性增大。如果优势反应是正确的，那么内驱力的增高会引起操作水平的提高；如果优势反应是错误的，那么内驱力的增高将对操作不利。一般来说，水平高的运动员动作中正确反应占主导，而水平低的运动员则相反。所以，观众的存在会提高运动技能水平高的运动员比赛时的运动操作水平，但是会降低运动技能水平低的运动员比赛时的运动操作水平。

★第三节　所有的运动项目都有观众效应和主场效应吗

一、真的存在主场劣势吗

与主场优势相对，通常所说的主场劣势是指运动员在主场的比赛中，没有发挥出原有的水平，表现不佳甚至失常的现象。虽然在大量的对主场优势的研究中，极少出现负面的结论，但在体育运动实践中却又的确存在这样的现象。国际国内赛场上，高水平运动员们在主场的关键时刻一次又一次的状态不佳、发挥失常，使得研究者们不得不对其予以更多的关注。如何正确合理地解释这一现象的产生机制，如何预防它的发生，已成为研究者们新的课题。

专栏 12-2　杜丽的首金为什么滑落

北京时间 8 月 9 日，2008 年北京奥运会女子射击 10 米气步枪决赛在北京射击馆进行。中国枪手杜丽卫冕失败，以 4996 环的成绩获得第 5 名；同时，作为运动心理学教授的捷克名将卡特琳娜 · 埃蒙斯一路领先，以总成绩 5035 环的绝对优势夺得了 2008 年北京奥运会首枚金牌。从雅典奥运以黑马姿态顺利射下首金，到如今在家门口期待卫冕，如此的转变让杜丽压力倍增。在赛后接受采访的时候，她表示："在主场作战确实感觉到了压力，在场上打的时候感觉不是很清楚，决赛的时候总是静不下来。"

杜丽哭了，当她走出运动员通道那一刻，丢失首金的她终于控制不了自己的情绪，掩面痛苦地哭了出来。“我就希望我能让五星红旗升起来，我真的特别地，特别地努力……但我没有做到。”到后来，这位26岁的姑娘几乎泣不成声了。是呀，她只是一位26岁的姑娘，卫冕冠军、首金重任、主场作战……这么多的负担压在她一个人身上，叫她如何能够承担得起。

杜丽具有夺冠的实力，而且还占据了天时、地利、人和的主场优势，但最终却痛失首金，让主场优势变成了主场劣势。这究竟是什么原因呢？运动心理学教授刘淑慧分析说，首先，社会各界把首金想得太具体、太明确了。不但明确到具体时间、具体项目，而且还具体到人。“在奥运会前几个月甚至更早，各大媒体就纷纷宣布，首金将在杜丽身上产生。这给杜丽的压力太大了！”其次，是主场压力。如果是在雅典比赛，杜丽的胜算可能会大一些。“在北京比赛，怎么躲都是中国人，大家都认为你就该拿首金，压力该多大啊。”最后，就是蝉联冠军。自射击进入奥运会以来，世界上蝉联金牌的射击选手就特别少，而在中国，目前仅有杨凌一人。“一定要让杜丽蝉联冠军，可能吗？”

不过，让刘淑慧欣慰的是，4天后，杜丽终于夺得了一块金牌。

鲍迈斯特和施泰因希尔贝（Baumeister & Steinhilber）曾对1924—1982年的棒球世界系列大赛和1967—1982年的美国篮球协会锦标赛的比赛结果进行了统计，结果发现，在淘汰赛的初期的确存在主场优势，但在决定比赛名次的最后关头，则不存在主场优势。鲍迈斯特和施泰因希尔贝更关心的是：为什么会是这样？是主队发挥失常？还是客队发挥奇好？

对于棒球，他们选择了“场上失误”进行分析，因为这一指标相对来说比较独立，不受对方影响，是测量失常的一个好指标。他们发现，在系列大赛的前两场比赛中，客队的场上失误更多；但在第7场比赛中，情况正好颠倒，主队的场上失误更多（表12–4）。

表12–4　1924—1982年棒球世界系列大赛场上失误情况

比赛顺序	每场比赛失误		每场比赛无失误	
	主队	客队	主队	客队
第一和第二场	0.65	1.04	33	18
第七场	1.31	0.81*	6	12**

注：$*p< .01$；$**p < .02$。

对于篮球，他们选择了罚篮进行分析，结果与棒球的相似（表12–5）。鲍迈斯特和施泰因希尔贝进行的另一项分析是1967—1982年NBA的半决赛和冠军赛。他们发现，在第1到第4场比赛中，主队在70.1%的比赛中获胜，其罚篮命中率为72%；而在决定性的第7场比赛中，主队则仅在38.5%的比赛中获胜，其罚篮命中率为69%。从这一研究结果中可以明显看出，在关键场次，主场优势变成了主场劣势。他们认为，主场劣势主要是由于主队发挥失常引起的，而不是客队发挥奇好。鲍迈斯特等人稍后对大学生进行的实验室实验再次支持了这一结果。赖特（Wright）等人在对英国高尔夫公开赛的研究中也发现，英国运动员在四轮比赛中一直比外国运动员得分低。随后，赖特和罗尼（Roney）对美国冰球斯坦利杯联赛进行了研究，结果发现主队在决定性比赛中存在明显的主场劣势。

表 12-5　1967—1982 年 NBA 淘汰赛罚篮成绩

比赛场次	技术统计	主队	客队
第一场到第四场	命中 / 个	3368	3412
	失误 / 个	1303	1266
	命中率 / %	0.72	0.73
第七场	命中 / %	873	937
	失误 / %	391	328
	命中率 / %	0.69	0.74*

注：$^*p<.01$。

主场劣势非常复杂，它的存在仅得到了少量研究结果的验证，其产生的原因也并不清晰。其中可能的解释是，越是到关键比赛，在给以巨大社会支持的观众面前进行自我表现的愿望就越强，运动员这种自我意识水平的提高，使他们将过多的注意集中在自我表现或印象管理上，而这并不利于运动操作。

专栏 12-3　比赛失常原因何在

主场效应与一个更为常见的现象有关，即运动员的比赛失常。关于比赛失常以及主场效应的原因，近来引发了一场颇具火药味的争论，说明了这一问题的复杂性。

鲍迈斯特在 1984 年的一篇论文中，分别报告了六项研究结果，中心思想是强调：自我意识所起的作用是比赛失常的原因。在唤醒或提高人的自我意识的情境中（如运动竞赛），自我意识强的人能够更好地应对压力，因为他们平时就习惯于这种高自我意识状态；相反，在压力情境中，自我意识弱的人则可能由于自我意识的提高，导致操作表现的失常。自我意识越弱，操作表现受到的不利影响越大。如前所述，鲍迈斯特关于主场效应的研究结果支持了这一预测；希顿（Heaton）和西加利（Sigall）后来对大学生进行的另一项研究也发现了低自我意识性与比赛失常的相关。

施伦克尔（Schlenker）等人指出，发挥失常是由于自我怀疑以及不必要的消极自我关注造成的。他们认为，鲍迈斯特和施泰因希尔贝的数据收集过程有问题，即未能恰当地对资料进行取样。同鲍迈斯特和施泰因希尔贝一样，施伦克尔等人在研究中也利用了自 1924 年实行七场赛制以来的世界棒球系列赛的资料进行统计，但删去了 4 场一边倒的比赛。与鲍迈斯特和施泰因希尔贝不同的是，考虑到二战对棒球比赛带来的巨大影响，施伦克尔等人删去了 1943—1945 年的比赛；他们分析了“场上失误”发生的时间特征，还分析了比赛失常现象的年代特征（1924—1949 年，1950—1968 年，1969—1993 年）。通过精巧的方法学控制和统计学分析，施伦克尔等人颇具说服力地提出了自己的结论：在决定性的第 7 场比赛中，并不存在主场劣势现象。有必要指出，实际上，在 1950—1968 年间，的确存在主场劣势，在 11 项打到第 7 场的赛事中，客队赢了 9 场；但在其他两个时期中（1924—1949 年，1969—1993 年），则并不存在主场劣势。施伦克尔等人指出，凡是利用 1950—1968 年的比赛情况作为主要分析资料的主场效应研究，都会得到主场劣势的有偏结果；除此之外，没有证据表明存在主场劣势。读者可能还记得，鲍迈斯特和施泰因希尔贝曾将场上失误用作主场劣势的证据（表 12–4），但施伦克尔等人发现，只有当主队在第 7 场比赛中落后时，那些场上失误的差异才表现出来。这或许是由于在落后的情况下，焦虑、自我意识、过强的动机开始作怪，使得运动员发挥失常。

到目前为止，对于主队在关键时刻发挥失常的原因还没有一致的定论，具体的原因还需要后续的研究进一步探索。

资料来源：张力为，毛志雄．运动心理学 [M]. 北京：高等教育出版社，2007：407–408。

二、观众的助威对哪些项目的运动员有积极作用

我们可以把运动项目简单地分成体能型运动项目和技能型运动项目。体能型运动项目的特点是对运动员耐力、力量和速度的要求较高，技能型运动项目的特点是要求运动员有复杂的运动技能、精细的肌肉活动、良好的协调性和稳定性。技能型运动项目的难度高于体能型运动项目。运动项目的难度和运动员的最佳唤醒水平点之间呈现反比关系，即体能型的运动项目要求最佳唤醒水平点较高，而技能型运动项目要求较低的最佳唤醒水平点。根据驱力理论，观众效应会提高运动员的唤醒水平，但是观众效应对两类运动项目通常产生不同的作用，会提高体能型运动员的临场水平发挥，但是会干扰技能型运动项目的运动员正常发挥。对于田径、举重、拳击之类的运动项目，大量热情的观众在场会提高运动员的兴奋性，使他们正常甚至超常发挥。但是对于体操、跳水、射击类运动项目，观众的热情反而会造成运动员的过度紧张和注意力的不集中，进而影响他们的操作水平。从杜丽首金的滑落我们或许也可以看出观众效应对运动员产生的消极影响。但是在 2008 年北京奥运会上，中国队不仅在体能型项目上表现完美，而且在技能型项目上的表现也非常突出，究其原因是多方面的，还不能简单地下结论。

通过上述分析可以推论，观众效应在体能型项目上表现非常显著，现场的观众促进了运动员水平的发挥；在技能型项目上，一般来说，观众效应对运动员的发挥既可以产生积极的影响，也可以产生消极的影响，关键在于现场观众的表现。在2008年北京奥运会上，中国队之所以能够在技能型项目上表现突出，究其原因主要有实力、努力、观众和对场地的熟悉度等因素。其中现场观众的表现促进了运动员技能水平的发挥，现场观众充分发挥了他们的作用，不仅没有干扰运动员比赛时的状态，而且还增强了运动员的信心，促使他们取得了优异的成绩，也让观众效应在本届奥运会的技能型项目上表现显著。

此外，我们还可以将运动项目根据比赛成绩的来源划分为客观项目和主观评分项目两类。巴尔默（Balmer）等人对冬季奥运会主场优势进行了研究，结果发现主场优势在裁判直接判定结果的项目上有着显著的表现，这也说明裁判在某些项目上（如花样滑冰和自由式滑雪等）会给主场队员更高的分数。随后，他们又对1896年到1996年奥运会上的田径、体操、集体项目、拳击和举重5种类别运动项目的数据进行了分析，也得出了同样的结论，这些结论都支持了主观评分项目的主场优势更明显。但是，这并不能说明裁判就是影响这些项目主场优势的最主要原因，成绩的背后有着太多太复杂的因素。

专栏12-4　为什么即将到手的金牌会“飞”走？

2004年雅典奥运会男子双人3米板跳水冠军争夺战中，中国队彭勃和王克楠的前4个动作完成得相当完美，以绝对优势领先于第2名。但在最后一跳中，王克楠却出现了走板“失误”，获得零分的成绩，最后把到手的金牌拱手相送。2004年雅典奥运会的男子体操全能决赛，中国运动员杨威在前4项比赛中表现突出，总分排列第1。但在最后一项单杠比赛中，他却出现了抓杠失误，只得到8.987分，最终与金牌无缘。2004年雅典奥运会男子50米3×40气步枪冠军决赛中，美国射手马修·埃蒙斯在第9枪射完之后，领先中国射手贾占波3环，但他的最后一枪却意想不到地打出了脱靶，成绩为零环，最终由中国运动员贾占波获得金牌。2008年北京奥运会，还是美国名将埃蒙斯，还是最关键的最后一枪，还是一次致命的失误，金牌由另外一名中国选手邱健获得。2008年北京奥运会女子佩剑团体决赛中，中国队一直处于领先，但最终却以一剑之差输给了乌克兰。究竟是什么原因导致运动员在比赛的关键时刻出现了不该出现的失误?

如刚彦用“隧道视觉”这一概念解释了运动员在比赛关键时刻发挥失常的原因。他认为，出现“隧道视觉”的注意狭窄现象可以从认知心理学的角度进行解释。诺贝尔奖获得者卡尼曼早在1973年就提出注意的中枢能量理论，即把注意看作是人能用于执行任务的数量有限的能量或资源。换句话说，“隧道视觉”现象就是对特定的对象投入了太多的注意资源而无暇顾及其他参照系统。就本质而言，这一现象是人类最古老的本能之一，是当事人/操作者行为倾向于最佳状态的一种表现，即把有限的注意资源集中到当时最重要的信息上面。而当它在不同的个体身上体现时，就会有不同的强度表现。运动员在比赛关键时刻考虑得过多，将有限的注意资源集中到了与比赛无关的影响因素上，最终导致了运动员的发挥失常。

（褚跃德 张东）

本章要点

1. 观众效应指有他人在场时，操作成绩产生的变化。运动竞赛中的观众效应是指观众的到场对运动员的运动行为和运动成绩产生的影响。关于观众效应的社会心理学研究多以社会促进效应为题。

2. 社会促进指在有他人在场的情况下，优势反应得到加强的现象。特里普利特在1897年进行的关于社会促进的研究，是社会心理学和运动心理学发展的重要里程碑。

3. 扎琼克的社会促进理论认为，观众在场可以提高操作者的唤醒水平，唤醒水平的提高会加强操作者的优势反应。如果优势反应是正确反应，则使操作成绩提高；如果优势反应是错误反应，则使操作成绩降低。

4. 活动者本身的特点，如人格特质、认知系统、运动水平、年龄、性别等，是影响社会促进效应的重要因素。

5. 观众本身的特点，如数量、评价、位置和性别等因素，也可能会影响社会促进效应。

6. 主场效应，通常也称主场优势，是指在主客场数相同的赛程中，运动队在主场的胜率超过50%。主场效应是比赛地点和比赛胜负相关的一种统计现象，主场取胜的比例大于客场取胜的比例。

7. 观众和裁判等客观因素以及运动员的攻击行为、运动员的自我意识、对场地的熟悉程度、旅途的疲劳影响等主观因素都可能与主场效应有关，但研究结果并不一致。

8. 一般来说，高水平运动队的主场效应更明显；体能为主的运动项目中的主场效应更明显；主观评分的项目主场优势更明显。

思考与作业

1. 影响社会促进效应的因素有哪些？
2. 球迷对运动员的比赛产生的影响表现在哪些方面？是如何产生影响的？
3. 不同的运动项目，观众效应会有不同吗？
4. 作为客队，如果要避免主队的主场优势，应当采取哪些措施？

第十三章　运动中的攻击行为

【内容提要和学习指导】

本章分析和阐述体育运动中攻击行为的概念、判定标准及其分类，探讨运动中攻击行为的规律及其危害，以及攻击行为的理论和测量方法。通过学习，您可以在掌握攻击行为内涵的基础上，进一步认清运动中攻击行为的危害，了解运动中攻击行为发生的规律，了解减少攻击行为的基本策略，理解攻击的原因，以及攻击行为的测量方法。

体育运动中的攻击行为是体育运动中的不和谐因素。它不仅直接影响了体育运动的正常进行，更可能给被攻击者造成身心的伤害，甚至破坏体育运动的健康发展。

第一节　什么是攻击行为

一、如何识别攻击行为

（一）攻击行为的定义

关于攻击行为的定义，目前比较公认的是巴伦（Baron）和理查森（Richardson）对攻击行为的界定。他们将攻击行为定义为“以损害或者伤害另一个生物体为直接目的的任何形式的行为，该生物体想要回避这种行为”。而对于体育运动中攻击行为的定义，我们可以借鉴王润平的观点，即运动竞赛情境下运动员有意识地使他人身体和心理受到伤害的行为。

专栏 13-1　2008 年北京奥运会拳台再爆"咬人"事件

1997 年，拳手泰森在与霍利菲尔德在拳王争霸赛中的"咬耳朵事件"传遍全球。而在 2008 年北京奥运会的拳击台上，又出现了"咬人事件"。巧的是，当年被咬的霍利菲尔德也在台下观战。

在男子拳击 81 公斤级 1/4 决赛中，塔吉克斯坦选手库尔班诺夫因为在比赛中咬对手，被取消比赛资格。

比赛中，库尔班诺夫迎战哈萨克斯坦选手西纳利耶夫。当双方打到第三回合还剩 17 秒时，裁判终止了比赛，因为库尔班诺夫咬了西纳利耶夫的肩部，西纳利耶夫肩部被咬的牙印清晰可见。在比赛中，库尔班诺夫以 6 比 12 落后，并且因多次抱住西纳利耶夫，遭裁判几次警告。

当时在现场观战的霍利菲尔德看了此等场景，表情复杂。

资料来源：奥运拳台爆"咬人"事件 霍利菲尔德目睹 [EB/OL] (2008-08-20) [2008-08-30]. www.chinanews.com.cn/olympic/news/2008/08-20/1355106.shtml.

（二）判定攻击行为的标准

参考梁勇的看法，可以通过以下四个标准来具体界定攻击行为：

（1）攻击行为应该是某种行为表现，包括肢体和言语的行为（如出言不逊、辱骂谩骂、殴打踩踏等），而不是某种情绪、需要或者动机。

（2）攻击行为应该是具有明确意图的伤害他人的行为，有伤害他人的意图，虽没造成任何伤害后果的行为也是攻击行为。例如，某球迷企图冲上去袭击对方球迷，但因人群间有栏杆隔断，虽未造成对方受伤，但仍属于攻击行为。但是偶然地、无意地造成了他人伤害的行为则不属于攻击行为。例如，某体操运动员在平衡木上空翻时，恰有一名教练员从身边快速闪过，运动员因受到干扰而摔下平衡木并严重受伤，只要教练员不是出于故意，他的行为就不算攻击。

（3）攻击是施加给生命体的行为，包括直接对某个生命体施加的伤害行为和间接的以另外某种方式伤害某个生命体的行为。例如，某足球守门员指尖虽碰到了足球，但还是未能阻挡球飞入球门，懊恼之中将足球狠狠地踢向球网，这种行为虽没有风度，但也不能视为攻击行为。

（4）攻击行为是攻击对象欲以逃避的。这种行为对攻击对象的身体或心理造成或者可能造成伤害，是攻击对象不希望发生且欲以躲避的行为。有意地接受自己或他人施加的伤害的行为（如自杀等）则不应属于攻击行为。

同一行为只有同时具备了以上四个特征，我们才能判定其为攻击行为。

专栏 13-2 你能判别哪些是攻击行为吗

请就下列六种情境做出选择，勾出哪些是攻击行为，哪些不是。

是 否 1. 一位美式橄榄球安全卫对对方接球手做出一个符合规则但非常凶猛的撞击动作，并说他要惩罚这位接球手，让他以后不敢随便越过中线。

是 否 2. 一位美式橄榄球安全卫对对方接球手做出一个符合规则但非常凶猛的撞击动作。

是 否 3. 一位篮球教练员为抗议一项有争议的判罚而砸破一把椅子。

是 否 4. 一位曲棍球运动员因被对手用球棍击中小腿而故意用相同的行为报复对方。

是 否 5. 一位赛车手与失速冲出弯道的另一赛手相撞，并撞死了他。

是 否 6. 为了让对方踢球队员感到担忧并想到赢得这场比赛的消极后果，美式橄榄球教练员萨利文叫了一个暂停。

答案：

1. 是。（虽然动作合乎规则，但其意图是造成伤害）
2. 否。（无伤害意图）
3. 否。（行为对物不对人）
4. 是。（虽是还击，但意图是伤害对手）
5. 否。（虽然对方被撞死，但并无伤害的意图）
6. 是。（虽然是很聪明的战术，但意在引起对方的恐惧与担忧，造成心理伤害）

资料来源：WEINBERG R S, GOULD D. Foundations of sport and exercise psychology [M]. 2nd ed. Champaign,IL: Human Kinetics, 1999: 477.

从理论上分析，攻击的判别标准是清晰的，但在实践中，有时却难以准确判断某个具体的行为是不是攻击行为。因为，尽管是否造成了对他人的伤害有客观的标准，伤害者是否具有明显的伤害意图却难以判断。如，排球比赛中，某运动员一记漂亮的扣球落地开花，他情不自禁地做出了一个挥拳动作。如果这个动作是背对对手的，可以理解为自我激励；假如是面向对手的，则可能被裁判判为不正当行为（挑衅或攻击）。

专栏 13-3 攻击的典型案例

1962 年的世界杯足球赛，东道主智利队与客队意大利队之间的敌对情绪从赛前就已经不断升级，双方踢得异常粗野，后来更是大打出手。智利人桑切斯一记左勾拳打断意大利人马斯丘的鼻梁，然后自己的腿被生生踢断。到场的近 7 万名观众成为场上暴力的见证者。

1977 年 12 月 9 日 NBA 洛杉矶湖人队对休斯敦火箭队的比赛中，场上队员发生冲突。华盛顿给了汤姆贾诺维奇的面门一记重击，毫无准备的汤姆贾诺维奇立即仰面倒下，血顿时就涌了出来。这一拳让汤姆贾诺维奇先后动了 5 次手术，泪腺被手术去掉，甚至差点就死在医院里。而华盛顿为此也付出了巨大的代价，无论他走到哪里都要受到人们谴责的目光。甚至他的妻子在医院里生产的时候，连医生都不愿意为他们服务。因为那次“殴斗事件”实在是太有名了，退役之后的他却一直找不到工作，过着穷困潦倒的生活。

1985 年 5 月 29 日，比利时布鲁塞尔海瑟尔体育场，欧洲足球俱乐部冠军杯决赛在意大利的尤文图斯队和英格兰的利物浦队之间进行。比赛开始前，醉醺醺的英国足球流氓用破酒瓶、破罐头、旗杆棍和金属杆袭击尤文图斯队的球迷。几分钟之内，成百名尤文图斯队球迷发现自己被挤压在球场周围的铁栅栏上，无法逃脱。随着越来越多的人往球场方向挤压，铁栅栏终于不堪重负，崩塌倒下，惊恐失措的球迷被踩压成恐怖的一堆人山。这个事件造成了 32 人死亡，437 人受伤，酿成了现代足球史上著名的“海瑟尔惨案”。

1997 年 6 月 28 日，世界拳击理事会（WBA）重量级拳王争霸战在美国赌城拉斯维加斯的麦迪逊花园广场进行。战至第 3 回合，拳台受挫的泰森出人意料地咬下了对手霍利菲尔德的部分耳朵，导致比赛中断。最终，泰森受到了吊销拳击执照的处罚。

（三）攻击行为与果敢行为

有时，攻击行为容易和果敢行为相混淆。果敢行为是指比赛中为赢得胜利而不顾受伤或伤人的危险，用合理行动奋勇拼搏的行为。1987 年 5 月 20 日，在广州进行的第 24 届（汉城）奥运会男子足球预选赛东亚区小组赛中，比赛至第 47 分钟时，中国队员唐尧东面对已准备双拳出击的香港守门员刘栋平奋不顾身地头球破门，同时被对手击中眼部受伤。在这个例子中，攻守双方触球机会均等，均无伤害对方的意图，双方的行为都是果敢行为。

二、攻击行为有哪些类型

根据不同的分类方式可以把攻击行为划分为以下几种类型。

（一）根据行为者的动机分类：敌意性攻击和工具性攻击

敌意性攻击是指以伤害对手为直接目的的攻击行为。这种行为的主要目的就是使受害者饱受痛苦和折磨，伤害者此时常常伴有愤怒的情绪。本章前面提到的库尔班诺夫、华盛顿以及泰森的例子都是比较典型的敌意性攻击。

工具性攻击是指被其他非攻击性目标（如获得金钱、胜利等）所驱使的，有预谋、有计划的故意伤害他人的行为。这种行为是人类特有的攻击行为。工具性攻击虽然也包含伤害人的意图，但它的主要目标是指向获得外部奖励，或者是为了达到某种目的。在体育运动中，它可能是为了获得金钱、胜利或荣誉，攻击行为只是达到目标的工具。足球比赛中用非法铲球阻挡对方进攻，就是工具性攻击的典型例子。

然而，在运动实践中，有时人们很难明确区分果敢行为、敌意性攻击和工具性攻击（图13–1）。

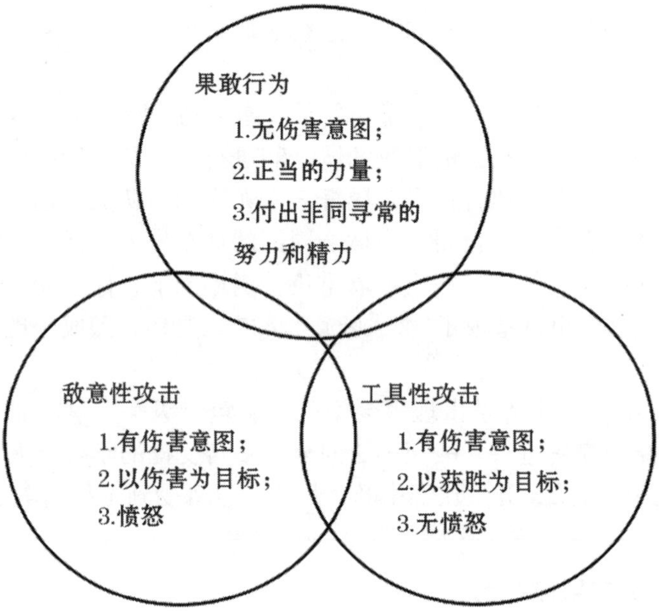

图 13–1　三类与攻击有关的行为之间的交叉重叠

（资料来源：考克斯．运动心理学——概念与应用 [M]. 张力为，张禹，牛曼漪，等译．北京：清华大学出版社，2003：373.）

（二）根据行为起因分类：主动性攻击和反应性攻击

主动性攻击是指个体在未受激惹的情况下，基于对某种困难或消极结果的预判而抢先发起的攻击行为。主动性攻击是运动员在运动场上主动采取的一种攻击行为。例如，足球运动员为阻止对方球员进攻，防守一方球员直接将对方铲倒在地。

反应性攻击是指个体受到他人攻击或被激惹之后所发起的攻击行为。这种行为具有一定的冲动性，并带有敌意和强烈的负情感体验。例如，足球运动员被对方侵犯，或被对方穿裆突破后报复性的肘击对方的行为。

（三）根据表现方式分类：身体攻击和言语攻击

身体攻击是指通过直接的身体对抗给对方造成身体伤害的攻击行为，如比赛双方运动员发生的肢体冲突等。这让比赛的精彩程度大打折扣，也让客场球员的安全受到了严重的威胁。

言语攻击是通过言语攻击他人，以达到在心理上伤害他人的目的的攻击行为。言语攻击使用的攻击性语言，主要是辱骂性语言和偏见性语言等。言语攻击的目的，是通过辱骂诽谤、毁人名誉等言语行为，使被攻击者产生羞耻、沮丧、失望、绝望、困窘、愤怒等消极感受。

三、攻击行为有哪些危害

随着现代竞技体育的迅速发展，体育比赛的过程变得越来越紧张激烈，赛场上甚至充满了火药味，致使比赛过程中的攻击行为不断发生。运动中攻击行为所产生的后果有时是非常严重的，可以说对他人、对社会、对国家等均会造成不良的后果。

（一）对被攻击者的危害

在任何运动情境中，攻击行为都会对被攻击者造成身体和心理上的伤害，严重时甚至危及其整个运动生涯或导致伤残、死亡等意外后果。2007 年 2 月 2 日晚，意甲球队卡塔尼亚和巴勒莫的比赛因球迷往球场内乱扔烟花而一度暂停，比赛结束后即发生了球迷暴力冲突事件，造成一名当地警官丧生。这一暴力事件让意大利乃至世界足坛都为之震惊。

（二）对项目本身的危害

某一项目中运动员表现出过多的攻击行为就会制约该项目的普及与发展。运动竞赛过程中的攻击性行为和体育暴力有悖于体育道德与宗旨，而且已成为困扰和阻碍竞技体育健康发展的难题与障碍。如果某个项目的运动员经常因为对手的攻击而受伤，从事这一运动的人数就会减少，进而影响该项目的普及和发展。

（三）对社会的危害

体育暴力可造成惨重的人员伤害和财产损失，甚至引发国家之间的战争，因此其社会影响极坏。1969 年 6 月 9 日，在争夺第 9 届世界杯足球赛的小组出线权的比赛中，洪都拉斯队在主场以 2∶0 战胜了萨尔瓦多队。萨尔瓦多球迷向裁判及洪都拉斯球迷发泄不满而闹事，引发了两国的外交纠纷。6 天后，两国球队在萨尔瓦多进行第二场比赛。比赛前夕，萨尔瓦多球迷举行示威游行，袭击洪都拉斯队。比赛虽然照计划进行，但两国关系继续恶化并导致断绝外交关系。7 月 3 日，两国发生边境武装冲突，7 月 14 日演变成大规模军事行动。双方出动坦克飞机进行了一场历时一个月之久的“足球战争”。双方死亡近 1 万人，财物损失达 5 000 万美元。直到联合国出面干预，才草草结束战争状态。洪萨战争虽然有两国之间长期的边境纠纷作内因，但正是由于这两场足球赛激化了两国矛盾。

（四）对青少年的危害

体育运动中的攻击行为严重影响青少年的健康发展。运动员常常是青少年们的楷模，运动员的攻击行为往往被涉世未深、道德判断力尚处于发展之中的青少年所模仿。社会学习理论认为，每个人，尤其是儿童青少年都有一种模仿他人行为的强烈倾向。攻击行为同样可以由学习模仿而来。史密斯的实验证明，冰球比赛中的攻击行为是模仿的结果，年轻的运动员通过观看比赛对其他运动员的攻击行为认同，进而学会应用攻击。

许多青少年运动员的气质类型属于胆汁质或多血质，具有易激动、反应快等特征。由于年龄较小、社会阅历少，他们对如何对待攻击行为容易产生偏激的认识。青少年具有很强的模仿能力，但辨别是非的能力较差。当他们在训练、比赛中看到一些不良行为时，就有可能会去模仿，如果再没有得到及时的制止或处理，他们还会把这些不良行为继续下去。

专栏 13-4　拳击比赛与暴力

曾有一项研究，调查了凶杀率与拳王争霸赛中公开暴力的关系。被调查的人在连续看了 10 场重量级拳王争霸赛之后，都承认自己在不同程度上模仿了攻击行为。赛前诸如“我要砸掉你的脑袋”这样的言语攻击，以及赛后气氛的渲染，提供了大量的攻击暗示。研究人员比较了 1973 年至 1978 年的 18 次重量级拳王争霸赛之后，预期的凶杀率和实际发生的凶杀率。结果发现，从比赛后的第三天开始，凶杀案的数量以平均 12.46 的比率上升。凶杀率增长最高的情况发生在宣传力度最大、收视范围最广的比赛之后，即著名的阿里和弗雷泽之战。那场比赛之后，凶杀案增加了 26 起。

当泰森愤怒地咬了霍力菲尔德的耳朵时，赛场内和电视机前的所有观众无不为之哗然。这一攻击行为激起了不少青少年心中蠢蠢欲动的暴力倾向。据说，那次比赛之后，很多人在和他人的争吵或打斗中学泰森的样子，疯狂地咬伤了对方的耳朵。

孩子是最脆弱的，最容易受到外界刺激的负面影响。除了拳击这种公开暴力外，其他如电视暴力、媒体对暴力问题的过度渲染等，都会给孩子的成长带来“污染”，增加了他们出现暴力行为的可能性。我们应该呼吁媒体尽可能地减少节目中的暴力镜头；还要呼吁父母监督孩子观看的节目，在出现暴力镜头后，对孩子进行及时的辅导和教育。

资料来源：崔丽娟．心理学是什么？ [M]. 北京：北京大学出版社，2002：71-72。

第二节　体育运动中的攻击有哪些规律

实践中，运动心理学家需要回答和解决的一些具体问题包括：哪些观众容易产生攻击行为？攻击行为有助于获胜吗？运动场上何时容易产生攻击？怎样减少攻击行为？下面分别予以讨论。

一、观众的攻击行为有哪些特征

体育运动中的攻击行为不仅发生在运动员和运动队上，而且还常常发生在看台上。观看比赛的观众不是被动的，他们常常会积极支持自己所喜爱的运动队或运动员。激烈的竞争、民族主义（或地方主义）情绪、酗酒等都有可能导致观众暴力。此外，经济利益的冲突也可能使观众产生攻击和暴力行为。例如，为不同球队获胜而投注的球迷可能会因为与另一些球迷持相反观点而大打出手，也可能因为自己所支持的球队中某个运动员偶然的低级失误导致自己的预测失败而袭击运动员。

（一）观赏比赛会降低观众的攻击性吗

传统观点认为，观赏竞技运动有助于观众的合理宣泄，降低观众的攻击性水平。然而，埃索 - 阿霍拉和哈特菲尔德（Iso-Ahola & Hatfield）的研究表明：一般来说，观赏比赛不会降低观众的攻击性水平；相反地，观看某些直接身体接触对抗的项目甚至会提高观众的攻击准备性。

（二）好斗的观众有哪些特征

1. 人格与认知特征

好斗的观众一般具有好斗的人格特征，而且常常认为其他观众欣赏他们的攻击行为。拉塞尔（Russell）等学者曾对参与暴力的球迷进行了问卷调查。结果发现，这些人在调查表上“易怒的人格”和“身体攻击”两项上的得分很高。另外，这些人常常产生一种错觉，认为其他观众会理解和加入他们打架斗殴的狂热气氛中，对他们的争吵和打斗推波助澜。

2. 人口统计学特征

年轻、经济状况差、体态瘦小、有近期参与斗殴的经历并喜欢结伴而行的男性球迷，常常是潜在的暴力分子。特别是在处于拥挤的环境或受到酒精的影响时，他们更易产生攻击行为。卡瓦诺（Cavanaugh）等人对冰球球迷的研究支持了这一结论。训练有素的研究人员还在比赛间歇时随意选取部分球迷进行了短暂的面谈和问卷调查。调查结果显示，假如附近看台上发生冲突，被调查者中有 61% 的人说他们会旁观；26% 的人说他们将设法阻止冲突；7% 的人说他们将欢呼雀跃或积极加入；其余的人则说他们会立即离开那个地方。这 7% 的“闹事者”喜欢看打架，看冰球比赛时希望看到打斗场面，而且行为易冲动。

此外，史密斯研究发现，赛场上一些小规模的攻击行为（如运动员之间短暂的打斗，或者因裁判的某一判罚引起的激烈争论等）与之后观众的攻击有关。

根据上述研究结果，为了减少观众暴力，竞赛的组织管理者除需注意闹事者的特征之外，还应禁止贩卖含酒精饮料，努力避免座位拥挤并严格约束教练员和运动员的场上行为。

二、攻击行为能提高比赛成绩吗

有些运动员认为自己在比赛中攻击对手是为了“以攻为守”，不仅干扰对手的情绪、分散其注意力，而且防止自己因被对手袭击而受伤。也有的教练员把攻击行为作为比赛战术的一部分，让一个技术比较差的队员用攻击行为对付一个技术比较高的对手，使他分心甚至因打架而被罚出场，从而扩大本方的胜面。

有些运动心理学家同意攻击促进运动表现的观点，例如温德尔，理由是敌意性攻击常常与愤怒的情绪相联系，愤怒的情绪可能增强比赛动机，提高生理唤醒水平，从而促进竞赛表现。然而，另一些学者不同意攻击促进运动表现的观点，例如席尔瓦（Silva）和吉尔，理由是，攻击行为所提升的唤醒水平可能超过运动员的最佳功能区，或使运动员分散注意力，从而影响其场上表现。

造成观点差异的原因之一可能是由于在实践中有时很难明确区分攻击行为和果敢行为。不过，攻击与运动表现的关系问题或许不是最重要的，因为人们迟早会为自己的攻击行为付出代价，这个代价常常是高昂的。例如，巨额的罚款，长时间的禁赛，等等。即使攻击行为能使运动员或运动队在短时间内获得利益，但这是一个短期利益与长期利益的关系问题。运动员必须认真思考：为了短期利益而付出沉重的代价是否值得。

三、赛场上哪些因素容易诱发攻击行为

比赛场上，运动员何时会产生攻击行为？哪些因素可以诱发运动员的攻击行为？现将攻击行为产生的原因归结如下。

（一）个人因素

1. 对受害者意图的感知

如果运动员觉察到对方的意图是要对自己造成伤害，则他们更可能做出先于对方的攻击行为的反应。但是，如何准确地判断对方的行为是合理的还是不合理的，是一般的攻击行为还是可能会造成伤害性的攻击行为，这种预测是较难把握的。因而常会发生双方运动员相互之间的报复性攻击，直至导致暴力行为的发生。

2. 害怕报复

运动员有时会因担心被报复而会抑制其本想发动的攻击行为，这主要与运动员自我控

制的能力及其人格因素有较大的相关。如果一名篮球队员担心遭到对方的报复性攻击，这名运动员就不大可能用胳膊肘袭击对方的肋骨。然而，这种对对手“具有相同”反击能力的“顾虑”，也有可能很快地发展成公开的攻击和反攻击。

3. 目标定向

自我目标定向（看重社会比较和获胜）的运动员，更倾向于认为比赛中的攻击行为是合理的，是比赛的一个组成部分。随着运动员自我定向的增长，他们对规则的遵守和对体育官员的尊重却在逐渐减少。与此相反，高度的任务目标定向与良好的运动员风度密切相关。

4. 唤醒水平

唤醒水平是运动攻击行为的准备机制，愤怒下的攻击必须先唤醒。当运动员遭受失败或挫折而受到否定的社会评价时，当观众看到运动员的表现或结果与内心的认知不相符合时，他们的唤醒水平就会被激发或提高。然而，唤醒水平本身并不是直接引发攻击行为的原因，也不必然导致攻击行为，它只是一个诱因。当个人唤醒水平与内心的攻击意图结合时，更可能对他人实施直接的攻击。

（二）客观因素

1. 环境的温度

已有的研究发现，攻击行为的发生与环境的温度有关。巴伦和贝尔（Bell）的研究发现，攻击行为与温度的关系呈倒 U 形，当温度很高或较低时城市暴力的数量较少。而安德森和迪尔（Anderson & Dill）指出在 38 到 41 摄氏度，暴力事件与温度呈线性关系。温度超过 41 摄氏度之后，人们外出机会下降，所以暴力行为产生的机会也较少。

2. 比赛的结构

（1）项目差异。

不同的运动项目对运动员的动作行为有着各自的要求与规范，有的允许运动员直接的身体对抗、冲撞（如足球、跆拳道等），这些项目表现出来的攻击行为比较多；有的则隔网相争，无身体接触（如网球、羽毛球等），这些项目表现出来的攻击行为则比较少；还有一些则是间接地比赛（如体操、跳水等），这样的项目基本上不会出现攻击行为。因此，不同的运动项目在比赛中表现出的攻击行为的性质有所不同。

（2）比分的差异。

随着比赛分数差距的拉大，落后方容易表现出更多的攻击行为。当队员疲劳或比分接近时，攻击性最小。原因在于比赛犯规会影响比赛成绩，如果比分差距过大，则运动员认为在不严重影响比赛情况下可以从事攻击；如果比分接近，双方队员都较为自制，避免动作过大而被判罚，因而失去获胜的机会。

（3）比赛结果。

当场上出现比分一边倒、一方失败无疑时，通常负方表现出攻击行为的概率远远超出胜方。与挫折—攻击假设理论相一致，负方产生了较多的挫折心理，因此容易发生攻击性的行为。

（4）比赛的进程。

通常，随着比赛的进行，攻击行为也陡增。毫无疑问在比赛的第一个阶段时，所发生的攻击行为最少，这个发现与比分差异有关。段嘉元对 1998 年法国世界杯足球赛红牌的研究表明，下半时出现的红牌数占红牌总数的 72.72%。张超等人对 2006 年德国世界杯足球赛的研究发现，上下半场运动员攻击行为出现的高峰时间不同：上半场攻击行为高峰期出现在第 30 ~ 40 分钟，下半场攻击行为一直维持较高水平，临近比赛结束时的第 43 ~ 47 分钟是出现攻击行为的最高峰。

（5）主场和客场。

主队或客队的攻击行为可能取决于攻击的性质和比赛的项目。一般来说，客队在比赛中动作的攻击行为高于主队。如果主队在比赛中的动作粗野但不受判罚，而客队同类动作则被判成犯规时，客队就更易表现出攻击行为。

3. 竞争、相互熟悉和比赛次数

相互熟悉的运动队和运动员之间易于发生攻击行为。当各队运动员随着比赛的频繁由不熟悉变得逐渐熟悉起来时，攻击也就逐渐增加了。职业冰球赛中，参加同一地区内比赛的球队由于地理位置接近和较为频繁的比赛，相互较为熟悉，因此竞争激烈。相反地，在地区之间的比赛中，由于各队来自不同的地区，加上相互之间比赛次数不多，各队队员相互不熟悉，因此，队员不太紧张，竞争不很激烈。随着比赛次数增多，各队队员相互逐渐熟知，竞争将愈来愈激烈，队员也更多地表现出攻击行为。

（三）社会环境因素

1. 运动员家庭教育的方式

过度严格或过度溺爱的家庭教育方式，尤其是在儿童少年时期，对所受到的攻击行为的压抑或忍受，均可能造成运动员的攻击行为。有攻击行为的男孩多数来自彼此否认、争论和伤害他人价值的父母，攻击性较少的运动员皆来自温暖和谐、相互尊重的家庭。运动员的家庭环境和受教育的程度是决定攻击行为的原因之一。

2. 教练员的态度

教练员的态度是影响运动员攻击行为的重要因素。由于教练员是运动员生活和比赛中的非常重要交往对象，教练员的一举一动都可能影响运动员，尤其是教练员赛前的不良心态和对比赛的消极看法都会干扰运动员的发挥，使运动员产生不良的情绪，从而导致运动员攻击行为的产生。

3. 观众的态度及行为

观众的态度及行为也可能作为应激源对场上运动员的攻击行为产生影响。比如观众的反社会行为（如咒骂、说猥亵的话）、往场内或互相投掷杂物、斗殴等，对主队攻击行为有影响。此外，当临场观众看到对方队员采用不正当手段竞争、裁判不公，及本方队员的消极表现时，均可能引起激怒情绪，影响运动场上攻击行为的出现。

4. 去个性化

所谓去个性化是指处在群体中的个体不是以个人的方式来行动，而是融于群体中，丧失个体可辨别性的一种状态。此时的个体极易丧失其自控力，以非典型的、反规范的方式行动。在运动比赛中，当运动员投入比赛，进入角色，项目的特点和规则的规定有其合理的身体接触和冲撞，在这种特定的环境下，运动员容易做出过度、过界的行为，导致攻击行为。

四、怎样帮助运动员和观众减少攻击行为

国际运动心理学会指出，减少运动员的攻击和暴力行为，是运动员、教练员、裁判员、竞赛管理者以及大众媒体的共同责任。米勒（Miller）等心理学工作者的研究表明，通过愤怒意识训练和角色扮演训练，或者通过同辈领导者仲裁的方法，进行以非暴力方式解决冲突的训练，可以有效调整有攻击先兆的运动员的愤怒感受和愤怒情绪，从而有助于减少运动中的攻击行为。美国学者考克斯以上述原理为依据，提出了以下减少运动员和观众攻击与暴力行为的建议。

（一）怎样帮助运动员

（1）应该给年轻的运动员树立非攻击性但十分有效的果敢行为的榜样。

（2）参与攻击行动的运动员必须受到严厉的惩罚。

（3）参与攻击的运动员所受到的惩罚必须超过他从攻击中获得的好处。假如两者是平衡的，运动员就会以为攻击与暴力行为不会付出代价。

（4）对于参与攻击甚至听任运动员参与攻击的教练员，应该予以解雇，或者审查、暂停其执教资格。

（5）应该消除赛场上可能出现的引起敌意性攻击的外在刺激。比如，一名极度狂热的观众哗众取宠地展示刺激性标识，就有可能导致攻击行为。

（6）应鼓励教练员和裁判员参加如何处理和应对运动员攻击行为的训练班。

（7）对于在火药味浓重的比赛中表现出克制和耐心的运动员应该予以奖励。

（8）在实践中应使用专门约束攻击行为的策略和技巧。

（9）教练员和领队应在比赛之前鼓励各个队运动员之间的相互交往。

（二）怎样帮助观众

（1）密切监视潜在的闹事者。有暴力和斗殴前科的观众应拒绝其入场观看比赛。

（2）竞赛中应限制含酒精饮料的销售和饮用。

（3）竞技赛事应当作为家庭事务来宣传和提倡。最好的方法是营造一个家庭式的环境，并对友好参与者提供经济报偿。

（4）新闻媒体不应美化攻击行为，也不应挑起两队队员和观众间的摩擦或厌恶感，

这样可以使观众更有责任心。

（5）与运动员和教练员一样，观众的攻击行为必须从快从重予以惩罚。

★第三节　人为什么会产生攻击行为

为什么有些运动员的攻击性特别强？为什么竞技运动中有些人的行为会失控？攻击行为是先天的还是后天的？为回答这些问题，心理学家提出了解释攻击行为原因的4种理论。它们分别是本能论、社会学习理论、道德分析理论和修正的挫折—攻击理论。

一、攻击行为是天生的吗

本能论是基于弗洛伊德精神分析思想的理论。按照弗洛伊德（Freud）的观点，攻击是人类与生俱来的内驱力。它虽然不可避免，但通过合理释放或满足需求等途径能够得到控制。人类具有攻击的天性，这也促进了体育运动和比赛的发展。而体育运动和比赛也为攻击行为提供了一个可以被社会接受的发泄能量的出路。本能论的重要推论就是，攻击行为使攻击的内驱力得到排泄或释放，这种对被压抑的攻击本能的释放叫作情感宣泄。根据本能论，比赛中袭击对手的行为使运动员合理地宣泄了被压抑的攻击本能。

然而，学者们至今没有找到攻击本能存在的证据，而宣泄的概念也未得到有效的验证。所以，我们还不能说竞技运动为人们提供了合理宣泄攻击本能的场所。

二、攻击是模仿的结果吗

与本能论中攻击行为的遗传观点相反，社会学习理论认为，攻击行为是通过观察他人的行为，然后在个体出现类似行为时受到强化而学习获得的。史密斯的研究发现，职业运动员的暴力行为已经被年轻的业余选手所模仿。攻击行为在冰球界被视为有价值的行为，而运动员很快就学会了具有攻击性是让自己获得别人认同的方法之一。许多教练员、父母、队友还鼓励这种攻击行为。年轻的冰球队员在电视上看到自己的偶像展现攻击行为，就会使他们自己的攻击行为得到强化。

社会学习理论获得了许多支持性证据。它强调榜样对攻击行为的重要作用，因此给我们的启示是：要杜绝攻击行为，应该加强职业道德教育，强化行业规范，防止不良榜样受到模仿。

专栏 13-5 坏孩子比利

7 岁的比利是少儿冰球联盟布法罗轰炸机队的守门员。一次，他在自己的球门附近的冲突中被打得头晕目眩，但他不知道是谁、怎样打了他。生气之余，他一拳打在离自己最近的对手的鼻子上作为报复，结果被裁判罚出场外。教练员告诉他说不应该出拳，因为球队需要他，他坐在板凳上对球队是没有帮助的。然而，后来比利偶然听到教练员对一位助手夸耀道："比利真是一位战斗者。"这使比利的感觉非常好。

在家里，比利的爸爸似乎对他的表现感到骄傲。他告诉比利绝对不要首先打人或在冰球场上向别人挥拳出击，但要像个男子汉并能保护自己。他说："冰球是个狗咬狗的游戏，你不能让任何人欺负你，总之，你不会看到北美职业冰球联赛的守门员受人欺负而默不作声。"

从此，比利变成了一位令对手畏惧的守门员——任何攻入球门区的人都可能会遭到他异常粗野的对待。如今比利正在观察职业运动员，学习怎样可以既打得粗野又不被罚出场外。

资料来源：WEINBERG R S, GOULD D. Foundations of sport and exercise psychology [M]. 2nd ed. Champaign,IL: Human Kinetics, 1999:481.

三、攻击与道德水平有关吗

道德分析理论由布雷德迈尔（Bredemeier）1994 年提出。该理论以皮亚杰（Jean Piaget）的认知发展理论为基础，认为个体愿意参与攻击的程度与其自身所处的道德分析的阶段有关。由于人类的攻击行为被认为是不道德的，布雷德迈尔认为在道德分析的水平与体育运动中明显的攻击行为之间应该存在某种联系。由于竞技运动使攻击行为合理合法，因此接触竞技运动可能实际上起到了延缓一个人道德发展的作用。日常生活所必需的道德水平通常在运动竞赛中被束之高阁，布雷德迈尔称这种伦理道德的暂停现象为"被搁置的道德"。此外，运动队中所创造的"道德气氛"可能对运动员愿意参与攻击的程度起传递信息的作用。

出于这一考虑，我们应该强调：教练员、家长和全社会对于运动员中道德气氛的建设以及道德分析水平的发展起着重要的作用。

四、攻击是挫折诱发的吗

挫折是个体在从事有目的的活动过程中遇到障碍或干扰，致使个人动机不能实现，需要不能满足时所产生的不愉快的情绪反应。攻击可能是由挫折引起，这一想法源自多拉德（Dollard）等学者早年提出的挫折 - 攻击理论。该理论实质上属于攻击行为的动机理论，它将挫折视为攻击行为的动机（图 13–2），即挫折引起攻击。多拉德曾指出：挫折可以激发起多种反应，其中之一就是攻击行为。然而，后人的研究表明，挫折虽往往与攻击有关，但不能认为挫折总是引起攻击和侵犯。挫折只是攻击行为的可能原因，但并不是唯一原因。

图 13–2 挫折 – 攻击理论

（资料来源：时蓉华 . 社会心理学 [M]. 台北：华东书局，1996: 425.）

伯克维茨（Berkowitz）提出的修正的挫折 – 攻击理论是对多拉德早期理论的修改和完善。该理论认为，挫折未必直接导致攻击，它只是通过提高人的唤醒水平或增加人的愤怒情绪，提供了“攻击的准备”。攻击行为的实际发生，必须有某些与攻击相联系的刺激因素。这些刺激因素是受挫折的人产生攻击行为的线索，它是后天习得的。例如，斗牛士手中挥舞的红旗，对于被激怒和受挫折的公牛就是一个刺激的线索。个体在受到挫折时，某些刺激（线索）可以成为其产生攻击倾向的“触发装置”。只有当刺激线索显示该情境中的攻击适当的情况下，挫折才会诱发攻击行为（图 13–3）。

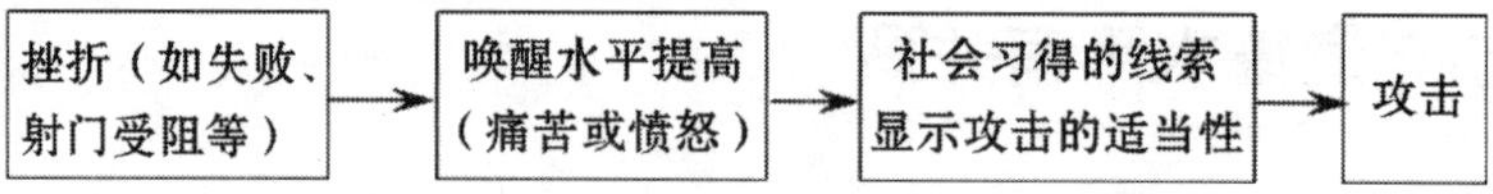

图 13–3 修正的挫折 – 攻击理论

（资料来源：WEINBERG R S, GOULD D. Foundations of sport and exercise psychology [M]. 2nd ed. Champaign, IL: Human Kinetics, 1999: 482.）

这一理论虽然是挫折 – 攻击理论的改进版，但两者之间还是有本质的不同：多拉德的理论倾向于挫折是直接产生攻击的动机、攻击行为，伯克维茨则主张攻击行为是人在挫折情境下，受到多种刺激的诱发后产生的。修正的挫折 – 攻击理论的最大优点是结合了挫折 – 攻击理论与社会学习理论的精华，并注意到了人与环境的交互作用，是目前最受欢迎的攻击理论之一。

这一理论提示我们：要减少竞技运动中的攻击性，应从减少挫折情境下的诱发因素着手。教练员应该及时发现导致攻击行为的情境：如果运动员屡受挫折并产生愤怒情绪时，教练员应将此队员带离赛场，让他平静下来。

★第四节　如何测量攻击行为

前面介绍了大量的与攻击行为有关的内容，但是，攻击行为在科学研究领域究竟是怎样测量的呢？本节将简要介绍四种比较常用的测量攻击行为的方法。

一、问卷法

问卷法是通过书面形式，以严格设计的问题向研究对象收集研究资料和数据的一种方法。问卷一般是严格按照统一原则和固定结构设计的，标准化程度较高，而且所得资料也便于进行定量处理与分析。此外，问卷法的效率也比较高，能在短时间内收集到大量的数据资料，这是其他方法无法比拟的。常用的攻击性问卷有：巴斯和佩里（Buss & Perry）编制的《攻击性问卷》，奥康纳等人编制的《攻击激惹问卷》，以及比约克奎斯特等人编制的《直接和间接攻击量表》等。

二、投射测验法

投射测验法是主试向被试提供一些模糊、不确定的测验刺激，要求被试自由地做出某种反应（其中最为常用的就是让被试根据提供给他们的刺激自由地进行联想），然后主试根据被试的反应结果推测判定被试的深层心理特征的测验方法。常用的测量攻击行为的投射测验方法就是给予被试呈现一些含义模糊的攻击图片或者故事，然后让被试进行再认或者偏好判断，通过被试的反应来评估被试的攻击行为水平。

三、任务分离法

任务分离的方法是通过不同的测量方法来实现研究目的。直接测量（再认、回忆等）用来测量外显攻击性，间接测量（偏好判断、词干补笔等）用来证明内隐攻击性的存在。所谓的内隐攻击性是为个体在现实中并没有表现出任何的攻击行为，但是在其潜意识中却存在着某些个体自身意识不到的攻击行为倾向，这种潜意识中的攻击行为倾向就可理解为内隐攻击性。目前研究者使用最多的就是采用直接的再认测验，结合间接的偏好判断这种任务分离方法来实现研究目的。

四、内隐联想测验

内隐联想测验（Implicit Association Test，简称 IAT）是格林沃尔德（Greenwald）等提出的一种通过测量概念词（如自我词与非自我词、男姓名与女姓名等）和属性词（如攻击词与非攻击词、身体攻击词与言语攻击词等）之间评价性联系，从而对个体的内隐态度等内隐社会认知进行间接测量的新方法。内隐联想测验在既有反应时范式的基础之上，对传统的反应时方法加以改进和发展，把实验设计的思想运用于测量之中。内隐联想测验一般都在计算机上进行，研究者通常采用汉化了美国 Inquisit 专业软件进行 IAT 程序的实施。最后的结果有规范化的记分方法。有学者认为，内隐联想测验是目前测量个体内隐社会认知的最好方法。

（褚跃德　张东）

本章要点

1. 攻击是指有意识地使他人身体和心理受到伤害的行为。极端的、严重的攻击行为就是暴力。体育运动中任何形式的攻击行为都是违背体育道德的行为，它不仅危害社会，也阻碍运动项目本身的发展。

2. 攻击行为具有四个特征，即它是某种行为表现，具有明确意图，施加给生命体，并且是攻击对象欲以逃避的。

3. 与攻击行为相区别，果敢行为是指运动员为赢得胜利而不顾受伤或伤人的危险，用合理行动奋勇拼搏的行为。

4. 根据攻击者采取攻击行为时目的的不同，将攻击分为敌意性攻击和工具性攻击；根据行为起因分为主动性攻击和反应性攻击；根据表现方式分为身体攻击和言语攻击。

5. 攻击行为通过增加愤怒情绪和提高生理唤醒影响运动表现。它可能增强，也可能破坏运动表现。但攻击者迟早要为自己的行为付出代价。

6. 诱发攻击行为的因素主要有：①个人因素：对受害者意图的感知，害怕报复，目标定向，唤醒水平；②客观因素：环境的温度，比赛的结构，竞争、相互熟悉和比赛次数；③社会环境因素：运动员家庭教育的方式，教练员的态度，观众的态度及行为以及去个性化等。

7. 考克斯分别提出了减少运动员和观众攻击与暴力行为的行动策略。

8. 为了理解攻击的实质和攻击产生的原因，心理学家提出了四种攻击理论。本能论认为攻击行为是先天的本能，比赛中袭击对手的行为使运动员合理地宣泄了被压抑的攻击本能；社会学习理论认为，攻击行为是通过观察他人的行为，然后在个体出现类似行为时受到强化而学习获得的；道德分析理论认为个体愿意参与攻击的程度与其自身所处的道德分析的阶段有关；修正的挫折－攻击理论认为挫折通过提高人的唤醒水平或增加人的愤怒情绪，提供了“攻击的准备”，攻击行为的实际发生，必须有某些刺激因素作为攻击行为的线索，这些线索诱发攻击行为。

9. 测量攻击行为的方法有问卷法、投射测验法、任务分离法和内隐联想测验等。

思考与作业

1. 什么是攻击行为？举例说明什么是敌意性攻击、工具性攻击和果敢行为。

2. 试分析攻击行为的危害。

3. 攻击行为的本能论和社会学习理论有何本质不同？

4. 为什么修正的挫折—攻击理论被认为是目前学者们普遍认同的攻击理论？

5. 就自己所喜爱的运动项目，分析在什么情境下运动员或观众易产生攻击行为。假如你是教练员，应怎样减少运动员和观众的攻击行为。

第十四章　体育教学中的心理学问题

【内容提要和学习指导】

体育教学是促进学生全面发展的重要手段，其中存在的许多心理学问题亟待研究和解决。通过本章的学习，您可以了解如何在体育教学过程中发展学生的心理过程，如何针对学生的个性差异因材施教，以及哪些方法符合心理学规律，从而有助于提高体育教学效果。学习本章时，您可以在掌握学生心理规律的基础上，学会灵活合理地应用各种教学方法，解决学生在体育学习过程中遇到的具体问题。

体育教学与其他教学过程有着明显的不同。研究和阐明体育教学的心理学问题是为了更深入地探索其内在心理学的因素和规律，为体育教学提供心理学依据，以便更好地实现学校体育教学的目标和心理建设功能。

第一节　如何利用体育教学发展学生的心理过程

体育是通过身体活动对人进行的全面教育。体育教学是在体育教师和学生的共同参与下，通过运用适当的方法，教师指导学生掌握体育和卫生保健知识、基本的运动技术和技能，增强学生体质，培养体育能力和良好的思想品德的一种有组织的教育过程。

一、如何利用体育教学发展学生的认识过程

（一）动觉和专门化知觉的作用与培养

1. 动觉的作用是什么

动觉也称运动觉或本体感觉，它负责将身体运动的信息传入大脑，使个体对身体各部位的位置和运动有所觉知。动觉由肌觉、腱觉、关节觉和平衡觉 4 者结合而成。身体活动时，肌肉与肌腱的扩张与收缩，以及关节之间的压迫，产生刺激，引起神经冲动，传入中

枢神经系统而引起动觉。运动动作离不开动觉的帮助。动觉的培养和提高是发展高水平运动技能的关键。

2. 动觉的培养

张力为提出，系统地进行身体练习是提高动觉敏锐度的有效方法。动觉的敏锐度是在从事各项运动中逐渐发展起来的。动觉敏锐度的高低又直接影响着运动者的运动成绩。

让儿童在早期阶段就参加各种体育活动，有助于他们发展动觉。培养他们对体育活动的浓厚兴趣也有助于提高其动觉。

在体育教学中，为了有效地完成各种动作技能，学生必须清楚地感觉到自己的动作，并能通过自己的感觉线索来支配动作。但是，由于动觉具有清晰度较弱的特点，所以，要清晰地获得各种运动感觉，学生就必须反复和经常分析自己的感觉。同时，为了使学生在学习每一个动作时一开始就做得很好，教师必须对学生作有效的指导。当然，最终必须使学生知道正确地完成动作会有怎样的感觉；为在以后复制出这个动作，还必须要求学生记住做动作时的各种感觉。

教师还可以通过引导学生相互交流或心理演练的方式，帮助他们更加清晰地意识到完成正确动作时的动觉。

3. 专门化知觉的作用是什么

专门化知觉就是专项运动对运动员心理要求的一个重要方面，它是运动员在运动实践中经长期专项训练所形成的一种精细的综合性知觉，能对自身运动和环境线索（器械、场地、运动媒介物质）做出敏锐和精确的识别和觉察。专门化知觉具有以下三个特点。

第一，专门化知觉具有综合性，往往依赖多种分析器的同时活动。例如游泳运动员的水感，包括对水的触觉、温度觉、对环境的视觉、对自身运动的动觉以及速度知觉等。

第二，专门化知觉具有专项性，不同的分析器依专项特点而在不同的专门化知觉中起不同作用。平衡觉在跳水、体操项目中具有重要作用，但对射击、射箭就不那么重要。

第三，除智力运动项目外，在所有运动项目中，动觉都是专门化知觉的主要因素。冰上运动项目的“冰感”，球类项目的“球感”，各种使用专门器械的运动项目的种种“器械感”，射击、射箭、跳水等项目运动员的“动作感”，等等，都以高度发展的动觉为基础。

4. 专门化知觉的培养

张力为指出，专门化知觉的培养要从专项性入手，促进以动觉为中心的综合性发展。

美国职业篮球队的每次训练都是从熟悉球性的练习开始。每人一球，进行类似杂技的随意耍弄，以此达到熟悉球性的目的。足球运动员的颠球也是熟悉球性的练习。联邦德国击剑教练员贝克通过培养运动员的“距离感”，利用距离的变化来控制对手和实施战术，利用“剑感”训练来提高队员快速、连贯的击剑能力。射击运动员能够在每发子弹射出后，根据自己的动作情况较准确地说出弹着位置。这种被称为“预报”的能力，就是一种对自我动作的精细专项感知觉。射击训练所采用的“夜训”“盲训”等训练方法，也是着眼于培养运动员全身，特别是手臂、手腕及手指在持枪过程中的特殊动觉。张忠秋认为，“弧线助跑时间节奏、垂直空间及过杆时的身体弓桥感知觉”是背越式跳高项目的专门化知觉。

他们在跳高教学与训练中通过培养这几方面的感知觉能力去帮助学生掌握专项运动技能，收到了较好的教学效果。

苏联学者拉托夫提出的训练理论和方法是对传统运动训练的一场革命。传统的运动训练是以运动负荷对有机体施以刺激，获得超量恢复，机体的力量水平得到提高，从而使运动成绩提高。但在有些项目中，如何使力量转化为速度一直是一个难以解决的问题。拉托夫的训练理论是，运动员要使速度提高，必须打破现有速度的感觉，建立一个新的、更高速度的动作感觉，力量才有可能发挥出来。他在跑道和泳道上空架设专门的设施，放下一根绳子，挂在运动员的身上，绳子可随运动员向前运动。绳子的目的是减轻一点运动员的体重，使他现有的肌肉力量能获得更高的速度，获得一个新的高于原来速度的动作感觉。当新的动作感觉完全建立和巩固后，逐步减少外力帮助，直至最后恢复到运动员最初的体重。该理论强调动作感觉的重要性。在这种理论和方法的指导下，诞生了一批世界冠军。

（二）动作记忆的规律与巩固

记忆是指在头脑中积累和保存个体经验的心理过程，包括识记、保持、再认和重现四个环节。用信息加工的术语来讲，记忆就是人脑对外界输入的信息进行编码、存储和提取的过程。动作记忆指以自己做过的动作、运动及其系统为内容的记忆，其生理机制是动力定型的建立与保持。动作记忆与情绪记忆、形象记忆、语词逻辑记忆有明显的区别，与肌肉活动密切相关，特点是容易保持和重现。

1. 动作记忆的保持和遗忘

对于记忆的遗忘现象最早系统地加以研究的是 19 世纪末德国的心理学家赫尔曼·艾宾浩斯（Hermann Ebbinghaus）。他在用实验方法来研究无意义音节的记忆时，发现了著名的“遗忘曲线”（或称“保持曲线”）。这个曲线表明，遗忘发展的规律是先快后慢。继艾宾浩斯之后，许多人重复验证了他的实验，都证实无论是无意义材料，还是有意义材料，无论采用哪种实验方法，遗忘进程都有先快后慢的规律。

我国学者许尚侠的研究却表明，对动作的遗忘进程不同于对语词的遗忘进程，具体研究结果如下：动作记忆的遗忘量远远少于语词记忆的遗忘量；动作遗忘的进程不同于语词遗忘的进程，尤其是在开始部分（图 14–1）艾宾浩斯遗忘曲线呈 L 形，动作遗忘曲线呈 V 形，即动作的遗忘在开始时，经过了一个大起大落之后才随着时间的推移逐渐缓慢地减少遗忘量。动作学会后，间隔 1 天的遗忘量最大，间隔 2 天的遗忘量最小，间隔 6 天的遗忘量比间隔 2 天的遗忘量显著增多，间隔 31 天的遗忘量比间隔 6 天的遗忘量也有所增加，但增加的幅度并不大，而间隔 31 天的遗忘量却较明显地少于间隔 1 天的遗忘量；具有共同趋势：无论是体育学院学生还是师范学院学生，他们动作操作的遗忘进程具有共同趋势。

2. 动作记忆的巩固

良好的动作记忆是学生掌握动作技能、完成体育教学任务的重要条件。因此，唐征宇认为体育教师应该做到如下几点。

（1）保证学生运动表象形成的准确性。

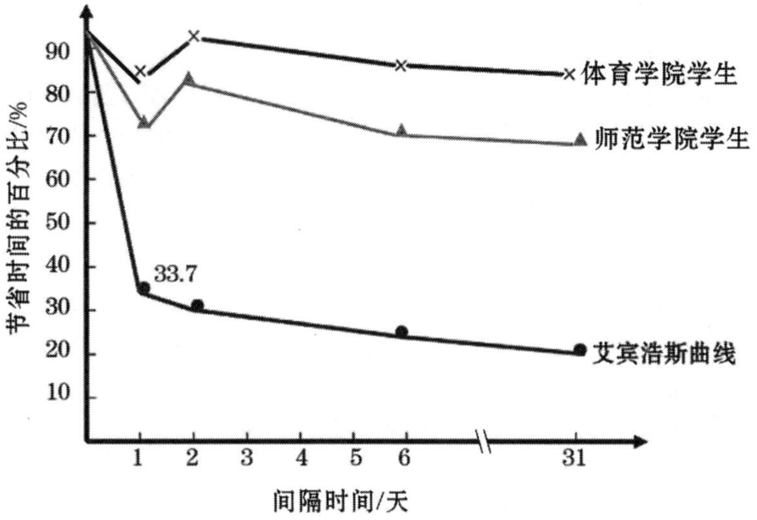

图 14–1　动作操作遗忘曲线与艾宾浩斯遗忘曲线

（资料来源：祝蓓里，季浏 . 体育心理学新编 [M]. 上海：华东师范大学出版社，1995.）

表象是指在知觉的基础上，头脑中所呈现出来的事物形象。在体育教学中，运动表象是学生掌握动作技能的精确性和正确性的重要保证。只有在清晰、稳定、准确的运动表象基础上才能形成正确的运动记忆。当进行运动记忆时，必然会有相应的运动表象出现，并伴有熟悉感。而动作记忆的加强，又反过来促进着运动表象的完善和精确，并将它牢固地储存下来。

（2）讲解与示范后立即进行动作练习。

体育教学中，教师示范后应使学生在最短的时间内及时进行模仿练习。因为间隔时间过长，视觉表象会发生动摇或模糊，以此为线索进行模仿练习难以保证准确性，或容易出现错误，从而影响到运动表象的正确形成。

（3）动作练习要达到过度学习程度。

一般认为，对材料的识记没有一次能达到无误背诵的标准，称为低度学习；如果达到恰能成诵之后还继续学习一段时间，称为过度学习。过度学习并非浪费时间和精力，在一定范围内，动作保持量是随着练习次数的增加而递增的。因此，递增练习的重复次数，应达到比对所学动作刚刚能充分再现的次数还要多的程度，这样才能使运动形象牢固地储存在动作记忆之中。但是，这并不意味着动作的练习重复次数越多越好。而且重复练习应当保证质量，避免错误。

（4）选择识记动作的最佳时间，避免前摄抑制和倒摄抑制。

先前学习的材料对回忆后继学习材料的干扰作用，称为前摄抑制。如刚学会了单杠挂膝成骑撑，紧接着就学习单杠骑撑上动作，前者将对后者的学习起到消极（妨碍）的作用。

后继学习的材料对保持或回忆先前学习的材料的干扰作用，称为倒摄抑制。例如，掌握了短跑途中跑的“高重心、摆动式”跑法之后，再回到篮球场上，就对已掌握的屈膝低重心的徒手移动产生消极影响。

动作的保持，取决于识记动作前后随之发生的活动的性质。识记新动作应在精力充沛、注意力集中、情绪高涨、兴趣浓厚的条件下进行，并以安排在课的基本部分前阶段为宜。在同一次课上先后识记的两种材料，应当按照先难后易的原则加以安排，即先学习新授的、难度较大的动作技能，然后复习已初步掌握的动作技能更为适宜。

（5）掌握遗忘规律，正确、及时地复习。

体育教学中，动作记忆需要各种感知觉，特别是视觉和动觉的协调配合，对动作技能学习过程中复习时间的安排，也不能完全套用“复习时间越早越好”的观念，而应在学习动作后的两三天内有组织地指导学生练习，提高动觉控制能力。复习方法要多样化，以激发学生兴趣，增加新颖感，改变单纯个人练习的缺点。而且，体育教师应当明确，在学习动作技能的不同时期，复习的作用与目的是不同的。在开始阶段，复习是为了检查运动表象的准确性，在基本掌握动作后，复习则是用以补充在已经建立的运动表象中出现的各种遗漏。

（三）操作思维的特征与训练

1. 操作思维的特点

操作思维是指反映肌肉动作和操作对象活动的规律及其相互关系的思维活动。其中有形象思维和抽象逻辑思维的成分参与，有过去的知识经验作为中介，有明确的自我意识（思维的批判性）的作用。运动员掌握运动技能和表现运动技能，都需要发达的操作思维作为认识基础，这在开放性运动技能中表现得尤为突出。

（1）操作思维与运动操作水平并不一定成正比。

鉴于操作思维在运动技能中的特殊作用，可以设想，在运动员认知特征的评定中，操作思维测验应比一般智力测验具有更好的预测效度（predictive validity）。许尚侠曾用三个筹码测验对篮球运动员进行研究，结果发现，专业篮球运动员操作思维的步数和时间两方面的成绩均明显比体育学院篮球班学生好，体院篮球班学生操作思维的步数和时间两方面的成绩均优于师范学院非体育专业学生，说明操作思维与运动操作水平有一定关系。

邱宜均对302名甲级排球运动员的操作思维能力进行了研究，加上对照组共计1506人，所用方法也是三个筹码测验。结果发现，甲级排球队运动员的操作思维能力较一般操作职业的工人好，但较大学业余排球队学生和普通大学生差，而且，运动员的操作思维测验成绩与运动训练年限及短期排球训练也无明显关系，这一研究结果与许尚侠的研究结果明显不同。

周百之对不同水平的乒乓球运动员进行的研究也表明，操作思维测验的成绩从好到差的顺序为：优秀运动员，大学生运动员，一般运动员，即操作思维测验成绩并非与运动水平成正比关系。

现在还很难判断上述三项研究产生矛盾的原因，也许与三项研究中运动员运动水平差异大小、被试的数量以及被试的年龄等因素有关。保守一些说，我们现在还无充分证据说明运动水平越高，操作思维水平也越高。就这一点来看，操作思维测验的预测效度并非预期的那样好。

（2）不同运动项目的操作思维有所不同。

许尚侠还曾对不同项目运动员操作思维的测验成绩进行了比较（各项目被试均为20人，共80人），根据测验结果（表14–1），他认为操作思维与运动操作类型有明显关系。从事同场对抗项目的篮球运动员成绩最好，从事非对抗项目的体操运动员和游泳运动员成绩较差。与此相似，周百之对乒乓球、篮球、网球和中长跑运动员的研究也表明，不同运动项目的运动员，其操作思维测验成绩有明显差异，表现得最为明显的是，球类运动员的操作思维水平优于中长跑运动员（表14–2）。

表14–1　篮球、武术、体操及游泳运动员的操作思维成绩

测验指标	篮球运动员	武术运动员	体操运动员	游泳运动员
步数平均数	8.21	10.56	16.22	17.00
步数标准差	0.64	0.71	0.97	1.12
时间平均数 / 秒	7.52	8.00	15.40	19.10
时间标准差 / 秒	0.66	0.50	0.83	1.04

表14–2　乒乓球、篮球、网球及中长跑运动员的操作思维成绩

测验指标	乒乓球运动员	篮球运动员	网球运动员	中长跑运动员
步数平均数	8.17	8.89	10.06	18.9
步数标准差	0.68	0.77	0.81	1.23
时间平均数 / 秒	7.51	8.61	8.96	21.02
时间标准差 / 秒	0.59	0.71	0.78	1.14

2. 操作思维的训练

操作思维的特点提醒我们要重视操作思维训练，同时要注意因材施教。那么，体育教师应怎样掌握和善于运用多种操作思维训练的方法，更好地促进学生操作思维的发展呢？殷恒婵介绍了几种操作思维训练的方法。

（1）逐步启发诱导法。

这是在体育教学过程中，结合动作的每一个进程，恰当地向学生作启发性的提示或针对性的提问，引导学生把动作学习与思维紧密结合起来的方法。教师可以运用语言启发、示范启发、练习启发等多种形式启发学生开阔思路，并培养学生独立思考和解决问题的能力。例如，在教前滚翻动作时，可向学生提出前滚翻为什么要团身的问题，在学生积极思考的基础上，教师再进一步提出“团身”要怎样才团得紧，这样连续的启发诱导，形成一个由浅入深的问题链，可以构成发展学生思维的阶梯，有助于充分调动学生思维活动的积极性。

（2）语言强化法。

语言强化法是指借助语言来进行思维的方法。语言对运动表象的形成及动作概念的完善起着重要的作用。在教学中经常采用让学生讲述自己对动作要领的理解、身体练习的感受、产生错误动作的原因等方式，也有助于通过强化他们正确的语言表述来培养他们独立思考的能力。当学生在练习中出现错误动作及异常表现时，教师立即发出简明、果断、准确、关键突出的指令性信息，有助于指导学生按照正常指令练习，及时纠正偏差。

（3）综合讨论法。

综合讨论法是由教师组织学生综合各种条件对有关体育活动进行讨论的方法。这样可以使学生通过讨论对动作的结构关系及影响因素有一个全面、正确的认识，从而促进运动水平的提高。一般地说，当学生积累了一定的体育活动经验与知识，对某项体育活动有相当程度的认识之后，就可以采用综合讨论法来训练学生的思维。

（4）想象训练法。

想象是一种特殊形式的思维活动。想象过程又受抽象思维活动的控制、调节和支配，因此，想象训练可促使思维经常处于积极状态。具体实施方法见本书中关于表象训练的内容。

从各种训练运动思维的方法中不难看出，运动思维训练的关键在于：善于利用教师的主导作用，充分发挥学生的能动作用，使他们在体育学习之中把动作学习与思维结合起来。

（四）注意的特点与保持

注意是心理活动对一定对象的指向和集中。按照注意有无目的和意志努力程度可把注意分为有意注意和无意注意。有意注意是指有预定目的，需要一定意志努力的注意。无意注意是指事先没有目的，也不需要意志努力的注意。

注意在体育教学中有着极其重要的作用。使学生的注意力集中是组织体育教学的一个重要环节，也是使体育教学顺利进行的重要保证。

1. 注意的特点

不同年龄阶段的学生有不同的注意特点，总体表现为随着年龄增长，有意注意能力越来越强。

（1）学龄初期（小学阶段）。

此阶段的学生无意注意起着很大的作用，有意注意正在开始发展，但是，他们有意注意的稳定性不强，注意分配比较狭窄，内部注意非常弱。所以，体育教师在教学中应该注意，不要强制性地要求学生完成练习不要同时教几种教学内容，尽量不要布置低年级学生对自己的动作进行分析的任务，而应该更多地讲解动作的错误关键所在，多做一些规范化的示范动作。

（2）学龄中期（初中阶段）。

此阶段的学生有意注意有了进一步的发展，学生能够在适当的教学条件下，或在对教材有较强的学习动机的情况下毫无困难地保持有意注意 40 ～ 45 分钟，他们能注意分配和立即把注意转移到有关的对象上。尽管如此，他们仍然容易分散注意。

（3）学龄晚期（高中阶段）。

此阶段的学生具有长时间地保持有意注意的特点，他们的注意稳定性有了很好的发展，注意的范围达到了一般成人的水平，并能够在比较复杂的活动中很好地分配自己的注意。因此，在体育课上他们不仅在教师做示范动作时，而且在讲解动作以及在讲述理论问题时，都能保持稳定的注意。

在体育教学中，不同年龄阶段的学生注意是否集中是可以通过其外部表现来观察和了解的（表 14–3）。

表 14–3　学生注意的外部表现

观察指标	注意分散的外部表现	注意集中的外部表现
眼神	1. 不看教师，眼看别处，无具体目标	看着老师，目不转睛
	2. 目光呆滞，无光少神	全神贯注，跟随动作
面部表情	1. 表情淡漠，无动于衷	侧耳倾听，跃跃欲试
	2. 精神倦怠，无精打采	精神饱满，情绪积极
呼吸	1. 呼吸表浅，节奏紊乱	呼吸缓慢，甚至屏息
	2. 比例改变，吸长呼短	呼吸急促，呼长吸短
声音	1. 低声话语	洗耳恭听，安静无声
	2. 逗嬉吵嚷	情不自禁发出喝彩声
体态	1. 手脚乱动，捣乱，玩器械	静止状态或前倾，靠拢教师
	2. 反应迟钝，懒散甚至停止练习	肌肉适度紧张，动作准确

资料来源：祝蓓里，季浏 . 体育心理学新编 [M]. 上海：华东师范大学出版社，1995。

2. 注意的保持

教师在体育教学中要根据学生的注意特点，利用引起和保持注意的规律，组织好学生的注意。李京诚提出可通过下述方法使学生保持有效的注意。

（1）利用有意注意和无意注意的规律调控学生的注意。

第一，有意注意的利用和保持。有意注意的特点是主体能够主动控制，它是主体意识倾向的反映。要使学生在课堂上注意集中，首先应使他们明确体育学习和锻炼的目的，端正体育学习的态度，认识到体育锻炼的意义、价值，培养他们对体育活动的间接兴趣，使他们能够主动地去控制自己的注意，有意识地把注意指向和集中于教学活动上。注意力是意志力的表现之一，培养学生的意志力，特别是自制力和自控力，也是组织好学生注意的一个重要方面。

第二，无意注意的利用。引起无意注意的因素主要是客观环境的刺激特征和个体的需要、兴趣。改变环境和适当满足学生的需要、兴趣，是利用无意注意的基本原则。美化教学环境，布置好场地器材，选择学生喜好的教学内容，采用多种多样的教法，示范的优美和语言的变化，把教学活动组织得新颖、有趣且富有吸引力等，有利于引起学生的无意注意。但教师不可浓妆艳抹、奇装异服，分散学生的注意力。

（2）引导学生交替使用有意和无意注意，提高学生注意的稳定性。

有意注意是学生能够主动控制的注意，但消耗的能量大，易造成学生的精神疲劳，不同年龄的学生有意注意的时间也不相同。而无意注意则可在不疲劳的情况下保持较长的时间。因此，体育教学不能只要求学生尽力运用有意注意。体育教学应以调动学生的有意注意为先导，加强学习目的和锻炼价值的教育，使学生的注意指向于教学的任务，保持主要教材和身体练习的有效进行。同时也要根据学生的年龄心理特征，采用灵活多样的教学方法，变换练习的环境和条件，满足学生的兴趣，诱发他们的无意注意，弥补有意注意时间有限的不足，调节他们的精神疲劳，延长学生的注意时间。

二、如何在体育教学中调控学生的情绪

体育教学的效果与学生的情绪因素有直接的关系。学生放松、乐观等积极情绪会对教学效果产生积极影响；而焦虑、挫折感和恐惧感等消极情绪会不同程度地制约教学效果。因此，教师应有针对性地选用合适的方法来调节和控制好学生的情绪，逐渐排除学生在体育学习中的消极情绪障碍，提高学习效率，促进学生身心健康成长。

（一）体育学习中的焦虑及其控制

1. 体育学习中的焦虑

焦虑是一种主观上能够意识到的恐惧不安的情绪状态，常伴有躯体的激活反应。它常常是在个体自认为对危险或威胁的情境无能为力，自尊心、自信心和自我价值受到损害时产生的。在体育教学中，由于所学技术动作的难度与危险性，运动负荷的增加，考核、竞赛，教师的评价，甚至是在同学面前完成技术动作等，都可能使学生产生自尊心、自信心受到威胁或者有惧怕受伤的心理，从而导致焦虑的产生。

2. 体育学习中焦虑的调控

李京诚指出可以从以下四个方面调控学生的焦虑。

（1）转变学生的消极认知。

消极的情绪产生于消极的认知以及对结果的消极解释。因此，调控学生焦虑的首要问

题是转变学生的消极认知。要使学生克服体育学习无用的观念，纠正对体育学习厌烦、轻视的态度，调整好学生体育参与的心态，防止动力不足和厌倦性焦虑的出现，也要防止体育学习的目的不纯或动机过于强烈造成的焦虑出现。

（2）培养学生的自信心。

学生感到自己的价值受到别人怀疑或受到贬低，其自尊就会受到损伤，就会产生焦虑。对自尊心较为有效的保护办法就是提高自信心。培养学生自信心时，首先，要使每个学生都明白他们的体育学习的潜力是很大的，远没有挖掘出来。因此，对自己的能力要充分地相信，要利用体育学习来发展这种能力，发展自己的自信心。其次，要结合学生实际给学生设置具体、可控、个体化、操作性的学习目标。再次，让每个学生都体验到成功。成功—肯定期望—自信提高—成功，这种周而复始的循环往复，对提高学生的自信心是很有作用的。

（3）积极鼓励，肯定暗示。

暗示对人的影响是巨大的，但它的作用有积极的，也有消极的。消极的暗示往往易产生焦虑和紧张，而积极的暗示可以使人产生积极的思维，消除或减轻焦虑。因此，应给予学生积极、肯定的暗示，对学生的心理给予积极的影响。教师还应培养学生发展积极、肯定的自我暗示，用肯定的语词来激发自己，控制心理和生理反应。

（4）化解消极的突发事件。

体育教学中，可能会发生某些突发事件，如某同学从器械上掉下来或某同学在短跑中摔了一跤。意外事故的发生，会对其他同学的心理产生消极的影响，使他们出现过高的焦虑情绪，害怕自己也产生相同的事故。作为体育教师，应善于化解此类突发事件，减少或避免它的消极影响，通过分析事故产生的原因，强调动作的方法、要求，强调果断、自信、注意集中的重要性，利用突发事件来提高学生的应对能力。

（二）体育学习中的挫折感及应对方法

1. 体育学习中的挫折感

体育学习中的挫折感主要是指学生在体育学习动机引发下，在实现体育学习目标的行为活动过程中受到阻碍或干扰，从而在内心中产生的不快或苦闷。挫折感有两种含义：第一，是指使个体动机性行为受阻的情境；第二，是指个体动机或目标行为受阻而引起的情绪状态。

在体育学习中引起挫折的因素很多，造成挫折感的轻重程度也各不相同。概括起来大致分为两类：一类是客观因素，包括自然和社会环境两个方面。例如，由于气候不适宜、器材有问题，或者是由于师生之间、学生之间的关系紧张，使得学生的目标行为受到阻碍，从而产生挫折感。另一类是主观因素，如由于运动能力的限制，身高、体重等的影响造成的体育目标无法实现，从而产生了挫折感。

2. 挫折感的应对方法

挫折忍受力是指个体遇到挫折情境时，能摆脱其困扰而避免心理与行为失常的能力，亦即个体经得起打击或经得起挫折的能力。人对挫折的忍受力是有差别的，这种差别是由多种因素引起的，如神经类型的特点、生理的条件、个人过去的挫折经验及对挫折的主观评价等。

除了经常向学生讲明人的一生要遭遇到很多意想不到的挫折的道理和介绍自我调节的心理方法外，更主要是有意设置“反向”情境。“反向”是设置挫折情境的一个原则，即在学生需要、兴趣相反的方向上安排练习，阻碍他们的愿望、目标的实现。挫折情境的设置可以从以下几个方面考虑。

（1）天气气候。

“冬练三九、夏练三伏”，在气温较高的阳光下，在气温较低的风雪里，坚持在室外上课，身体练习时，不躲太阳、不避风雪，利用自然条件进行锻炼。

（2）场地器材。

在现有场地器材的情况下，要求学生该练习的动作一定要做，该滚翻的要滚翻，铅球必须要贴在腮部，不能怕脏、怕凉、怕硬、怕粗糙等，不能在场地器材方面放松要求。

（3）技术要求和运动负荷。

在掌握学生机能情况的前提下，技术动作的标准和运动负荷的要求不能任意降低，有时甚至要有意识地加大运动负荷，提高技术的标准，让学生付出更大的努力。

（4）练习内容、手段。

有时，要有意识地安排学生不愿意练、怕练的内容和手段来进行练习，要求学生必须完成，如安排学生绕田径场跑圈，让他们体验不愿练、怕练也得练的滋味。

（5）机体状况。

有意识地安排学生在疲劳、饥饿的情况下进行锻炼，要求学生越是在疲劳、饥饿的情况下越是要坚持。

（6）测验、竞赛。

测验时，学生的成绩会有好有坏，比赛也会有输有赢。如何对待不好的成绩，如何对待比赛的失利，在这种情况下如何保持心理平衡，就是对学生心理上的一个考验和锻炼。

（三）体育学习中的恐惧及其消除

1. 体育学习中的恐惧

李京诚指出，体育学习中的恐惧主要是指学生由于缺乏运动能力而产生的对某个动作或某个练习的害怕情绪。当学生认为自己的体能水平或完成技术动作的能力与技术要求相差较大，担心自己会出现伤害事故，恐惧就会产生。

2. 恐惧的消除

一般来说，当学生的运动能力得到提高，具备了应对难度较大和有一定危险性的动作能力时，恐惧心理就会逐渐消失。因此，提高学生的运动能力是消除学生恐惧心理的主要策略。

一方面，教师应根据学生的运动能力和掌握技术的情况循序渐进地进行教学，使学生心理上对技术的难度逐渐适应。另一方面，要加强保护帮助，使学生在练习时有安全感，能够大胆地进行练习，体会动作感觉。

在进行难度较大的动作教学时，教师的讲解和示范要表现得轻松、自然、协调、自信，富有鼓动性，这不仅能使学生获得正确的视觉表象，而且有助于减轻他们的恐惧情绪。练习中，要针对不同的学生给予积极的鼓励或肯定的暗示，提高他们的自信。对动作完成不好的同学、胆小的同学，不能讽刺、讥笑，应给予更多的体贴、关心和鼓励。

三、如何在体育教学中培养学生的意志

（一）体育教学中的意志

意志是人为了一定的目的，自觉地组织自己的行为，并与克服困难相联系的心理过程。包括自觉性、果断性、自制性和坚韧性等几方面。

体育一般都具有艰苦、疲劳、激烈、紧张相对抗以及竞争性强的特点。学生在参加体育锻炼时，总是伴随着强烈的情绪体验和明显的意志努力。因此，通过体育运动，有助于培养学生勇敢顽强、吃苦耐劳、坚持不懈、克服困难的思想作风，有助于培养团结友爱、集体主义和爱国主义精神，有助于培养机智灵活、沉着果断、谦虚谨慎等意志品质，使学生保持积极、健康、向上的心理状态。

（二）意志的培养

在体育教学中培养意志品质的方法主要有以下几种。

1. 让学生明确学习的目的，提高学习的自觉性

只有让学生明确学习的目的是掌握体育的知识、技术、技能，增强体质，将来成为国家建设的合格人才，才能激发学生自觉地培养自己的意志品质。

2. 利用课堂教学手段培养学生的意志品质

首先，利用竞赛法培养学生的意志品质。竞赛法是在比赛的条件下进行的一种方法，它能使学生在竞争条件下进行学习。其次，还可利用游戏教学法培养学生的意志品质。所谓游戏法就是指以游戏的方式组织学生进行练习的方法。它使学生在条件变化的情况下掌握和运用体育的知识、技术、技能，培养机智、灵敏和独立创造能力；培养集体主义精神，自觉遵守纪律和勇敢、果断的意志品质。

3. 选择适当的体育项目培养学生的意志品质

在体育教学中对学生优良意志品质的培养，应注意以下几个方面的培养。

（1）自制性的培养。它是意志行动中善于控制自己的情绪并有意识地约束自己言行的能力。如在足球或篮球比赛中，教师可故意错判、漏判等，使学生在有意无意中控制自己的情绪，以达到自制的能力。

（2）顽强毅力的培养。它是战胜一切困难的保证，是不屈不挠、坚持不懈地克服困难的一种精神。教学中学生在已经疲劳或情绪低落时，教师再布置一定的内容使其完成，或在气候、场地条件恶劣的情况下进行练习等，以此来培养学生顽强的毅力。

（3）果敢性的培养。是在行动时当机立断，毫不迟疑，即使意识到危险的存在，也毫不犹豫地去执行的一种行为。如在撑竿跳高、跨栏、鞍马、跳水等项目，有意识培养学生的果敢性。

（4）主动自觉性的培养。主动性是指一个人在遇到困难时有意识地接受它，并以认真负责的态度来完成困难任务的一种表现。而自觉性是指一个人在行动时有意识、有目的地去完成自己所从事的行为，并能充分意识到自己的行为对社会所产生的意义。在教学中，可以有意识地给学生布置些课后作业，使其对课堂所学内容及时巩固复习，对动作难度自己进行揣摩，以此达到自觉主动锻炼的目的。

4. 气候、环境、器材设备的优劣也是培养学生意志品质的一个重要方面

让学生在不利的条件下训练，能培养其勇敢顽强、不畏困难的意志品质。

第二节　如何针对学生的个性差异进行教学指导

在心理学界，关于个性的定义有许多，下面的定义反映了多数学者的看法，即：个性，也可称人格，指一个人的整个精神面貌，即具有一定倾向性的心理特征的总和。个性差异又称人格差异，指个性特征在个体之间所形成的不同品质。个性结构是多层次、多侧面的，由复杂的心理特征的独特结合构成的整体。这些层次有能力、气质和性格等。这些特征不是孤立存在的，而是错综复杂交互联系，有机结合成一个整体，对人的行为进行调节和控制。

一、体育能力的差异与教学指导

（一）什么是体育能力

能力是一种心理特征，是顺利实现某种活动的心理条件。能力是在人的生理素质的基础上，经过教育和培养，并在实践活动中形成和发展起来的。体育能力即体育运动能力，是一个人顺利完成体育运动活动任务所必备的生理特征。体育运动能力由心理运动能力和身体的熟练运动能力所构成，其中心理运动能力又可分为一般体育能力和特殊体育能力。

一般体育能力是指从事各种体育活动都必须具备的能力。它主要指动作感受性的敏锐度，知觉的广度和深度，表象的完整性和清晰性，反应的迅速性和准确性，操作思维的敏捷性和实效性，动作记忆的及时性和准确性，以及想象力和注意力等方面的心理机能。特殊体育能力是指从事专门体育活动所必须具备的能力，又称专项运动能力，因体育项目的特点不同而各不相同。比如，从事体操运动（非周期性运动项目）主要应具备的特殊体育能力，包括肌肉用力感（用力的准确性）、平衡感、空间定向（方位知觉）能力、动作反馈能力、时间节奏感或韵律感、运动表象的完整性和清晰性以及动作短时记忆的准确性等，其中以前五项尤为重要。

（二）针对不同体育能力的教学指导

学生体育能力可概括为体育认识能力、身体运动能力、自我锻炼与评价能力和自我调节能力四个要素。这四个要素的结构差异，反映着学生体育能力的差异。这四个要素在不同的学生身上形成了不同的组合，从而造成了体育能力的差异。根据体育能力的差异，可以将学生大致分为以下三种类型。

1. 体育优等生的特点及教学指导

这类学生的四个要素基本上已经形成了最优化组合，他们具有较强的体育能力，主要表现为体育知识和技能达到熟练程度，并能在实践中加以灵活运用；体育学习和锻炼积极主动，分析问题和解决问题的能力以及自我调节和自我评价的能力较强；掌握新技能既快又好。对这类学生教师可以对他们提出更高的目标和要求，并安排一些难度较大的动作技能，激发他们的学习动力，提高他们的学习兴趣；可以安排一至几名基础较差的学生由他们负责指导，培养他们善于帮助他人、同情“弱者”的意识和行为，这有助于调动他们的学习积极性。

2. 体育差生的特点及指导

这类学生明显跟不上学习的进度，体育学习成绩较差，其原因主要有体能和运动技能基础较差，缺乏自信；学习态度不端正，学习不认真，意志品质比较薄弱等。对待前一类学生，首先要提高他们的自信心，对他们通过努力后所取得的进步都应给予及时的表扬和鼓励，使他们体验体育学习的成功感和乐趣，增强体育学习的自信心和自尊心；对于后一类学生，要教育他们认识到参加体育学习和锻炼的重要性，并让他们从体育学习和锻炼过程中体验到体育活动的乐趣和益处，激发对体育活动的兴趣，提高参与体育活动的主动性和积极性，同时，培养他们勇于面对困难、克服困难的意志品质。此外，对于体育差生，除了由优等生负责帮助外，教师要给予他们特别的指导，并要在同学中消除对他们轻蔑的思想，努力营造民主、平等、友好的课堂教学氛围。

3. 体育一般生的特点及指导

这类学生的体育能力的四个要素组合处于一般状态，能基本完成教师的要求和任务，但学无余力，学无特长，学习效率不高。其中绝大部分学生态度尚认真，但体育能力较差，学习方法单调，体育知识和运动技能不扎实。对这类学生，要提出明确的学习目标，鼓励他们改进学习方法，提高学习效率，争取更大进步。同时，要针对他们存在的主要问题加强指导。

体育教师在教学中对上述三类学生要平等对待、因材施教，促进每一个学生在原有的基础上取得更大的进步，绝不能陷入“区别对待”的误区。

二、气质类型的差异与教学指导

（一）气质类型的差异

气质就是心理活动的速度、强度和倾向性的动力特征表现。根据希波克拉底体液说分类，气质可分成四种类型：胆汁质、多血质、黏液质、抑郁质。在体育教学中应针对不同气质类型的学生因“质”施教，正确区分和对待不同气质类型的学生，发扬其在气质上积极的心理动力特征，努力防止和克服其在气质上消极的一面。四种气质类型在行为方式上的典型表现及与高级神经活动对照见表 14–4。

表 14–4　四种气质类型在行为方式上的典型表现及与高级神经活动对照

气质类型	行为方式上的表现	高级神经活动类型
多血质	活泼，好动，敏感，反应迅速，喜欢与人交往，注意力容易转移，兴趣和情绪容易变换，具有外向性	强、平衡、灵活性高（活泼型）
黏液质	安静，稳重，反应缓慢，沉默寡言，显得庄重，坚韧，情绪不容易外露，注意稳定但难于转移，具有内向性	强、平衡、灵活性低（安静型）
胆汁质	精力旺盛，脾气暴躁，情绪兴奋性高，容易冲动，反应迅速，心境变化剧烈，具有外向性	强、不平衡（不可抑制型）
抑郁质	情绪体验深刻，孤僻，行动迟缓，而且不强烈，具有很高的感受性，善于觉察他人不易觉察的细节，具有内向性	弱（抑制型）

资料来源：叶奕乾，孔克勤．个性心理学 [M]. 上海：华东师范大学出版社，1997.

（二）针对不同气质类型的教学指导

四种不同气质类型的学生在体育学习中表现出各自不同的学习方式和风格。

1. 以胆汁质类型为主的学生

这类学生性格热情开朗、精力充沛，情绪发生快而强，言语、动作急速而难以自制，内心外显，直率、易怒、急躁、果断。他们会在节奏快、刺激强的体育活动（如足球、篮球、体育游戏等）中表现出情绪高涨，学习积极性高，主动参与性强，掌握技术动作快等特点。相反，对动作节奏慢而细腻的武术、体操则表现出缺乏学习的热情，动作比较生硬，注意力集中时间短，无耐心，易急躁，掌握技术动作也慢。

对这类气质的学生要充分肯定他们积极、热情的优点，同时，适当控制他们的兴奋点，培养其自制力，适当的时候要对他们进行批评教育；准备活动可以相对短些，讲授新动作可以完整教法为主或缩短分解练习的过程；尽可能通过规则、程序来培养他们的耐心、沉着、稳健的品质；要求他们练习动作时注意动作的细节部分，提高动作的规范；在安排对抗性练习时，应尽量避免两个胆汁质类型的学生在一起，同时，还要注意安全教育，培养他们的自我保护能力，克服盲目自满情绪的产生。

2. 以多血质类型为主的学生

多血质的学生活泼好动，情绪发生快而多变，表情丰富，反应灵敏，易适应新环境，但注意力不稳定、易被转移。如果对他们缺乏适当、及时的教育，就可能导致其学习肤浅。这类学生不愿学习单调的动作，对难度大的动作有浓厚的兴趣，喜欢自己尝试新动作。

对这类气质的学生要教育他们明确学习目的，培养他们认真钻研的学习精神，保护他们的学习热情；注意选择多种教学内容，采用灵活多样的教学方法，以提高他们的学习兴趣；当他们对动作技能掌握到一定程度时，应对他们提出更高的要求，使他们不要满足于现状，要更上一层楼；对他们在练习过程中存在的问题及时给予指正。

3. 以黏液质类型为主的学生

这类气质的学生情绪较稳定，不易外露，耐受力强，体育学习较踏实，但灵活性不高，学习有惰性，缺乏主动性；注意力较集中，但不易转移；学习难度较大的动作时常常表现出畏难情绪，有时逃避练习。然而，对所学的动作一旦产生了兴趣，则能积极、主动、较久地进行学习，但掌握动作速度较慢。

对这类气质的学生应帮助他们树立学习的信心，启发他们积极思维，促使他们踊跃参加体育活动；准备活动时间相对长些，在学习初期要给予具体细致的指导，要多采用分解教学法，并给予他们足够的思考时间；学生一旦初步掌握动作后，可让他们以自主练习为主；采用游戏法、竞赛法来提高他们的兴奋程度，并让他们练习灵活性要求高的动作。

4. 以抑郁质类型为主的学生

这类气质的学生情绪敏感、情感丰富、稳定细心、观察力敏锐，但有胆小怕事、不爱交际、孤僻、怯懦、多疑的倾向，且学习动作反应迟钝、灵活性差，学习信心不足，缺乏主动性，不会主动寻求老师和同学的帮助和指导，经常出现“站课”“混课”等不良现象。如缺乏特别的关心和帮助，他们可能会失去体育学习的自尊心和自信心。

对这类气质的学生，应当鼓励和培养他们勇敢、大胆、果断的精神；应主动对他们的体育学习进行指导和帮助，特别是在学习新动作时要对他们作耐心的指导；多采用正误对比的示范方法，引导其建立正确的运动表象；采用连续变换的练习方法，提高他们的学习积极性；必要时可适当降低要求或放慢学习速度；对于微小的进步，教师应及时给予鼓励和肯定，使他们产生体育学习的成功体验和乐趣，树立学习的信心。

需要说明的是，气质本身并无好坏之分，每一种气质类型既有其积极的一面，也有消极的一面。每一种气质类型都有可能发展成优良的品质或不良的品质。在体育教学中，教师应了解学生的气质类型，正确对待学生的气质特征，掌握不同气质类型学生不同的学习特点和学习态度，有针对性地采用灵活多样的教学手段，通过充分发挥每个学生的潜在的运动能力和心理品质来提高学习效果。

三、性格类型的差异与教学指导

（一）性格类型的差异

性格（character）是人对现实稳定的态度以及与之相适应的习惯化了的行为方式。性格是多种多样的，是表现人的社会性及精神面貌的主要标志，是个性中具有核心意义的部分。它代表了一个人稳定的、独特的心理风格。性格的分类方式多样，从心理活动倾向性上划分，性格可以分为内倾型和外倾型（表 14–5）。

表 14–5　艾森克对内倾型和外倾型性格特点的描述

内倾型特点	外倾型特点
1. 倾向于事先计划，三思而后行，严格控制自己的感情，很少有攻击行为	1. 总是注意外界所发生的事情，追求刺激，敢于冒险
2. 性情孤独，内省，生活有规律	2. 无忧无虑，随和，乐观，爱开玩笑，易怒也易平息，不假思索地行动
3. 对书的爱好甚于对人的交往，除亲密朋友外，对人总是冷漠，保持一定的距离	3. 有与别人谈话的需要，好为人师，容易冲动
4. 很重视道德的标准，但有些悲观	4. 喜欢变化，有许多朋友
5. 安静，不善于交际	5. 善于交际，不喜欢独自学习

资料来源：叶奕乾，孔克勤 . 个性心理学 [M]. 上海：华东师范大学出版社，1997.

（二）针对不同性格类型的教学指导

不同性格的学生在体育活动中也会表现出不同的特征。

1. 以内倾型为主的学生

这类学生大多遇事沉着，善于思考，但活动呆板、灵活性较差，自信心不强，常常低估自己的能力，敏感性高，意志脆弱，练习过程中对有难度的动作时常产生恐惧情绪，不善于与同学交往。课中最佳学习状态出现较晚，但持续时间较长。

对这类学生要以赞扬和鼓励为主，善于发现他们学习中的细微进步，并给予及时的表扬，同时，对他们在体育学习过程中遇到的困难和问题要给予耐心的指导和真诚的帮助，尽量避免不必要的批评，更不能讽刺挖苦。此外，对他们的体育学习要提出明确的、具体的、切实可行的目标，让他们在完成一个个学习目标的同时，体验成功的乐趣，提高学习的兴趣，增强学习的信心。

2. 以外倾型为主的学生

这类学生大都性情开朗、倔强，学习积极主动，反应较快，练习动作不怯场，不计较小的得失，但往往从兴趣和情绪出发，练习中喜欢表现自己和听表扬的话，容易过高地估价自己和自满；学习缺乏计划性和持久性，最佳学习状态出现得较快，但保持时间较短；乐于帮助同伴，与同学能友好相处。

对这类学生要保护他们学习体育的积极性，不宜对他们进行过多的表扬，防止可能出现自以为是的情绪，对他们的不足之处要及时指出，有时可进行严肃的批评；多采用提示法，如作些简洁的“快”“稳住”等语言提示，使其注意力始终集中在学习方面，以排除外界的干扰；可发挥他们的特长，鼓励他们努力指导和帮助同伴进行体育学习。

第三节　哪些教学方法符合心理学规律

体育教学方法是体育教师、学生和教学情境三者相互作用的过程。体育课的教学效果不仅取决于教师如何教、学生如何学，而且也取决于一定的教学环境。掌握调动师生团体互动的心理气氛的方法和体育教学组织的方法将有助于改善教学环境，提高教学质量。

一、如何营造良好的体育教学心理气氛

（一）体育课堂教学心理气氛的基本含义

体育课堂教学心理气氛是在体育课堂教学中师生所表现出来的占优势的精神状态，是体育教学过程中相对稳定的集体情绪状态，是教学中集体心理动态结构的特点之一，是体育教学活动的心理背景。

体育教学的基本形式是课堂教学。在实现课堂教学任务的过程中，师生之间、学生之间会进行频繁的交往。交往时每个个体本身都带有一定的感情色彩，并具有强烈的感染力。个体之间的情绪情感互相交流、互相传染，造成了心理上的共振、情感上的共鸣。个体的情绪表现趋向一致，从而形成了某个时刻的集体心理气氛。体育教学就是在这种心理气氛中进行的。

（二）体育课堂教学心理气氛优化的条件

李京诚（1996）指出，体育课堂教学心理气氛的优化可以使每个成员在认知上相近、情感上相融、心理上互动，课堂气氛活跃，教与学、练的情绪高涨，学生处于积极的心理状态下，认知—操作能力得到充分的发挥和提高，学练效果可达到最优化。体育课堂教学的心理气氛主要与以下因素有关。

1. 教师的教学思想

体育教师是体育教学的计划者、组织者和实施者，在课堂心理气氛优化的过程中起着主导作用。要真正建立起积极的教学心理气氛，教师首先要正确地处理好教师的教与学生的学这两者之间的关系，充分发挥学生的主体作用；在计划和组织实施教学时考虑到学生的需要和情绪，考虑到一堂课的整体气氛和整体效果。

2. 教师的教学艺术和技巧

教师在体育教学中通过教学方法的选择、教学手段的运用以及恰当的教学组织等可对整个课堂的学生情绪进行有效的调节。教师要在观察学生思维、情绪和行为变化的基础上，恰当地进行示范、讲解，组织或调整练习的方式方法，适时地展开提问、讨论、游戏、比赛等教学活动，并通过语言、表情、动作、口哨等手段调节课堂的气氛，活跃学生的情绪。同时，也要注意场地器材在优化体育教学心理气氛方面的作用。

3. 具体教学情境的创设

情感具有情境性，一定的体育教学情境可以使学生产生某种情感，形成某种心理气氛。体育教师可有目的地创设某种情境，让学生在特定的情境里进行体育活动，表现他们的情绪情感，自然而然地创造出特定的课堂心理气氛，产生整个课堂的情绪“共振”，增加体育教学的情绪色彩，提高教学的感染力。

4. 师生关系和谐度和教学集体的凝聚力

融洽的师生关系促进体育教学心理气氛的优化。教师要强化学生的集体意识，培养学生的集体主义精神，教育学生适应和遵从集体的规范要求，遵守组织纪律，把自己与集体联系起来，服从教学集体的需要，关心集体、关心他人，积极交往、互相沟通，共同创造一个温暖、和谐的集体。

二、怎能使教学组织方法更有效

体育教学活动是在某种策略的导引下准备以某种形式展开，并运用某种具体方法来使学生获得新的知识和技能的过程。教学组织方法是教师组织学生学习活动的方法。体育教学设计中对体育教学组织形式与方法的心理学分析和选择，有利于体育教学活动的顺利开展，也是实现体育教学目标的基本条件之一。

（一）体育教学组织常见的心理学分组形式

颜军提出，体育教学组织常见的心理学分组有三种形式。

1. 能力分组

这是教师根据教材内容的特点，结合学生体育能力的水平，将其分成若干小组，或由学生根据自己学习的情况与能力来选择学习小组的方式。

按能力分组的形式，有利于教师提出练习的不同教学要求和标准，便于因材施教，激发学生体育学习的积极性。

2. 兴趣分组

这是指由学生根据自己对体育活动项目的兴趣，自由组合成学习小组的方式。这种分组形式，一般是在课的结束阶段或在复习课和综合课中运用。

3. 友伴分组

这是学生自由选择自己的友伴结合成人数大体相等的学习小组的方式。这种分组形式的心理凝聚力强，因此学习过程中更能发挥每个学生的积极性和主动性，形成合力。实践证明，在活动中，这种小组里的同学间的感情比在自然班组中融洽，同学们对自己推选的小组长比较信任，小组的组织纪律性明显增强，小组间在活动中的竞争更加激烈。有时，由于同组成员间的感情融洽，小组里互帮互学的气氛浓厚，各项体育活动的成绩比在自然班组中的同学提高得快。

（二）体育教学基本方法的心理学分析

1. 讲解法与示范法

讲解法是指教师用语言向学生说明动作名称、作用、方法、要领、要求，以及指导学生进行学习和练习的方法。示范法是指教师以自身完成的动作作为教学的动作范例，用以指导学生学习与练习的方法。

教师讲解、示范的结合，主要是动员学生的视、听器官综合活动，通过不同的感知通道向大脑传递信息，形成相互联系的视、听觉表象。同时，要求学生的感知和思维也要相互结合运用，促使学生感知与思维结合，为的是让他们把中枢收到的信息尽快进行加工、编码，编成动作的初步程序或“脚本”，以指导下一步的模仿动作。

另外，无论是示范还是讲解，都应带有激励的情感。如，教师示范时要自信、坚定，表情轻松、自然，动作干净、利落；讲解时，语言要生动、简练，抑扬顿挫、高低强弱分明，亲切而富有激情，并配合适当的手势，这样可起到吸引学生注意、提高学生的信心、增加教学的感染力、激发学生积极参加练习的作用。

2. 分解和完整练习法

完整法是把某一教材从动作开始到结束，不分部分和段落地进行练习的方法。分解法是把技术动作按结构分成几个环节或按身体活动的部位分成部分，逐次进行教学或练习，最后完整地掌握动作的方法。

分解法要与完整法结合使用。分解法的目的在于较快而正确地掌握完整的动作，因此，要避免破坏动作的完整定型，把动作的各个环节完全割裂开学习和练习。可采用渐进的分解法学习，即先学好动作的第一和第二环节或部分，然后把这两部分放在一起进行学习或练习。之后，再学习第三环节或部分，学完后，把前三环节或部分合并在一起进行练习。如此类推，逐次把各个部分学习后合并起来练习，最后完整地掌握技术动作。

3. 预防和纠正法

预防与纠正法是教师为了防止和纠正学生在练习中出现动作错误所采用的方法。它不仅能够使学生正确地掌握体育技术、技能，节省练习的时间和精力，而且还能有效地避免运动损伤的出现。预防和纠正动作错误的常用方法如下。

（1）启发思维：体育教学中，教师可采用提问、比较、学生报告和评价等方式、方法，激发学生积极思维，促使他们对技术动作进行分析、综合，对动作本质进行抽象、概括，领悟完成动作的关键所在和各环节之间的内在联系，并将自己的动作与正确的动作进行比较，从而及时发现自己动作的错误并加以纠正。

（2）言语暗示刺激：就是要求学生明确地意识动作的错误成分，口头复述正确动作要领，在练习前后不断地用正确动作要领的言语暗示自己的动作练习。

（3）正误对比强化：要求学生将错误的动作与纠正了的正确动作交替进行练习，使正确的动作从错误的动作中迅速分化出来。经过对比，错误的动作因为后继性的负诱导，增强了抑制效果，便可在短时间内消除错误。

（4）单独与减速练习：是一种纠正已经建立动力定型的顽固性错误动作的方法。首先采取重点突破，将错误的动作单独进行练习，这样可以使已经习惯化的、固定的动作线路受到破坏。然后在进行一段时间的单独练习后，就可以放慢速度进行连贯性动作练习，用非常慢的速度进行练习，形成一种额外的刺激信号，使学生意识到改变有关动作要素的需要，不再依循习惯的动作继续下去。此外，还可以采用身体拘束法、强制反应法、内心演练法等来预防和纠正错误。

4. 游戏法与比赛法

游戏法是在游戏条件下组织学生进行练习的方法。比赛法是在比赛条件下组织学生进行练习的方法。游戏法和比赛法能提高学生的练习兴趣，但游戏和比赛中学生的生理、心理唤醒水平比较高，因此，对学生的技术，特别是生疏的技术影响较大，运用时要考虑到学生技术动作掌握的情况。

（张禹）

本章要点

1. 体育教学是在体育教师和学生的共同参与下，通过运用适当的方法，教师指导学生掌握体育和卫生保健知识、基本的运动技术和技能，增强学生体质，培养体育能力和良好的思想品德的一种有组织的教育过程。

2. 动觉也称运动觉或本体感觉，它负责将身体运动的信息传入大脑，使个体对身体各部位的位置和运动有所觉知。动觉由肌觉、腱觉、关节觉和平衡觉 4 者结合而成。系统地进行身体练习是提高动觉的有效方法。

3. 专门化知觉就是专项运动对运动员心理要求的一个重要方面，它是运动员在运动实践中经长期专项训练所形成的一种精细的综合性知觉，能对自身运动和环境线索（器械、场地、运动媒介物质如水、空气）做出敏锐和精确的识别和觉察。专门化知觉的培养要从专项性入手，促进以动觉为中心的综合性发展。

4.运动记忆也称动作记忆，指以自己做过的动作、运动及其系统为内容的记忆，其生理机制是动力定型的建立与保持。动作记忆的遗忘量远远少于语词记忆的遗忘量；动作遗忘的进程不同于语词遗忘的进程，巩固学生记忆要保证学生运动表象形成的准确性；讲解与示范后立即进行动作练习；动作练习要达到过度学习程度；选择识记动作的最佳时间；避免前摄抑制和倒摄抑制；掌握遗忘规律、正确、及时地复习。

5.操作思维是指反映肌肉动作和操作对象活动的规律及其相互关系的思维活动。其特点为：操作思维与运动操作水平并不一定成正比关系，不同运动项目的操作思维有所不同。训练操作思维可采用逐步启发诱导法、语言强化法、综合讨论法和想象训练法。

6.注意是心理活动对一定对象的指向和集中。不同年龄阶段的学生有不同的注意特点，总体表现为随着年龄增长，有意注意能力越来越强。可以利用有意和无意注意规律，引导学生提高注意稳定性。

7.体育教学中学生会遇到焦虑、挫折感和恐惧的问题。焦虑是一种主观能够意识到的恐惧不安的情绪状态，常伴有躯体的激活反应。调控焦虑的方法是：转变学生的消极认知；培养学生的自信心；积极鼓励，肯定暗示；化解消极的突发事件。挫折感主要是指学生在体育学习动机引发下，在实现体育学习目标的行为活动过程中，受到阻碍或干扰，从而在内心中产生的不快或苦闷，消除挫折感的方法主要有意设置“反向”情境。恐惧主要是指学生由于缺乏运动能力而产生的对某个动作或某个练习的害怕情绪。提高学生的运动能力是消除学生恐惧心理的主要策略。

8.意志是人为了一定的目的，自觉地组织自己的行为，并与克服困难相联系的心理过程，包括自觉性、果断性、自制性和坚韧性等几方面。培养意志的方法有：让学生明确学习的目的，提高学习的自觉性；利用课堂教学手段培养学生的意志品质；选择适当的体育项目培养学生的意志品质；气候、环境、器材设备的优劣也是培养学生意志品质的重要方面。

9.体育运动能力是一个人顺利完成体育运动活动任务所必备的心理特征，由心理运动能力和身体的熟练运动能力构成。心理运动能力可分为一般体育能力和特殊体育能力。学生体育能力可概括为体育认识能力、身体运动能力、自我锻炼与评价能力和自我调节能力四个要素。这四个要素在不同的学生身上形成了不同的组合，从而形成体育优等生、体育差生和体育一般生三种类型。对三种类型学生的教学指导，应在目的和方法上有所区别。

10.气质就是心理活动的速度、强度和倾向性的动力特征表现。根据希波克拉底体液分类，气质可分成四种类型：胆汁质、多血质、黏液质、抑郁质。在体育教学中应针对不同气质类型的学生因“质”施教，正确区分和对待不同气质类型的学生，发扬其在气质上积极的心理动力特征，努力防止和克服其在气质上消极的一面。

11.性格是人对现实稳定的态度以及与之相适应的习惯化了的行为方式方面的个性心理特征。从心理活动倾向性上划分，性格可以分为内倾型和外倾型。对待以内倾型为主的学生，要以赞扬和鼓励为主；对待以外倾型为主的学生，要保护他们学习体育的积极性，不宜对他们进行过多的表扬，防止可能出现自以为是的情绪。

12. 体育课堂教学心理气氛是在体育课堂教学中师生所表现出来的占优势的精神状态。使心理气氛优化的条件有：教师的教学思想；教师的教学艺术和技巧；具体教学情境的创设；师生关系和谐度和教学集体的凝聚力。

13. 教学组织方法是教师组织学生学习活动的方法。体育教学组织常见的心理学分组的方式有能力分组、兴趣分组和友伴分组。体育教学的基本方法有：讲解法与示范法；分解和完整练习法；预防和纠正错误动作法；游戏法和比赛法。

思考与作业

1. 动觉和专门化知觉的作用是什么，如何培养？
2. 动作遗忘规律和词语遗忘规律是一样的，这种说法是否正确？怎样巩固动作记忆？
3. 操作思维有何特点？怎么训练？
4. 不同年龄学生的注意有何特点？如何使学生更好地保持注意？
5. 怎样调控体育教学中出现的焦虑、挫折感和恐惧情绪？
6. 怎样更好地培养学生的意志品质？
7. 如何对不同体育能力的学生进行针对指导？
8. 气质类型有好坏之分吗？不同气质类型的学生的指导方法有什么不同？
9. 怎样对内倾型和外倾型性格的学生进行分别指导？
10. 怎样才能使体育课堂心理气氛变得更好？
11. 怎样使教学组织方法更有效？

第十五章　体育锻炼与心理健康

【内容提要和学习指导】

本章以体育锻炼与心理健康为主要内容展开阐述，在介绍了体育活动与体育锻炼概念的同时，还详细说明了心理健康的标准，深入探讨了体育活动在改善情绪方面的作用，系统评价了体育活动促进心理健康的基本假说，并明确解释了选择最佳锻炼方式的基本原则。学习本章时，您可以在准确区分体育活动与体育锻炼概念的基础上，以掌握有效促进心理健康的锻炼原则为学习重点，深入了解心理健康的标准，并进一步理解体育活动和体育锻炼能增强哪些方面的心理健康。

鼓励和引导更多的人投身体育锻炼，大力增加体育人口，不仅有利于增强国民体质，增进社会和谐，而且可以为竞技体育选拔和输送更多的人才。因此，它是广大体育工作者义不容辞的社会责任。其实体育锻炼不仅能促进身体健康，而且还能促进心理健康。

第一节　什么是体育锻炼和心理健康

一、什么是体育活动和体育锻炼

要了解什么是体育锻炼，首先应该知道什么是体育活动。

体育活动也称身体活动，它是以健身、娱乐和身体教育为主要目的，以身体运动为主要手段而专门从事的人类活动。它有两个主要特征：一是与体力劳动不同，是专门以体育为目的的活动；二是具有一定的身体负荷，使人体的新陈代谢高于静止状态的水平。

体育锻炼也称身体锻炼，它是有目的、有计划、有规律且重复安排的体育活动。一般认为，每周至少 3 次，每次至少 20 分钟，具有中等以上强度运动负荷，并持续 12 周（3 个月）以上的体育活动，才可算得上是体育锻炼。

二、心理健康有哪些标准

心理健康是一种“生活适应良好的状态”。当今学术界多是从以下四个方面来评定心理健康：

第一，认知。即一个人智力是否正常，思考问题的方法是否与常人相同。

第二，情绪。即一个人在多数情况下是否积极乐观，能否很好地控制自己的情绪，有无紧张、焦虑、抑郁等不良情绪。

第三，人格。即一个人在为人处世上有无不良的思维和行为习惯，如心胸狭窄、敏感多疑、过分吝啬、自恋或自卑、独断专行、难于合作等。

第四，社会适应。即一个人是否对自己与周边世界的关系有适切的认识，如能否适应生活环境，能否与自己周围的多数人保持良好的关系，能否接受自己并用积极正确的态度评价自己，等等。

第二节　体育活动能改善人的情绪吗

这个问题的答案是肯定的。改善情绪，是体育活动和体育锻炼的最主要的“健心”功能。

一、体育活动和体育锻炼能改善哪些情绪

（一）短期体育活动能改善哪些情绪

1. 改善心境状态

心境是指具有感染力的微弱而较持久的情绪状态。保持良好的主导心境是心理健康的主要标志之一。温伯格等人的研究显示，30 分钟的跑步使紧张、困惑、疲劳、焦虑、抑郁和愤怒等不良情绪状态显著改善，同时使精力感保持在高水平；罗思（Roth）认为仅一次功率自行车练习就使健康和不太健康的大学生焦虑程度下降；塞耶（Thayer）认为 5 分钟的步行也有助于改善心境状态。

2. 降低焦虑水平

焦虑是一种对当前或预计的威胁所反映出的恐惧和不安的情绪状态。巴尔克（Bahrke）和摩根（Morgan）在一项研究中对三组被试的要求分别是：①以 70% 最大心率在跑台上行走；②冥想；③在舒适的沙发上休息。比较 20 分钟后的状态焦虑水平，其结果是三组被试的状态焦虑水平均下降。

3. 减少应激和紧张

应激也称压力，指有机体遇到超越自己应对能力的刺激事件或扰乱自己平衡状态的事

件时，表现出的特定的或非特定的反应形态。紧张则是应激的一种表现形式。例如，有的中学生在高考前夜会失眠、吃不下饭，这个过程就是应激。

德弗里斯（deVries）和亚当斯（Adams）在一项对老年人肌肉紧张和焦虑的研究中，考察了体育活动对10名焦虑的老年人的镇静效应。实验前，经《泰勒显相焦虑量表》（Taylor Manifest Anxiety ScaleTaylor）测试，其焦虑分数在87百分位。实验采用被试内设计并进行双盲实验。所有被试在下述每种实验处理中随机接受三次测试：

——在心率100次/分下步行15分钟；

——在心率120次/分下步行15分钟；

——口服40毫克氨基甲酸酯镇静药粉（一种普通镇静剂）；

——服用安慰剂；

——阅读某种资料（控制情境）。

结果表明，只有在100次/分下步行15分钟的情况下，被试的二头肌EMG下降，应激减少；其余各种处理均未见任何变化。40毫克氨基甲酸酯镇静剂可能是因为剂量太小而未起任何放松作用。这一研究同时提示我们：体育活动的情绪效益并非自动产生，活动的负荷必须适量才可以。

尽管大量的研究表明短期体育活动具有降低消极情绪并提高积极情绪的作用，但这些作用并不明显和稳定。而且，一次性的体育活动所产生的积极情绪最多只能维持24小时。所以，要想产生更明显和稳定的情绪效应，还是需要长期参加体育锻炼。

（二）长期身体锻炼能改善哪些情绪

1. 提高健康幸福感

健康幸福感也称心理自我良好感或感觉良好现象，是心理健康的重要标志之一。它是指与积极参加身体锻炼有关的某种兴奋、自信和自尊的情绪和态度体验，并且没有消极情绪。

斯奈德（Snyder）和斯普利泽（Spreitzer）的一项研究表明，健康幸福感与长期的体育锻炼有正相关关系。长期参加体育锻炼的人比不运动的人的自我感受和评价更积极，其中女子较男子相关程度更高。这一正相关的原因可能是由于身体锻炼产生内心愉快和乐趣的结果，也可能是由于女子较男子在活动中更富于感情色彩和更具有自我投入的倾向。体育锻炼对健康幸福感产生积极影响的原因可能有生理的、心理的和社会的，或者是三者综合作用的结果。

应当注意的是，健康幸福感的增加，实质上与消极情绪的减少存在着密切联系。紧张、焦虑、抑郁、困惑、疲劳、气愤等消极情绪的减少或者精力感的增加，本身也意味着健康幸福感的增强。

2. 辅助治疗焦虑和抑郁

龙（Long）的一项研究比较了步行—慢跑和应激免疫训练两种方法对应激和焦虑的治疗作用。实验处理是：让两组被试每周参加一次体育锻炼，时间为90分钟，其余时间锻炼组参加步行或慢跑，应激免疫训练组进行心理技能训练，都是每周两次，持续10周。结果发现：这两个组的应激、状态焦虑和特质焦虑分数均显著下降，且效果可保持三个月。

与紧张、焦虑等消极情绪相比，抑郁属于更深层的复合性负情绪，它可能是伴随人生价值的失落感而产生的悲伤、恐惧、焦虑、羞愧甚至负罪感，其持续时间更长，给人带来的痛苦更大。抑郁症的临床特点为悲观、悲伤、失助感、低自尊和绝望；轻微疲劳、易怒、优柔寡断、回避社交甚至厌世。汉纳福德（Hannaford）等的研究报道，在8周的体育锻炼之后，精神病患者的抑郁状况得到了明显的改善。几项对老年人的研究指出，体育锻炼与抑郁的减少有关。这些发现特别重要，因为就老年人而言，抑郁或许是最主要的精神健康问题。然而，并不是所有的研究都支持体育锻炼减缓抑郁的假设。毛志雄、王则珊的一项对中老年人体育锻炼与抑郁关系的研究表明：体育锻炼既未能缓释抑郁——沮丧情绪，也无助于提高精力感。其原因可能是由于：①中老年人的情绪比年轻人稳定，不易随环境的改变（如锻炼）而波动；②抑郁、沮丧等深层负性情绪即使可能通过锻炼手段得到暂时缓解，但从长远意义上看，远非体育锻炼所能彻底解决的问题；③对于情绪健康的基础水平较高的人来说，通过体育锻炼很难继续使心境状态得到大幅度的改善。

尽管长期体育锻炼与抑郁的关系问题目前尚有争议，但多数研究仍表明：体育锻炼对焦虑、抑郁症状的改善具有积极作用。

3. 有助于产生“流畅状态”和“跑步者高潮”等美妙的情绪体验

体育锻炼还为参与者提供了一个体验“尖峰时刻”的机会，这种体验可以提高人们的生活质量。这些“尖峰时刻”包括了最佳表现，流畅状态，跑步者（或锻炼）高潮，以及高峰体验等良好的情绪体验。

（1）流畅状态。

流畅状态是一种理想的内部体验状态。在这种状态中，人忘我地全身心投入所从事的活动之中，从活动过程本身体验到乐趣和享受，并产生对动作过程的控制感。人似乎表现出不惜代价去从事该项活动，所从事的活动过程本身就是目的。流畅体验的核心元素是享受，它是人对所从事的活动的一种发自内心的乐趣和享受。

许多研究都表明：竞技运动和体育锻炼最容易使人进入流畅状态，体育运动是流畅体验的主要来源。例如，普里维特（Privette）和邦德里克（Bundrick）曾经用问卷调查的方法对123名大学生进行了调查，问他们在以往的体育运动、学习工作、人际交往等活动中，何种情况下感受到流畅体验，结果大多数人回答说只是在体育运动中有过这样的感受。

（2）跑步者高潮。

跑步者高潮，是指在跑步中出现的一过性的、妙不可言的“高潮”。这种状态是在跑步中瞬间体验到的一种欣快感，通常是不可预料地突然出现。高潮出现时，跑步者的健康幸福感高涨，对大自然的欣赏大增，而且有强烈的时空障碍超越感。跑步者常常用“欣快”“非同寻常的体能”“动作的优美感”“精神焕发”“个人潜力的突然实现”“瞬间的完美”“活动毫不费力”以及“时空的停滞感”等词汇来描述这个短暂但美妙的时刻。由于类似的“高潮”还在游泳、踩单车以及其他锻炼项目中也有出现，因此人们也将它称为“体育锻炼快感”。

尽管上述美妙的情绪体验难以言表，锻炼者对它们的描述尚不统一，但它们的客观存在却是公认的。

专栏 15-1　跑步高潮者自述

自述 1

最初的 30 分钟，纯粹是极大的痛苦——那是周身的剧痛并伴随着人生观的危机。

30 分钟一过，情况有所好转。双臂和双腿变得轻松和有节奏。疲劳消失并感到又恢复了力量。“我想，我今天要跑 25 英里（1 英里 ≈ 1.61 千米）。我要把研究预算金额加倍。我要就此找院长谈话而且再也不能容忍他含糊其词……”于是，开关一转，我由四档转入了超速飞驰……

有时候跑到第二个小时，灵光闪现的时刻到来了：周围的色彩明亮而美丽，波光粼粼，云飞如絮，而我那正在游泳的身体，仿佛飘离了地球。我的心灵深处被一种可爱的满足感所占据，思想毫无保留地向上冒出。我找到了自己将来的生活归宿。跑步的文献中说如果你每天跑 6 英里并坚持 2 个月，你将永远为之着迷。这句话我理解了。跑到 6 ~ 10 英里之间就可以体验到一种博大的视野和宇宙的宁静。

自述 2

我跑第一步时就感到比以前任何时候都轻快松弛。我的衬衫紧附着我的身体，我感到自己就像一副骨架在风洞中飞驰而下。我仿佛感到自己每英里都跑得飞快，就像说谎一样令人难以置信，就像换了一个别人从未听说过的躯体。我的头脑一如水晶般的清晰，以至于可以主持一项会谈。此时唯一的感觉就是节奏和心跳，一切的一切都是那样的完善和自然……距离、时间、动作浑然一体。那里只有我自己——这种胶合剂，只有对双腿的模糊感觉，以及即将到来的黄昏。我不由得继续飞奔。我本可以不停地向前跑。可能，我已经经历了一个人生观的转变，但无论如何，它是神奇而不可思议的。我来到路边，悲喜交加，失声而泣：喜的是自己生龙活虎；悲的是那种暂时性的模糊感觉，而且自己不可能将这种神奇的体验传授给任何人。

资料来源：WEINBERG R S，GOULD D.Foundations of Sport and Exercise Psychology[M].2nd ed.Champaign，IL：Human Kinetics, 1999: 363.

二、为什么体育活动和体育锻炼能改善情绪

美国学者考克斯在前人研究的基础上归纳总结，提出了体育活动促进心理健康的原因的六项基本假说，试图从理论上解释体育活动或锻炼产生心理效益的机制。

（一）认知行为假说

认知行为假说认为，体育活动或锻炼可诱发积极的思维和情感，这些积极的思维和情感对抑郁、焦虑和困惑等消极心境具有抵抗作用。

（二）社会交往假说

社会交往假说认为，体育活动或锻炼中与朋友、同事等进行的社会交往是令人愉快的，它具有促进心理健康的作用。

（三）转移注意力假说

转移注意力假说认为，体育活动或锻炼给人们提供了一个机会，使他们能够转移对自己的忧虑和挫折的注意，从而使焦虑、抑郁等消极情绪出现短时间的下降。

例如，慢跑、游泳等体育活动能使参与者练习时进入自由联想状态。在单调重复性的技术动作中，通过冥想、思考等思维活动，可能会促进思维的反省和脑力的恢复。这种注意的有效集中或转移，可以达到调节情绪的目的，从而有利于锻炼者的心理健康。

（四）心血管健康假说

心血管健康假说认为，心境状态的改善同心血管健康状况的改善相关。体育锻炼可以增强心血管系统的功能，可以增加心血管的收缩性和通透性。良好的血液循环可以使体温恒定，器官供氧充足，有助于保持神经纤维的正常传导性，从而有利于心理健康。

（五）胺假说

胺假说认为，神经递质类化学物质分泌量的增加同心理健康状况的改善有关。神经递质在神经之间以及神经与肌肉之间起传递信号的作用。抑郁的人经常出现胺类神经递质分泌量减少的情况（如去甲肾上腺素、血清基和多巴胺等的减少），而体育锻炼刺激了神经递质的分泌，进而对心理健康起促进作用。

（六）内啡肽假说

内啡肽假说认为，体育锻炼促进大脑分泌一种具有类似吗啡作用（消痛并出现欣快感）的化学物质——内啡肽。内啡肽引起的这种欣快感可降低抑郁、焦虑、困惑以及其他消极情绪的程度。

综上所述，前三种假说主要是从心理角度，后三种假说主要是从生物化学角度来说明体育活动或锻炼与心理健康之间的关系的。

从心理学、运动心理学角度讲，有目的、有计划、重复进行的锻炼或者身体活动、体育运动，对于焦虑及负面情绪确实能起到一定缓解作用。锻炼可诱发积极的思维和情感，这些积极的思维和情感对抑郁、焦虑和困惑等消极心境具有抵抗作用。体育锻炼中与朋友、同事等进行的社会交往是令人愉快的，它具有促进心理健康的作用。锻炼能够转移对自己的忧虑和挫折的注意力，从而使焦虑、抑郁等消极情绪出现短时间的下降。锻炼能够增加心脑血管的收缩性和渗透性，可使体温恒定，有助于保持神经纤维的正常传导性，从而有利于心理健康。锻炼有助于大脑分泌脑啡肽（β–内啡肽）、脑源性神经营养因子（BDNF）等物质；有助于身体分泌多巴胺、血清素（5–羟色胺）等神经递质。这些物质均有助于产生欣快感，改善情绪。

第三节 怎样锻炼才能有效改善心理机能

美国学者伯杰（Berger）及其同事提出了选择最佳锻炼方式的基本原则。

一、选择令人愉快和有趣的活动

使体育活动或锻炼取得最大限度的情绪效益的前提，是参与者从项目中获得乐趣和享受。没有乐趣和享受，是不可能改善情绪的。

二、选择有氧练习或者有节奏的腹式呼吸的活动

许多研究表明，有氧练习与心境改变或应激减少有关。慢跑与健康幸福感的许多方面相联系：焦虑和抑郁的降低，自我观念的增强，对精神压力的耐受力增高以及出现跑步者高潮，等等。消遣性游泳在许多方面与慢跑类似。不仅两种练习在形式上都是有氧的，而且它们都是个体的、周期性的、动作有节律的体育活动。

除了“有氧”这一因素外，腹式呼吸也可能是体育活动或锻炼产生情绪效应的原因。伯杰（Berger）和麦格曼（McInman）对瑜伽、步行、低运动负荷功率自行车的心理效益研究显示，这些项目的腹式呼吸特征与心理效益的关系更为密切，提示腹式呼吸比“有氧”更能促进心理效应的产生。我国传统的健身术一直很重视有节奏的腹式呼吸对健康的积极作用，太极、气功、导引等项目也十分强调使用腹式呼吸。

三、尽量避免竞争

里迪克（Riddick）在一项研究中，对参加持续高强度、长耐力训练的高校代表队的女游泳运动员与只参加消遣性锻炼的游泳者进行了比较研究，发现消遣性游泳者的抑郁、愤怒和慌乱感等消极情绪显著低于代表队运动员和不运动组。这一研究提示，没有人际竞争的锻炼方式，更有利于积极健康的情绪。

尽量避免竞争有以下三点好处：第一，不竞争就没有失败者，而在竞争中失败，会减损许多有益的情绪，如兴奋、自我效能、自豪感、成就感、胜任感以及控制感等；第二，竞争往往导致训练强度的增加，而过度训练可能导致疲劳和健康幸福感的下降；第三，竞技运动可能会增加运动员的应激。

当然，这种说法仍需进一步检验，而且它也未必适合每个人的具体情况，许多人的情绪可能正是在挑战与竞争中得到发展与完善的。

四、选择自控性的体育活动

这类活动泛指那些闭锁性技能的、结果可预测的、时间和空间上可确定的以及动作具有节奏和重复性的体育活动。比如，慢跑和游泳等活动项目均符合这一特征。自控性体育活动容易使锻炼者进入自由联想状态，并为独处、沉思、反思和“退缩”提供了机会。这种“退缩”能使人将注意力集中于孤芳自赏和脑力的恢复上，而这种注意力的集中或转移对于心境状态的调节具有积极的意义。

应当注意的是，锻炼者在项目的选择上存在巨大的个体差异。也有许多人不喜欢闭锁性技能的体育活动，他们喜欢开放性技能的不可预测性，如选择网球和篮球。

五、负荷强度：中等最佳

多数研究的结果表明，中等强度比高强度的锻炼对增强心境更有效；但也有研究报道，低强度体育活动（25 瓦功率自行车）会使人感受到精力和活力方面的积极变化。这一研究似乎证明，低强度的锻炼对心境更具积极作用。在有进一步的证据证明低强度锻炼对大众心理健康有促进作用之前，我们只能说最佳锻炼强度或许应是中等强度。

六、每次锻炼的持续时间：至少 20 至 30 分钟

每次锻炼持续时间如果少于 20 分钟，在多数情况下是不会出现心理效益的，因为可能相应的效益还未来得及出现，体育活动就已经结束了。格拉瑟（Glasser）认为通过身体锻炼进入积极陶醉状态并使大脑得以自由运转所需要的时间是 40 至 50 分钟。

但在某一强度下如果活动时间过长，就有可能造成疲劳、厌倦，不仅不利于增加情绪效益，而且可能对情绪造成损害。目前，每次锻炼的持续时间（或距离）与心理效益的关系说法尚不统一，但有一点几乎是可以肯定的，那就是至少需要 20 至 30 分钟。

七、长期坚持，养成习惯

布彻（Boutcher）和兰德斯在一项研究中使用脚踏车让被试单独进行高强度（80%~85%

最大心率）的身体锻炼，并对锻炼者进行了生理、心理测试。结果发现状态焦虑短时下降并且脑电图能量上升的人，是那些曾在过去的两年之内每周习惯性地跑 30 英里（约 48.3 千米）以上的人，没有长期锻炼习惯的人在高强度锻炼后，未见其焦虑有任何程度的下降。因此，要维持身体锻炼的心理学效益并使之长期发挥效益，就必须使锻炼形成一种生活规律，并且长期坚持，养成习惯。

★第四节 体育锻炼与心理健康

一、心理健康的标准

正如人们对身体健康的标准众说纷纭一样，对于心理健康的标准，各路学者也可谓仁者见仁，智者见智。马斯洛等人提出了十条心理健康的标准：①有足够的自我安全感；②能充分地了解自己，并能对自己的能力作出适度的评价；③生活理想切合实际；④不脱离周围现实环境；⑤能保持人格的完整与和谐；⑥善于从经验中学习；⑦能保持良好的人际关系；⑧能适当地发泄情绪和控制情绪；⑨在符合集体要求的前提下，能有限度地发挥个性；⑩在不违背社会规范的前提下，能恰当地满足个人的基本要求。

张春兴指出，心理健康是一种生活适应良好的状态。一个心理健康的人，大多具备下列条件：①情绪较稳定，无长期焦虑，少心理冲突；②乐于工作，能在工作中表现自己的能力；③能与他人建立和谐的关系，而且乐于和他人交往；④对于自己有适当的了解，并且有自我悦纳的态度；⑤对于生活的环境有适切的认识，能切实有效地面对问题，解决问题，而不逃避。

刘协和指出的五条心理健康标准是：①没有心理异常；②正常发育的智力；③健全的人格；④充沛的精力；⑤丰富的情感生活等。

季浏认为心理健康的主要标准是：①智力正常；②适当的情绪控制能力；③对自己能作出恰当的评价；④能保持良好的人际关系。

二、20 世纪 90 年代的三大元分析研究

国外学者诺思（North）、佩特鲁泽罗（Petruzzello）、拉方丹（LaFontaine）等人，于 20 世纪 90 年代初期分别对身体锻炼与焦虑、抑郁的关系问题进行了元分析研究。所得结论引起了各国学者的重视。

诺思及其同事对 1969 年至 1989 年间的 80 项关于身体锻炼与抑郁的关系的研究进行了元分析，得出如下八条结论。

①短期身体活动和长期身体锻炼都能有效地降低抑郁；②锻炼的降抑郁效果在那些要

求心理帮助的人身上最为明显；③身体锻炼与特质性抑郁和状态性抑郁的降低都有联系；④身体锻炼既可以降低心理健康人的抑郁，也可以降低心理疾病患者的抑郁；⑤无氧练习和有氧练习均能降低抑郁；⑥锻炼周数和每周次数与抑郁的降低量相联系；⑦身体锻炼降低抑郁比放松和愉快的活动更有效；⑧身体锻炼与心理治疗相结合比单纯进行身体锻炼的降抑郁效果更好。

佩特鲁泽罗等人对 1960 年至 1989 年间的 104 项关于身体锻炼与焦虑的关系的研究进行了元分析，得出如下六条主要结论。

①锻炼的活动时间必须长于 20 分钟，才能有效地降低焦虑；②渐进性放松练习同身体锻炼一样可以有效降低状态焦虑；③身体锻炼比渐进性放松练习能更有效地降低特质焦虑；④无氧练习不能降低焦虑；⑤长期的和短期的有氧练习均可有效降低状态焦虑；⑥身体锻炼必须坚持 10 周以上，才可能有效降低特质焦虑。

拉方丹等学者对 1985 年至 1990 年间涉及有氧练习和焦虑、抑郁之间的关系且实验控制十分严格的研究进行了总结分析，结论如下所述。

①有氧练习可降低焦虑、抑郁；②有氧练习对长期性的轻微到中度的焦虑症和抑郁症有治疗作用；③锻炼者参加锻炼前的焦虑、抑郁程度越高，受益于身体锻炼的程度也越大；④身体锻炼后，即便心血管功能没有提高，焦虑、抑郁程度也可能下降；⑤根据目前掌握的资料，尚不足以证明或反驳身体锻炼导致或引起焦虑和抑郁下降的假设。

上述元分析研究有助于我们对身体锻炼与焦虑、抑郁的联系产生比较全面的认识。另外，三项研究也给了我们两点启示。第一，身体锻炼控制焦虑和缓解抑郁的作用是同时产生的，但可能存在一点不同，这就是无氧练习可有效地降低抑郁，却不能有效地降低焦虑。这一点提示我们：如果希望改善整体的情绪状况，最好采用有氧练习。第二，元分析研究的结果表明，长期身体锻炼对心理疾病患者的情绪效益比对正常人要好。这一点不难理解，要期待一个心理健康的人通过长期身体锻炼大幅度地改变其心理健康水平，显然是不现实的。心理健康的人在身体锻炼之前其抑郁、焦虑程度就较低，这样，身体锻炼进一步降低其抑郁、焦虑的可能性自然就较小。

三、体育活动或锻炼还有哪些心理效益

除了改善情绪之外，体育活动或锻炼还有可能产生以下心理效益。

（一）有助于人格的完善

社会公德意义上的人格，一般是指人的“品格”；而心理学中所讲的人格则有所不同，它类似于“个性”或“秉性”，指一个人在遗传、环境和教育的共同影响下形成的，与其他人相区别的，稳定而统一的各种思想、情感及行为特点的总体。人格虽然无所谓好坏，但需要完整和统一。人格完整的主要标志是：人格结构的各要素完整统一，不自相矛盾；有正确的自我意识以及积极进取的信念、人生观作为人格的核心，并以此为中心把自己的

需要、愿望、目标和行为统一起来。有研究报道：有氧适应性训练可提高自我满足感和智力，降低人的不安全感；体育活动和锻炼有助于参与者自我观念、自尊心及自我效能感等人格因素的提升；长期参加体育锻炼的中年男子更具自信心、控制感、想象力和自我满足感。

（二）有可能使人更聪明

人的认知功能（cognitive functioning）是指其认识世界的能力，其实质是中枢神经系统对身体内外环境信息的加工能力，主要包括感知觉能力、记忆力、思维与想象能力、注意力等。身体锻炼能否有效地提高这些能力呢？虽然目前结果尚不一致，但对100多项研究的统计分析还是得出了下述基本结论：身体锻炼与认知功能的提高有一定程度的正相关关系；与短期体育活动相比，长期锻炼与认知功能的提高有更密切的关系。

其实研究的结果并不重要，因为一个正常人在成年之后，智力已经够用，智力进一步提高的余地是很小的，保持自己的敏锐的信息加工能力并防止它们衰退，应当是更加重要的。而许多研究都指出，体育锻炼有助于保持中老年人的记忆力，延缓其反应速度的下降，并使他们的思维方式更加积极乐观。

四、体育锻炼对心理健康有哪些副作用

锻炼不当，不仅损害身体，也会给心理健康带来副作用。这种副作用主要表现为心理耗竭和锻炼依赖两种现象。心理耗竭是由于过度运动而导致的心理疲劳状态，表现为锻炼后精疲力竭、情绪低落、感情冷漠、工作效率极度下降、成就感与自尊心降低、失败感与压抑感升高。锻炼依赖是指对锻炼的消极迷瘾，对锻炼过于沉迷，表现为把运动放在生活中至高无上的地位，每天不运动就无法正常生活，一旦停止大运动量的活动就会出现情绪紊乱或者戒断症状，由于迷恋锻炼活动而拒遵医嘱，或是淡漠了对家庭、社会和工作的责任。如果发生了心理耗竭，就应调整运动负荷并适当休息；如果发生了锻炼依赖，就该去看医生，进行心理矫治了。

★第五节　锻炼动机研究

动机是推动一个人进行活动的心理动因或内部动力。它的基本含义是：能引起并维持人的活动，将该活动导向一定目标，以满足个体需要的念头、愿望或理想等。

一、锻炼者为什么参加锻炼

锻炼者参加锻炼有千百种动机，美国学者考克斯曾经对形形色色的锻炼动机进行了归

纳总结，发现不外乎以下六类：第一类，满足社会需求；第二类，强身健体；第三类，消遣和寻求刺激；第四类，丰富审美经验；第五类，精神发泄；第六类，磨炼意志。然而，这些锻炼动机都属于“外部动机”，它们并非动机的“最高意境”。最高意境的锻炼动机是“内部动机”，它是发自内心的对体育锻炼的喜爱。具有这种动机的锻炼者，往往讲不出自己锻炼的具体原因，只是“为了锻炼而锻炼”，锻炼本身就是目的。如果一定要讲出他们锻炼的原因，也许是因为他们的自我价值感只有通过锻炼才能充分体现。

二、不锻炼者有哪些借口

那些不参加体育锻炼的人总会找出各种各样的“理由”拒绝参加体育活动。运动心理学家对这些理由进行了归纳和总结。这些“理由”不外乎就是“忙（没时间）”“我好累（疲劳）”“体育设施不完备（没条件）”“我不知应该怎样锻炼（缺乏健康知识）”或“我无法坚持（缺乏意志力）”等五类。其实，如果不是确因身体原因无法锻炼，那么这些“理由”都是借口，说明锻炼在这些人心中没有足够的地位。一个真正热爱锻炼的人，再忙也可以抽出时间锻炼；疲劳往往是心理因素造成的；锻炼设施不足可以用其他方法替代；锻炼知识可以学习；意志力也是可以培养的。

三、退出锻炼的原因是什么

曾经参加过一段时间的锻炼，之后由于各种原因停止锻炼的行为，称“退出锻炼”。退出锻炼的原因是什么呢？美国学者考克斯曾经进行了一项调查研究，发现许多人认为自己参加锻炼时间过长影响了工作和家务；家庭成员生病；缺乏锻炼乐趣；去健身花费太多的时间和金钱，等等。这些的确是他们退出锻炼的原因。然而进一步的研究发现，大多数退出身体锻炼的人当初开始锻炼时都有 2 ~ 4 个基本目标，他们希望通过锻炼达到某种预期的结果。显然，未能实现预期目标的人比达到了锻炼目的的人更容易退出锻炼。研究表明，6 个月之内 92% 的未达目标者退出了锻炼，而 60% 实现了既定目标的人则继续锻炼。这一结果说明，为每个人正确设置锻炼目标并帮助他们实现这些目标对于减少锻炼退出率具有十分重要的意义。

（毛志雄）

本章要点

1. 体育活动是以健身、娱乐和身体教育为主要目的，以身体运动为主要手段而专门从事的人类活动；体育锻炼是有目的、有计划、有规律且重复安排的体育活动；一般认为，每周至少 3 次，每次至少 20 分钟，具有中等以上强度运动负荷，并持续 12 周以上的体育活动，才能叫作体育锻炼。

2. 心理健康是一种生活适应良好的状态，其含义至少应包含认知、情绪、人格和社会适应四个维度。心理健康的具体标准目前尚不统一，但都是围绕着这四个维度定义的。

3. 体育活动或锻炼对心理健康的效益，主要体现在活动或锻炼的情绪效益。研究表明，短期身体活动与长期身体锻炼均可产生情绪效益。短期身体活动的情绪效益包括心境状态的改善、焦虑水平的下降以及应激和紧张的减少。长期身体锻炼除具有短期身体活动的效益之外，还有以下特点：与人的健康幸福感有关；对焦虑、抑郁具有治疗作用；所产生的情绪效益较短期身体活动维持时间更长。

4. 体育活动（尤其是长期锻炼）还能使人产生“流畅”和“跑步者高潮”等愉快的情绪体验。

5. 体育活动或锻炼产生心理效益的可能原因，可以从认知行为假说、社会交往假说、转移注意力假说、心血管健康假说、胺假说以及内啡肽假说六个方面加以理解。

6. 为最大限度地发挥身体锻炼的情绪效益，应选择令人愉快和有趣的活动，如有氧运动或者有节奏的腹式呼吸的运动，回避人际竞争的活动，进行自控性活动，注意负荷强度中等，每次至少活动 20 ~ 30 分钟，并且做到长期坚持，养成习惯。

思考与作业

1. 体育锻炼（或活动）能产生哪些心理学效益？
2. “体育锻炼的健心作用就是指对消极情绪的调节作用”，这种说法对吗？
3. 体育活动或体育锻炼促进心理健康的原因是什么？
4. 怎样锻炼才能获得较大的心理效益？

附录 1：名词解释

（按词条拼音字母排序）

胺假说（amine hypothesis）解释体育锻炼与心理健康关系的理论假说，认为抑郁的人通常胺类神经递质分泌量减少，体育锻炼刺激了胺类神经递质的分泌，从而对心理健康起促进作用。［第十五章］

暗示调节（self-suggestion intervention）比赛情绪调节方法的一种，是通过言语暗示来调节控制情绪和行为的方法，也可以用手势、表情或其他暗号来进行暗示。［第八章］

暗示训练（self-suggestion training）（参见：自我暗示训练）［第七章］

包裹变量（packed variable）可分解为更小的或更基本的心理学概念的特征。［第十二章］

本能（instinct）动物在进化过程中形成并由遗传固定下来的、不学就会的能力。［第十三章］

本能论（instinct theory）弗洛伊德提出的解释人类攻击行为本质和原因的理论，认为攻击行为是人类所具有的先天本能，比赛场上的暴力行为是这种本能的合理宣泄。［第十三章］

比赛方案（competitation plan）教练员和运动员根据比赛目标而为比赛进程制订的详细计划。［第八章］

比赛心理定向（mental set in competition）比赛开始前或比赛中，运动员的心理准备状态及注意的焦点。［第八章］

表情调节（expression intervention）比赛情绪调节方法的一种，是通过有意识地改变自己的面部和姿态的表情来调节控制情绪的方法。［第八章］

表象调节（imagery intervention）比赛情绪调节方法的一种，是通过表象来调节控制情绪和行为的方法。［第八章］

表象训练（imagery training）心理技能训练的一种，指在暗示语的指导下，在头脑中反复想象某种运动动作或运动情境，从而提高运动技能和情绪控制能力的方法。［第七章］

操作思维（operational thinking）反映肌肉动作和操作对象活动的规律及其相互关系的思维活动。［第十四章］

成败归因理论（the attributional theory of achievement）韦纳提出的归因理论，认为对于成败的归因包括两个维度：第一，观察者必须决定成败是由内在因素还是外在因素所决定的；第二，观察者必须确定成败是经常发生的还是偶然发生的，这两个维度相互关联，通过它们才能进行正确的归因。［第四章］

成员互补（mutual complement of group members）团体成员在完成任务过程中的互相取长补短。[第十章]

挫折（frustration）也称挫折感（frustration feeling），指个体在从事有目的的活动过程中遇到障碍或干扰，致使个人动机不能实现，需要不能满足时所产生的不愉快的情绪反应。[第十三章][第十四章]

单一认同发展和外部控制模型（unidimensional identity development and external control model）科克利提出的解释青少年运动员产生心理疲劳（耗竭）的社会原因的理论模型，认为心理疲劳的产生有两个社会原因，一是运动员发展体育运动以外的才能的愿望无法实现；二是运动员感到自己在生活中的选择权几乎被训练和竞赛所控制。这两个原因很可能导致他们心理疲劳，最终退出运动场。[第九章]

当前定向（present-orientation）比赛心理定向的原则之一，即在比赛时将注意的方向定位在当前任务，而不是过去结局和将来结果的认识倾向。[第八章]

倒 U 形假说（inverted U hypothesis）关于唤醒水平与操作成绩关系的学说，认为个体处于较低的唤醒水平时，工作效率较低；处于中等唤醒水平时，工作效率最高；处于较高唤醒水平时，工作效率下降。该学说还认为，对于需要精细肌肉协调性的复杂运动任务而言，最适宜的唤醒水平可能较低一些。[第三章]

道德分析理论（theory of moral reasoning）布雷德麦尔提出的解释人类攻击行为原因的理论，认为个体愿意参与攻击的程度与其自身所处的道德分析阶段有关。体育运动中的攻击行为会延缓运动员的道德发展。[第十三章]

敌意性攻击（hostile aggression）以伤害对手为直接目的的攻击行为。[第十三章]

动机（motivation）推动一个人进行活动的心理动因或内部动力。其基本含义是：能引起并维持人的活动，将该活动导向一定目标，以满足个体需要的念头、愿望或理想等。[第二章]

动觉（kinesthesis）也称运动觉或本体感觉，它负责将身体运动的信息传入大脑，使个体对身体各部位的位置和运动有所觉知。[第十四章]

锻炼心理学（exercise psychology）运动心理学的研究领域之一，是研究身体活动或体育锻炼中，心理和行为的变化规律，旨在增强锻炼者身心健康，促进民众参与锻炼的应用科学。[第一章]

锻炼依赖（exercise dependence）锻炼的副作用之一，指对体育锻炼产生的消极迷瘾，表现为每天不运动就无法正常生活；一旦停止大运动量的活动就会出现情绪紊乱或者戒断症状；因迷恋锻炼活动而拒遵医嘱或淡漠了对家庭、社会和工作的责任。[第十五章]

对应推断理论（theory of correspondent inference）琼斯和戴维斯提出的归因理论，当人们认为一个人的行为与其特有的内在属性（如动机、品质、态度、能力等）相一致时，就是在进行对应推断，其程序是，首先判定行为者的动机，进而由此推定他的品性。[第四章]

多维焦虑理论（multidimensional anxiety theory）马腾斯等人提出的焦虑水平与操作成绩的关系的理论，它将竞赛焦虑分为认知状态焦虑、躯体状态焦虑和状态自信，并预测，

认知状态焦虑与操作成绩呈负线性关系，状态自信与操作成绩呈正线性关系，躯体状态焦虑与操作成绩呈倒 U 形关系。［第三章］

反应时（reaction time，RT）从刺激呈现到个体表现出反应的一段时间。［第九章］

反应性攻击（reactive aggression）个体受到他人攻击或被激惹之后所发起的攻击行为。［第十三章］

放任式领导（laissez-faire leadership）领导风格的一种，指将权力定位在团体成员、具有无为而治、放任自流特点的领导作风。［第十一章］

放松训练（relaxation training）心理技能训练的一种，是以一定的暗示语集中注意，调节呼吸，使肌肉得到充分放松，从而调节中枢神经系统兴奋性的一种训练方法。［第七章］

个人最佳功能区理论（theory of individual zone of optional function，IZOF）哈宁提出的焦虑水平与操作成绩关系的理论，认为每个运动员有自己独特的理想机能区段，焦虑水平处于这一区段内时，可获得最佳操作成绩。［第三章］

工具性攻击（instrumental aggression）被其他非攻击性目标（如获得金钱、胜利等）所驱使的，有预谋、有计划地故意伤害他人的行为。［第十三章］

攻击（aggression）以损害或者伤害另一个生物体为直接目的的任何形式的行为，该生物体想要回避这种行为。［第十三章］

观众效应（audience effect）有他人在场时，操作成绩产生的变化。［第十二章］

广阔 – 内部注意（broad-internal attention）指注意范围广阔并指向内部信息的注意。［第六章］

广阔 – 外部注意（broad-external attention）指注意范围广阔并指向外部环境的注意。［第六章］

归因（attribution）人们对自己或他人行为原因的推论过程。［第四章］

归因偏差（attributional error）指由于主观上的原因而造成的归因偏向和差别，是不当归因的主要形成原因。［第四章］

归属感（perception of affiliation）个人从属于一个集体的需要，指团体成员在情绪上融入团体，作为团体一员，所具有的“我们”和“我们的”这种心理感受。［第二章］［第十章］

国际运动心理学会（International Society of Sport Psychology，ISSP）为促进运动心理学在全世界的研究、应用和发展而成立的国际学术组织，1965 年在意大利罗马成立，出版季刊《国际运动与锻炼心理学杂志》，每 4 年召开一次大会。［第一章］

果敢行为（assertive behavior）比赛中为赢得胜利而不顾受伤或伤人的危险，用合理行动奋勇拼搏的行为。［第十三章］

过程定向（process-orientation）比赛心理定向的原则之一，即在比赛时将注意的方向定位在比赛过程要素而不是比赛最终结果的认识倾向。［第八章］

呼吸调节（respiration intervention）比赛情绪调节方法的一种，是通过调节呼吸的频率、深度和方式来调节控制情绪的方法。深沉的腹式呼吸有助于缓解运动员的情绪波动。［第八章］

忽视一致性信息（ignorance of consensus message）归因偏差的一种，指在归因过程中，一致性信息所受到的重视程度非常低，或者说，人们通常只注意行为者本人的种种表现，而忽视行为者周围的其他人的行为。［第四章］

唤醒（arousal）有机体总的生理性激活的不同状态或不同程度。［第三章］

活动调节（activity intervention）比赛情绪调节方法的一种，是通过调节身体活动方式来调节控制情绪的方法。［第八章］

积极强化（positive reinforcement）当出现特定的行为时，通过鼓励的方法（如表扬、承认或奖赏等）给予肯定，以刺激这种行为反复出现的方法。［第二章］

基本归因偏差（fundamental attribution error）观察者在归因时因倾向于把行为者本身看作是其行为的原因，忽视了外在因素可能产生的影响，从而导致的归因偏差。［第四章］

激化调节（sharpening intervention）比赛情绪调节方法的一种，是通过刺激和唤醒自尊意识来调节控制情绪和行为的方法。［第八章］

间接动机（indirect motivation）动机的一种，指以间接兴趣为基础，指向活动结果的动机。［第二章］

健康幸福感（psychoiogicai weii-being）也称“心理自我良好感”或“感觉良好现象”，心理健康的重要标志，指与积极参加体育锻炼有关的某种兴奋、自信和自尊的情绪和态度体验，并且没有消极情绪。［第十五章］

焦虑（anxiety）由于不能克服障碍或不能达到目标，而体验到身体和心理的平衡状态受到威胁，形成的一种紧张、担忧并带有恐惧的情绪状态；在体育运动中是指运动员对当前的或预计到的具有潜在威胁的情境产生的担忧倾向。［第三章］［第十五章］

焦虑方向理论（anxiety direction theory）琼斯和斯温提出的焦虑与运动成绩关系的理论，认为竞赛焦虑体验的方向（积极性或消极性的解释）和频率，能比焦虑的强度更好地预测运动成绩。［第三章］

角色定位（role positioning）运动员比赛前和比赛中对自己、队友、对手之间关系的认识倾向，它直接左右着运动员判断自己的比赛表现正常与否，影响着运动员的自信心和比赛应变能力。［第八章］

警戒（vigilance）指在相对较长的时限内在一定环境中觉察特定的、不能预期出现的事件的准备状态。［第六章］

警觉（alertness）指在相对较短的时限内在一定环境中觉察特定的、不能预期出现的事件的准备状态。［第六章］

可控性（controllability）指归因时对原因是否可控或在多大程度上可控的认识。［第四章］

恐惧（fear）个体认为自己无力克服某种危险而试图回避时产生的消极情绪体验。体育学习中的恐惧，主要指学生由于缺乏运动能力而产生的对某个动作或某个练习的害怕情绪。［第十四章］

控制点（locus of control）也称内外源，是人们相信他们对自己的行为结果负责任的程度。［第四章］

里因戈曼效应（Ringlemann effect）个体表现随着团体内人数的增加而降低的现象。［第十章］

力量感（perception of strength）团体成员在依靠团体、得到支持、完成任务的信心方面的心理感受。［第十章］

领导（leadership）指引、影响或控制个人或组织，以实现某种目标的行动过程，由领导者、被领导者及其所处环境三种因素组成。［第十一章］

领导风格（leadership style）领导者在领导行为动态变化过程中表现出来的影响被领导者的风格。［第十章］

领导特质说（leadership trait approach）领导方式与工作效率之间关系的学说，认为领导者之所以成为领导者，是因为他们一定具有一些相对稳定的人格倾向。这些稳定的人格倾向就是“领导特质”。［第十一章］

领导行为说（leadership behavioral approach）领导方式与工作效率之间关系的学说，认为领导者是塑造出来的，不是天生的。只要学会其他杰出领导者的行为，任何人都能成为领导者。［第十一章］

流畅状态（flow）是人在所从事的活动产生的一种发自内心的乐趣和享受的体验。在流畅状态下，人忘我地全身心投入所从事的活动中，并产生对活动过程的控制感。［第十五章］

民主式领导（democratic leadership）领导风格的一种，指将权力定位于团体，具有相互尊重、博采众长特点的领导作风。［第十一章］

模拟训练（simulation training）针对比赛中可能出现的情况或问题进行模拟实战的反复练习，目的是为运动员参加各类比赛做好适应性准备。［第七章］

目标定向理论（goal orientation theory）杜达和尼科尔斯提出的动机理论，认为指向活动本身并以自身进步为参照的任务定向可以激发对任务的直接兴趣，而指向将自己同他人进行能力比较的自我定向则会导致内部动机的下降。［第二章］

目标融合（goal integration）团体目标与个体目标之间的一致。［第十章］

目标设置（goal setting）对动机性活动将要达到最后结果进行的规划。目标设置直接关系到动机的方向和强度。正确、有效的目标可以集中人的能量，激发、引导和组织人的活动，是行为的重要推动力量和指导力量。［第八章］

内部动机（intrinsic motive）动机的一种，指来自于个体内在需要的动机。［第二章］

内部竞争（inside competition）团体成员间的互相争胜。［第十章］

内啡肽假说（endorhpin hypothesis）解释体育锻炼与心理健康关系的理论假说，认为体育锻炼促进大脑分泌一种具有类似吗啡作用的内啡肽,内啡肽引起的欣快感可降低抑郁、焦虑、困惑以及其他消极情绪的程度，从而促进心理健康。［第十五章］

内化方法（internalization method）通过启发信念和价值观来激发内部动机的方法。［第二章］

内驱力理论（drive theory）赫尔提出的唤醒水平与操作成绩关系的理论，认为操作成绩（P）是内驱力状态（D）与习惯强度（H）的乘积，即 P=D×H。内驱力的增加（唤醒升高）将使优势反应出现的可能性增大。如果优势反应是正确的，唤醒水平的增高会引起操作成绩的提高。如果优势反应是错误的，唤醒水平的增高将引起操作成绩的下降。［第三章］

脑波超慢涨落图分析技术（encephalofluctuogram technology，ET）借助脑电测试手段对脑内神经递质的化学涨落过程进行多重频谱定量分析的技术。可借此描述个体脑波超慢涨落信号特性，揭示脑内化学变化的特征与实时状态、大脑功能整合的个体化特征、大脑功能状态的变化特征、大脑功能对环境的适应性变化过程特征等。［第九章］

跑步者高潮（the runners high）也称体育锻炼快感（the exercise high），指在跑步（或其他体育锻炼活动）中出现的一过性的、妙不可言的“高潮”，表现为欣快感和健康幸福感高涨，对大自然的欣赏大增，而且伴有强烈的时空障碍超越感。［第十五章］

气质（temperament）心理活动的速度、强度和倾向性的动力特征表现。［第十四章］

强化（reinforcement）当出现可接受的行为时，或者给予奖励，或者撤除消极刺激的过程。［第二章］

情绪的环境调节（environment intervention）比赛情绪调节方法的一种，是通过改变环境来调节控制情绪，包括音乐调节、颜色调节和气味调节等。［第八章］

情志转移（interest shift）比赛情绪调节方法的一种，是通过转移注意来调节控制情绪的方法。［第八章］

躯体焦虑（somatic anxiety）焦虑的生理性特征，直接由自发的唤醒引起，通过心跳加快、呼吸急促、手心出汗、肠胃痉挛以及肌肉紧张表现出来。［第三章］

躯体状态焦虑（state somatic anxiety）竞赛焦虑的成分之一，指在竞赛时或竞赛前后即刻存在的对自主神经系统的激活或唤醒状态的情绪体验。［第三章］

去个性化（deindividualization）处在群体中的个体不是以个人的方式来行动，而是溶化于群体中，丧失个体可辨别性的一种状态。［第十三章］

权变模式（contingency model）菲德勒提出的领导行为与工作效率关系的理论模式，认为领导者所采取的领导方式应该与环境相适应，才能卓有成效。任务取向的领导方式，在环境条件最有利和最不利的情况下工作效率较高；人情取向的领导方式，只有在环境条件一般的情况下工作效率较高。［第十一章］

人际关系融洽（interpersonal harmony）团体成员与成员、成员和团体、领导者和下属、领导者和领导者之间的相互吸引、和睦相处、相互尊重、相互信任、相互支持。［第十章］

人情取向（socioemotion orientation）领导方式的一种，指以职工的利益和情感为重的领导作风。［第十一章］

认同方法（identification method）利用教练员与运动员之间的关系来激发运动动机的方法。［第二章］

认同感（perception of identification）团体成员对重大事件与原则问题保持共同的认识与评价方面的心理感受。［第十章］

认知焦虑（cognitive anxiety）焦虑的认知性特征，由对内外刺激的评价引起，是含有担忧和干扰性视觉表象成分的一种不愉快感受。[第三章]

认知评价理论（cognitive evaluation theory）德西和瑞安提出的关于内部动机和外部动机关系的理论，认为每一事件均具有两种功能，即与自我决策感相关的控制性功能和与能力感相关的信息性功能；外部奖励如果能够提高自我决策感和能力感，则会加强内部动机；外部奖励如果降低自我决策感和能力感，则会损害内部动机。[第二章]

认知－情感应激模型（cognitive–affective stress model）史密斯提出的解释心理疲劳（耗竭）产生原因的理论模型，认为运动员或锻炼者对训练或比赛中应激情境的持续消极评估所产生的消极的情绪反应和行为反应是最终导致心理疲劳的原因。[第九章]

认知行为假说（cognitive behavioral hypothesis）解释体育锻炼与心理健康关系的理论假说，认为体育活动或锻炼可诱发积极的思维和情感，这些积极的思维和情感对抑郁、焦虑和困惑等消极心境具有抵抗作用。[第十五章]

认知状态焦虑（state cognitive anxiety）竞赛焦虑的成分之一，指在竞赛时或竞赛前后即刻存在的主观上所认知到有某种危险或威胁情境的担忧。[第三章]

任务定向（task orientation）强调纵向的自己与自己相比，注重个人努力、以掌握技能、完成任务为目标的心理定向。它有助于内部动机的维持和提高。[第二章]

任务凝聚力（task cohesiveness）团体成员团结一致为实现某一特殊的和可识别的目标做出努力的程度。[第十章]

任务取向（task orientation）领导方式的一种，指以完成工作任务和达到工作目标为重的领导作风。[第十一章]

三度归因理论（the cube theory）凯利提出的归因理论，认为人在归因过程中，客观刺激物、行动者和所处的情境，三方面的因素形成了一个协变的框架，对这三方面的信息进行多次观察，就能够对人的行为做出相对正确的归因。[第四章]

社会促进（social facilitation）最初是指在有他人在场的情况下，人们完成一些较为简单的、十分熟悉的工作任务时，工作效率提高的现象；现在则是指在有他人在场的情况下，优势反应（dominant response）得到加强的现象。[第十二章]

社会促进模型（social facilitation model）扎琼克提出的社会促进产生的原因的模型，认为他人的在场会提高人的唤醒水平，从而导致优势反应的增强。如果优势反应是正确的反应，则可促使操作成绩提高；如果优势反应是错误的反应，则会导致操作成绩下降。[第十二章]

社会交往假说（social interaction hypothesis）解释体育锻炼与心理健康关系的理论假说，认为人在体育活动或锻炼中与朋友、同事等进行的社会交往是令人愉快的，具有促进心理健康的作用。[第十五章]

社会凝聚力（social cohesiveness）团体成员相互欣赏，并愿意成为其中一员的程度。[第十章]

社会性动机（social motivation）动机的一种，指以人的社会性需要（如交往、成就或

尊重等）为基础而产生的动机。［第二章］

社会学习理论（social learning theory）班杜拉提出的解释人类攻击行为原因的理论，认为攻击行为是通过观察榜样的行为，然后在个体出现类似行为时受到强化而学习获得的。［第十三章］

身体锻炼（physical exercise）（参见：体育锻炼）［第十五章］

身体攻击（physical aggression）通过直接的身体对抗给对方造成身体伤害，如打架斗殴甚至暴力。［第十三章］

身体活动（physical activity）（参见：体育活动）［第十五章］

生物反馈训练（biofeedback training）心理技能训练的一种，是利用仪器将与心理生理过程有关的生物学信息（如肌电、皮电、皮温、心率、血压、脑电等）以视觉或听觉的方式呈现给受训者，训练他们有意识地调控自身的心理生理活动的方法。［第七章］

生物性动机（biological motivation）动机的一种，也称驱力，指以个体自身的生物学需要（如饥饿、口渴、疼痛、睡眠或性欲等）为基础而产生的动机。［第二章］

胜任动机理论（competence motivation theory）哈特提出的强调成功表现对自信心的促进作用的成就动机理论，认为人天生就有在各领域取得成功的内在动机，即“胜任的动机”。在它的推动下，个体会努力去尝试精通某事（如某项运动），这种尝试的成功或失败进而会对个体的自我效能产生积极或消极的影响。［第五章］

特质焦虑（trait anxiety）一种人格特质，即在各种情境中产生焦虑反应的情绪倾向和行为倾向。［第三章］

特质运动自信（trait sport-confidence）运动自信心的一种，指个体通常对其所具有的能力在竞技运动中获取成功的信念及确信程度。［第五章］

体育锻炼（physical exercise）有目的、有计划、有规律且重复安排的体育活动。［第十五章］

体育锻炼快感（the exercise high）（参见：跑步者高潮）［第十五章］

体育活动（physical activity）以健身、娱乐和身体教育为主要目的，以身体运动为主要手段而专门从事的人类活动。［第十五章］

体育课堂教学心理气氛（psychological atmosphere in PE class）在体育课堂教学中师生所表现出来的占优势的精神状态。［第十四章］

体育能力（ability in sports）即体育运动能力，是一个人顺利完成体育运动活动任务所必备的心理特征，由心理运动能力和身体的熟练运动能力所构成。［第十四章］

体育心理学（psychology of physical education）运动心理学的研究领域之一，是研究体育教育过程中，特别是学生在运动学习过程中的心理和行为的变化规律，强调体育教学对学生心理成长和发展的作用的应用科学。［第一章］

投入模型（investment model）施密特和施泰因提出的解释心理疲劳（耗竭）产生原因的理论模型，认为个体对参与体育运动的投入与产出的评价，可以用来预测心理疲劳。运动员是通过对参与某项运动所得到的回报、所付出的代价、自我满意度、时间与精力的投入以及其他选择的余地等五个因素的评价来决定自己对参与体育运动的看法。如果他 / 她将所参与的运动看作是一种约束，则迟早会产生心理疲劳。［第九章］

突变模型（the catastrophe model）哈迪和法齐提出的解释认知焦虑和生理唤醒与操作成绩的关系的理论模型，认为认知焦虑较低时，操作成绩与生理唤醒的关系类似一条柔和的倒 U 形曲线；认知焦虑较高时，生理唤醒提高到一定程度时，操作成绩会呈现突然性的大幅度下降。［第三章］

团体规模（group size）团体成员的数量。［第十章］

团体绩效规范（group productivity norm）团体成员对该团体应以怎样的效率，达到怎样的目标所持的共同态度。［第十章］

团体凝聚力（group cohesiveness）团体成员之间心理结合力的总体，表现在两个方面：一是团体成员对团体所感受到的吸引力，从而自愿参与团体的活动；二是团体对其成员所具有的吸引力，从而把团体成员积极地组织到团体活动中去。［第十章］

团体稳定性（group stability）团体成员的变动程度。［第十章］

外部动机（extrinsic motive）动机的一种，指来自于外部原因的动机。［第二章］

外界压力（outside pressure）团体遇到的外来威胁。［第十章］

稳定性（stability）归因时对内因与外因是否稳定的认识。［第四章］

习得性无助（learned helplessness）在经历了挫折和失败之后，面对问题时产生的无能为力的心理状态和行为。［第四章］

狭窄－内部注意（narrow–internal attention）指注意范围狭窄并指向内部信息的注意。［第六章］

狭窄－外部注意（narrow–external attention）指注意范围狭窄并指向外部环境的注意。［第六章］

消极强化（negative reinforcement）强化的一种，指通过撤除消极的结果（如惩罚）来鼓励特定行为的方法。［第二章］

消极训练应激反应模型（nagative–training stress response model）席尔瓦提出的解释心理疲劳（耗竭）产生原因的理论模型，认为对训练应激的消极反应是产生心理疲劳的原因。对训练应激的消极反应会导致训练效益的滞后，由于缺乏训练效益就会出现过度训练、疲惫和心理疲劳。［第九章］

心境（mood）具有感染力的微弱而较持久的情绪状态。［第十五章］

心理不应期（psychological refractory period）指在相继给予两个刺激并对两个刺激分别产生反应时，如果两个刺激间隔时间短，第二个反应的时间就延长的现象。［第六章］

心理定向（mental set）个体在某种情境下习惯性的心理准备状态和反应倾向。它是长期经验积累的结果，可提高同类情境下的思维和反应速度。［第八章］

心理耗竭（burnout）也称身心耗竭 / 崩溃。它是由于不能有效适应训练或比赛应激的要求而产生的一种耗竭性的心理、生理反应。［第九章］

心理技能训练（psychological skill training）有目的有计划地对运动员的心理过程和个

性心理特征施加影响的过程，或是指采用特殊的方法和手段使运动员学会调节和控制自己的心理状态并进而调节和控制自己的运动行为的过程。［第七章］

心理健康（mental health）一种生活适应良好的状态，主要表现为认知、情绪、人格及社会适应方面的正常性、乐观性、稳定性、和谐性等积极特征。［第十五章］

心理疲劳（mental fatigue）运动员在应对内源性和外源性压力时，心理资源及生理资源被不断消耗而没有得到及时补充时所出现的心理机能下降的现象，表现为情绪、认知、动机、行为和生理等方面的改变。［第九章］

心血管健康假说（cardiovasular fitness hypothesis）解释体育锻炼与心理健康关系的理论假说，认为心境的改善同心血管健康状况的改善相关。体育锻炼增强心血管系统的功能，增加心血管的收缩性和通透性。良好的血液循环可以使体温恒定，器官供氧充足，有助于保持神经纤维的正常传导性，从而有利于心理健康。［第十五章］

性格（character）人对现实稳定的态度以及与之相适应的习惯化了的行为方式。［第十四章］

修正的挫折－攻击理论（reformulated/revised frustration–aggression theory）伯克维茨提出的解释人类原因的理论，认为挫折通过提高人的唤醒水平或增加人的愤怒情绪，提供了“攻击的准备”，攻击行为的实际发生，必须有某些刺激因素作为攻击行为的线索，这些线索诱发攻击行为。［第十三章］

需要层次论（hierarchical theory of needs）美国心理学家马斯洛提出的动机理论，认为人有各种各样的需要，按照发生的先后顺序可以分为生理、安全、爱与归属、尊重和自我实现等五个等级。各层需要依序升级，较低级的需要至少必须部分满足之后才能出现对较高级需要的追求。［第二章］

宣泄调节（discharge intervention）比赛情绪调节方法的一种，是指以适当的方式及时和充分地宣泄情绪的方法。［第八章］

亚洲及南太平洋地区运动心理学会（Asian South Pacific Association of Sport Psychology，ASPASP）为促进运动心理学在亚洲及南太平洋地区的研究、应用和发展而成立的学术组织，1991 年成立，每 4 年召开一次大会。［第一章］

言语攻击（verbal aggression）通过言语攻击他人的行为，以达到在心理上伤害他人的目的的攻击行为。［第十三章］

依从方法（compliance method）利用外部奖励和惩罚的作用来激发运动动机的方法。［第二章］

应激（stress）有机体在遇到干扰自己平衡状态或超越自己应对能力的刺激事件时，表现出来的特定的或非特定性的反应过程，包括应激刺激、对威胁的知觉评价和应激反应三种主要成分。［第三章］［第十五章］

运动记忆（motor memory）也称动作记忆，指以自己做过的动作、运动及其系统为内容的记忆。［第十四章］

运动领导的多维度模式（multidimensional model of sport leadership）谢拉杜莱提出的运

动情境中领导行为与工作效率关系的理论模式，认为：①情境、领导者和团队成员的特性，是领导行为的前提条件；②被要求的行为、实际行为和被喜爱的行为是领导行为的三个组成部分；③这三个组成部分如果完全一致，运动员就会有理想的表现和满足感，完全不一致，就会出现放任自流的结果；如果被要求的行为与实际行为一致，但与被喜爱的行为不一致，运动员也许会有上佳表现，但并不满意；如果实际行为与被喜爱的行为相一致，但与被要求的行为不一致，运动员也许会感到满意，但场上表现可能不会令人满意。［第十一章］

运动心理学（sport psychology）①心理学的分支学科，是阐明体育运动的心理学基础，研究人在体育运动中心理活动的特点及其规律的应用科学。②特指竞技运动心理学的研究领域。［第一章］

运动自信（sport-confidence）个体对通过自己所具有的能力在竞技运动中获取成功的信念及确信程度。［第五章］

运动自信模型（the sport-confidence model）由维亚利提出，该模型将运动自信进一步划分为特质运动自信和状态运动自信；现实运动情境影响着运动员的特质运动自信和竞赛定向（包括过程定向和结果定向），这两者又共同影响着运动员的状态运动自信，而状态运动自信最终影响运动员的行为表现及其结果评价。［第五章］

整体性（globalness）归因时对某一原因影响一特定情景中的特定事件，还是影响许多情景中的许多事件的认识。［第四章］

直接动机（direct motivation）动机的一种，指以直接兴趣为基础，指向活动过程本身的动机。［第二章］

志趣相投（shared interests）团体成员在动机、理想、志向、信念、兴趣、爱好等方面基本一致。［第十章］

中国运动心理学会（China Sport Psychology Society）为促进运动心理学在中国的研究、应用和发展而成立的学术组织，国际运动心理学会和亚洲及南太平洋地区运动心理学会团体会员，是两个机构的总称：中国心理学会体育运动心理学分会（成立于 1979 年）和中国体育科学学会运动心理学分会（成立于 1980 年），每 4 年召开一次大会。［第一章］

主场效应（home effect）也称主场优势（home advantage），是指在主客场数相同的赛程中，运动队在主场的胜率超过 50% 的统计现象。［第十二章］

主动性攻击（proactive aggression）指个体在未受激惹的情况下，基于对某种困难或消极结果的预判而抢先发起的攻击。［第十三章］

主位定向（self-orientation）比赛心理定向的原则之一，即在比赛时将注意指向自己的思维和行动，而不是天气、裁判、观众等难以控制因素上的认识倾向。［第八章］

注意（attention）心理活动对一定对象的指向和集中。［第六章］［第十四章］

注意的分配（distribution of attention）指在同一时间内将注意指向不同对象，其基本条件是其条件是熟练的技能技巧和大脑皮质正常的兴奋性。［第六章］

注意方式理论（attention styles theory）奈德弗提出的解释注意结构、个体差异与操作成绩关系的理论，认为注意的结构包括两个维度，即注意的范围和方向。范围的宽窄和方向的内外可结合成四种注意方式，并影响着运动活动的效率。每个运动项目都需要将注意的范围和方向加以特殊组合，以产生最佳运动表现。［第六章］

专门化知觉（specialized perception）专项运动对运动员心理要求的一个重要方面，是运动员在运动实践中经长期专项训练所形成的一种精细的综合性知觉，能对自身运动和环境线索做出敏锐和精确的识别和觉察的认知过程。［第十四章］

专制式领导（autocratic leadership）领导风格的一种，指将权力掌握在领导者手中、具有唯我独尊、独断专行特点的领导作风。［第十一章］

转移注意力假说（distraction hypothesis）解释体育锻炼与心理健康关系的理论假说，认为体育活动或锻炼使参与者转移了对自己的忧虑和挫折的注意力，从而使其焦虑、抑郁等消极情绪出现短时间的下降，进而促进心理健康。［第十五章］

状态焦虑（state anxiety）个人在特定的情境和特定的时间内所直接表现出来的、带有明显的外显行为的焦虑情绪，是一种暂时波动的情绪状态。［第三章］

状态运动自信（state sport-confidence）运动自信心的一种，指个体在某一时刻对其具有的能力在竞技运动中取得成功的信念和确认程度。［第五章］

状态自信心（state confidence）竞赛焦虑的成分之一，指在竞赛时或竞赛前后运动员对自己的运动行为所抱有的能否取得成功的信念。［第三章］

自陈量表（self-report inventories）一种自我评定问卷，施测时请被调查者就一些测题或问句选择合适的答案，以了解其心理特征。［第九章］

自我暗示训练（self-suggestion training）心理技能训练的一种，也称暗示训练，指利用语言等刺激物对主体的心理施加影响，并进而调控行为的过程。［第七章］

自我定向（ego orientation）强调横向的自己与他人相比，注重社会参照，以超过他人为目标的心理定向。它对内部动机有损害作用。［第二章］

自我服务偏差（self serving error）人们在对自己的行为进行归因时因做出有利于自己的归因而取代逻辑归因，从而导致的归因偏差。［第四章］

自我效能（self-efficacy）一个人对自己能否成功地完成一项任务所持的信心和期望，或者对自己成功地完成一项任务所具备的潜能的认识。［第二章］［第五章］

自我效能理论（self efficacy theory）班杜拉提出的关于自我效能的影响因素和重要作用的理论。认为自我效能是一种特定情境中的自信，它的形成受 4 种信息影响，即行为成就（直接经验）、替代经验（间接经验）、言语劝导和情绪唤醒。这 4 种信息影响人的效能期望，效能期望进而影响人的认知、情绪和行为。［第二章］［第五章］

自我意识（self consciousness）个人对自己的身体状态、身体活动、心理活动及人际关系等的认识和评价。包括自我观念、自我知觉、自我评价、自我体验、自尊、自我监督、自我调节以及自我控制等。［第十二章］

自信（self confidence）个人相信自己，对自己所知的事情、能做的事情或已做的事情确信不疑。［第五章］

附录 2：中外文姓名对照表

英文姓，名	中文姓，名	英文姓，名	中文姓，名
Abdul-Jabbar, Kareem	阿卜杜勒－贾巴尔，卡里姆	Collins, Doug	柯林斯，道格
		Cote	科特
Agnew	阿格纽	Courneya	库尔内亚
Anderson	安德森	Cox	考克斯
Ausubel	奥苏贝尔	Cratty	克拉蒂
Bandura	班杜拉	Dale	戴尔
Bar-Eli	巴雷利	Darley	达利
Barnett	巴尼特	Davis	戴维斯
Baron	巴伦	DeCharms	德沙尔姆
Barsky	巴斯基	Dodson	多德森
Baumeister	鲍迈斯特	Donnelly	唐纳利
Berger	伯杰	Dowie	道伊
Berkowitz	伯科威茨	Duda	杜达
Bjrkqvist	比约克奎斯特	Dweck	德韦克
Black	布莱克	Ebbinghaus	艾宾浩斯
Bredemeier	布雷德迈尔	Ellis	埃利斯
Broadhurst	布罗德赫斯特	Eysenck	艾森克
Buss	巴斯	Fazey	法齐
Carpenter	卡彭特	Fiedler	菲德勒
Carron	卡伦	Fosbury	福斯伯里
Cattell	卡特尔	Freud	弗洛伊德
Chelladurai	谢拉杜莱	Gallimore	加利莫尔
Chernikowa	切尔尼科娃	Gill	吉尔
Clarke	克拉克	Gould	古尔德
Coakley	科克利	Gree	格里

续表

英文姓，名	中文姓，名	英文姓，名	中文姓，名
Griffith	格里菲思	Martens	马腾斯
Hacker	哈克	Martin, Billy	马丁，比利
Hanin	哈宁	Maslach	马斯拉奇
Hardy	哈迪	Maslow	马斯洛
Harter	哈特	Matheson	马西森
Heaton	希顿	McGrath	麦格拉思
Heider	海德	Michaels	迈克尔斯
Hilditch	希尔迪奇	Misumi Jifuji	三隅二不二
Hogue	霍格	Morris	莫里斯
Horn	霍恩	Nicholls	尼科尔斯
Hull	赫尔	Nideffer	奈德弗
Jackson, Reggie	杰克逊，雷吉	Norman	诺曼
Jacobson	雅克布森	North	诺思
James	詹姆斯	OConnor	奥康纳
Jones	琼斯	Parcells, Bill	帕斯尔斯，比尔
Jurkvac	尤尔科瓦克	Parker	帕克
Kelley	凯利	Perry	佩里
LaFontaine	拉方丹	Peterson	彼得森
Landers	兰德斯	Petruzzello	佩特鲁泽罗
Latane	拉坦内	Piaget	皮亚杰
Lenk	伦克	Pippen	皮彭
Lewin	卢因	Pollard	波拉德
Likert	利克特	Prapavessis	普拉帕维西
Locke	洛克	Purdy	珀迪
Madrigal	马德里加尔	Richardson	理查森
Mahoney	马奥尼	Ringlemann	里因戈曼
Mann	曼	Roney	罗尼；罗妮（女名）

续表

英文姓，名	中文姓，名	英文姓，名	中文姓，名
Ruder	鲁德	Stevenson	史蒂文森
Rudik	鲁吉克	Stogdill	斯托格迪尔
Russell	拉塞尔	Swain	斯温
Ryan	瑞安	Taylor	泰勒
Sales	赛尔斯	Tharp	撒普
Sandweiss	桑德维斯	Travis	特拉维斯
Scheier	沙伊尔	Triplett	特里普利特
Schlenker	施伦克尔	Triplett, Norman	特里普利特，诺曼
Schmidt	施密特	Vealey	维亚利
Schultz	舒尔茨	Walton, Bill	沃尔顿，比尔
Schwartz	施瓦茨	Weigand	韦甘德
Scripture	斯克里普丘	Weinberg	温伯格
Seligman	塞利格曼	Weiner	韦纳
Shangi	尚吉	Weiss	韦斯
Shea	谢伊	Whitney	惠特尼
Sigall	西加利	Widmeyer	韦德迈伊尔
Silva	席尔瓦	Wilkinson	威尔金森
Singer	辛格	Williams	威廉姆斯
Smith	史密斯	Wooden, John	伍登，约翰
Smoll	斯莫尔	Wright	赖特
Snyder	斯奈德	Wrisberg	里斯伯格
Spence	斯彭斯	Wundt, Wilhelm	冯特，威廉
Spielberger	斯皮尔伯格	Yerkes	耶基斯
Stein	施泰因；斯坦	Yukelson	尤克尔松
Steinbrenner, George	施泰因布伦纳，乔治	Zajonc	扎琼克
Steiner	斯坦纳	Zeller	泽勒
Steinhilber	施泰因希尔贝		

参考文献

[1]《心理学百科全书》编辑委员会 . 心理学百科全书 [M]. 杭州：浙江教育出版社，1995.

[2] 波林 . 实验心理学史 [M]. 高觉敷，译 . 北京：商务印书馆，1981.

[3] 柴文袖 . 我国古代运动心理学思想再探 [J]. 体育科学，1991，11（5）：89–92，96.

[4] 单小东 . 论音乐功能在运动员赛前心理紧张的调节作用 [J]. 安徽体育科技，1999，20（2）：48–50.

[5] 段嘉元 . 对法国世界杯赛红牌的研究 [J]. 中国体育科技，1998，34（12）：38–41.

[6] 樊道明 . 竞技运动比赛中的观众效应及其影响因素 [J]. 体育与科学，2007，28（6）：77–79.

[7] 国家射箭队心理课题组 . 奔向奥运赛场 [M]. 北京：国家体育总局射击射箭运动管理中心，2008.

[8] 亨特 . 心理学的故事 [M]. 李斯，王月瑞，译 . 海口：海南出版社，1999.

[9] 黄金柱 . 体育社会心理学 [M]. 台北：师大书苑有限公司，1983.

[10] 季浏，符明秋 . 当代运动心理学 [M]. 重庆：西南师范大学出版社，1994.

[11] 季浏 . 体育心理学教与学指导 [M]. 北京：高等教育出版社，2006.

[12] 江宇，张力为，陈荔 . 颜色对人的温度感的影响——对运动员心理调节的启示 [J]. 北京体育大学学报，2006，29（10）：1348–1350.

[13] 姜飞月，郭本禹 . 从个体效能到集体效能——班杜拉自我效能理论的新发展 [J]. 心理科学，2002，25（1）：114–115.

[14] 蒋丰，储石生 . 渐进式心理放松训练对于降低江苏男子花剑运动员焦虑水平的效果的研究 [J]. 南京体育学院学报（社会科学版），2007，21（3）：111–113，47.

[15] 矫健，贾巍 . 心理暗示调解法在恢复期中的运用 [J]. 山东体育科技，2008，30（1）：57–59.

[16] 金盛华，张杰 . 当代社会心理学导论 [M]. 北京：北京师范大学出版社，1995.

[17] 考克斯 . 运动心理学——概念与应用 [M]. 张力为，张禹，牛曼漪，等译 . 北京：清华大学出版社，2003.

[18] 李京诚 . 体育教育领域心理学研究的演进 [J]. 武汉体育学院学报，2005，39（9）：45–49，98，112.

[19] 李仲坤 . 体育运动中的攻击性行为与控制 [J]. 体育学刊，2001，8（4）：40–41，44.

[20] 梁勇 . 关于运动攻击行为的理论及研究 [J]. 吉林体育学院学报，2007，23（2）：48–49.

[21] 林岭 . 运动性心理疲劳的概念模型、多维检测、影响因素及干预措施 [D]. 北京：北京体育大学，2006.
[22] 刘方琳 . 运动情境中心理疲劳的性质、原因及应对 [D]. 北京：北京体育大学，2005.
[23] 刘凯 . 浅谈运动中的观众效应 [J]. 辽宁师专学报（自然科学版），2000（4）：50–52，62.
[24] 刘协和，刘志中 . 心理卫生大全 [M]. 重庆：重庆出版社，1993.
[25] 罗睿 . 心理技能训练研究综述 [J]. 体育世界（学术版），2008（6）：43–46.
[26] 马启伟，张力为 . 体育运动心理学 [M]. 杭州：浙江教育出版社，1998.
[27] 马启伟 . 体育心理学 [M]. 北京：高等教育出版社，1996.
[28] 毛志雄 . 北京城区中老年人身体锻炼与心理健康的关系——情绪维度的研究 [J]. 北京体育大学学报，1996（S1）：5–10.
[29] 孟献峰，许彩明，姜忠于 . 心理状态对比赛的影响及其调节方法研究 [J]. 湖北体育科技，2004，23（4）：485–487.
[30] 孟昭兰 . 情绪心理学 [M]. 北京：北京大学出版社，2005.
[31] 乔建中 . 情绪研究：理论与方法 [M]. 南京：南京师范大学出版社，2003.
[32] 邱宜均 . 对我国甲级排球运动员操作思维的初步研究 [C]// 中国体育科学学会运动心理学会和中国心理学会体育运动心理专业委员会 . 全国运动心理学学术论文暨国外运动心理学译文汇编 . 北京：[出版者不详]，1984：134–136.
[33] 邱宜均 . 运动心理诊断学 [M]. 武汉：中国地质大学出版社，1990.
[34] 时蓉华 . 社会心理学 [M]. 台北：东华书局，1996.
[35] 时蓉华 . 现代社会心理学 [M]. 上海：华东师范大学出版社，1989.
[36] 孙宁 . 不同放松方法对优秀运动员焦虑水平的影响研究 [D]. 重庆：西南大学，2007.
[37] 许尚侠 . 操作思维与运动操作的关系 [C]// 中国体育科学学会运动心理学会和中国心理学会体育运动心理专业委员会 . 全国运动心理学学术论文暨国外运动心理学译文汇编 . 北京 :[出版者不详]，1984：131–134.
[38] 晏宁 . 运动员训练状态监测量表的研制 [D]. 北京：北京体育大学，2003.
[39] 杨艳芳，陈铁成，高顺利 . 竞技运动领域自我效能感研究现状分析 [J]. 首都体育学院学报，2006，18（6）：73–75.
[40] 叶奕乾，孔克勤 . 个性心理学 [M]. 上海：华东师范大学出版社，1993.
[41] 殷恒婵，丁雪琴，陈勇嘉 . 生物反馈技术在运动员心理技能训练过程中的应用 [J]. 体育与科学，2000，21（3）：44–47.
[42] 张超，杨子旭 . 2006 年德国世界杯运动员攻击性行为的相关因素 [J]. 北京体育大学学报，2008，31（9）：1279–1281.
[43] 张春兴 . 张氏心理学辞典 [M]. 上海：上海辞书出版社，1992.
[44] 张鼎昆，方俐洛，凌文辁 . 自我效能感的理论及研究现状 [J]. 心理科学进展，1999（1）：

39–43，11.
[45] 张力为，梁展鹏 . 运动员的生活满意感：个人自尊与集体自尊的贡献 [J]. 心理学报，2002，34（2）：160–167.
[46] 张力为，毛志雄 . 运动心理学 [M]. 北京：高等教育出版社，2007.
[47] 张力为，毛志雄 . 运动心理学 [M]. 上海：华东师范大学出版社，2003.
[48] 张力为，任未多，毛志雄，等 . 竞技运动心理学简编 [M]. 北京：北京第五运动技术学校，1992.
[49] 张力为，任未多 . 体育运动心理学研究进展 [M]. 北京：高等教育出版社，2000.
[50] 张力为 . 训练与竞赛中的归因问题（综述二）——习得性无助以及应用归因理论于运动实践的建议 [J]. 山西体育科技，1994（1）：27–32.
[51] 张立 . 关于我国优秀女子排球队凝聚力的初步研究 [J]. 中国体育科技，1993（1）：15–27，48.
[52] 张明 . 洞察危机的惊魂：应激心理学 [M]. 北京：科学出版社，2004.
[53] 张忠秋 . 大赛前的心理定向与决赛定位 [M]// 中国体育科学学会运动心理学专业委员会，北京体育大学 . 中国代表团征战悉尼奥运会心理咨询手册 . 北京：国家体育总局科教司，2000.
[54] 张忠秋 . 对动作技能学习中专业化知觉最佳培养方式的探讨 [J]. 上海体育学院学报，1992（3）：65–71.
[55] 张忠秋 . 优秀运动员心理技能训练实用指南 [M]. 北京：人民体育出版社，2007.
[56] 张忠秋 . 运动群体凝聚力主要表现特征与培养方式探讨 [J]. 体育科学，1996，16（3）：68–72.
[57] 章建成，坂平照宪 . 用探针法预测乒乓球运动员名次 [J]. 日本国广岛体育学研究，1990（16）：13.
[58] 章建成 . 用探针法预测大学网球队员的名次 [J]. 上海体育学院学报，1994，18（2）：14–20.
[59] 郑清喜 . 韩国国家射箭队备战奥运会的心理技能训练 [J]. 中国射击射箭，2006（2）：11–19.
[60] 周百之 . 乒乓球运动员的操作思维 [J]. 中国体育科技，1984，20（7）：3–5.
[61] 朱为民 . 目标定向理论在运动领域的研究述评 [J]. 扬州教育学院学报，2006，24（4）：95–96.
[62] 朱智贤 . 心理学大辞典 [M]. 北京：北京师范大学出版社，1989.
[63] 祝蓓里，季浏 . 体育心理学 [M]. 北京：高等教育出版社，2000.
[64] 祝蓓里，季浏 . 体育运动心理学新编 [M]. 上海：华东大学出版社，1995.
[65] 祝蓓里 . 体育运动心理学的历史与现状 [J]. 心理学报，1986，18（2）：224–226.
[66] AGNEW G A，CARRON A V .Crowd effects and the home advantage[J].International Journal

of Sport Psychology，1994，25(1)：53–62.
[67] ALLEN J B，HOWE B L.Player ability，coach feedback，and female adolescent athletes' perceived competence and satisfaction[J].Journal of Sport and Exercise Psychology，1998，20(3)：280–299.
[68] ANDERSON C A，DILL K E.Video games and aggressive thoughts，feelings，and behavior in the laboratory and in life.[J].Journal of Personality and Social Psychology，2000，78(4)：772–790.
[69] ANSHEL M H.Sport psychology：from theory to practice scottsdale[M].AK：Gorsuch Scarisbrick Publishers，1990.
[70] BAHRKE M S，MORGAN W P.Anxiety reduction following exercise and meditation[J].Cognitive Therapy and Research，1978，2(4)：323–333.
[71] BALMER N J，NEVILL A M，WILLIAMS A M.Home advantage in the Winter Olympics(1908–1998)[J].Journal of Sports Sciences，2001，19(2)：129–139.
[72] BANDURA A.Social foundations of thought and action：a social cognitive theory englewood cliffs[M].NJ：Prentice–Hall，1986.
[73] BANDURA A.Social learning theory englewood cliffs[M].NJ：Prentice Hall，1977.
[74] BARNETT V，HILDITCH S.The effect of an artificial pitch surface on home team performance in football (soccer)[J].Journal of the Royal Statistical Society Series A：Statistics in Society，1993，156(1)：39–50.
[75] Baron R A，Bell P A.Aggression and heat：mediating effects of prior provocation and exposure to an aggressive model[J].Journal of Personality and Social Psychology，1975：31(5)：825–832.
[76] Baron R A，Richardson D R.Human aggression[M].2nd ed.New York：Plenum Press，1994.
[77] BAUMEISTER R F，HAMILTON J C，TICE D M. Public versus private expectancy of success：confidence booster or performance pressure?[J].Journal of Personality and Social Psychology，1985，48(6)：1447–1457.
[78] BAUMEISTER R F.，STEINHILBER A. Paradoxical effects of supportive audiences on performance under pressure：The home field disadvantage in sports championships[J].Journal of Personality and Social Psychology，1984，47(1)：85–93.
[79] BERGER B G，MCINMAN A.Exercise and the quality of life[M]//SINGER R N，MURPHEY M，TENNANT L K.Handbook of research on sport psychology.New York：Macmillan Publishing Company，1993.
[80] BERKOWITZ L.The expression and reduction of hostility[J].Psychological Bulletin，1958，55(5)：257–283.
[81] BEXTON W H，HERON W，SCOTT T H.Effects of decreased variation in the sensory

environment[J].Canadian Journal of Psychology，1954，8(2)：70–76.

[82] BEZJAK J E，LEE J W.Relationship of self–efficacy and locus of control constructs in predicting college students' physical fitness behaviors[J].Perceptual and Motor Skills，1990，71(2)：499–508.

[83] BJÖRKQVIST K，LAGERSPETZ K M J，OSTERMAN K.The direct and indirect aggression scales vasa[Z].Finland：Abo Akademi University，Department of Social Sciences，1992.

[84] BLACK S J，WEISS M R.The relationship among perceived coaching behaviors，perceptions of ability，and motivation in competitive age–group swimmers[J].Journal of Sport and Exercise Psychology，1992，14：309–325.

[85] Boggiano A K，Barrett M.Performance and motivational deficits of helplessness：The role of motivational orientations[J].Journal of Personality and Social Psychology，1985，49(6)：1753–1761.

[86] BOUTCHER S H，LANDERS D M.The effects of vigorous exercise on anxiety，heart rate，and alpha activity of runners and nonrunners[J].Psychophysiology，1988，25(6)：696–702.

[87] BUSS A H，PERRY M.The aggression questionnaire[J].Journal of Personality and Social Psychology，1992，63：452–459.

[88] CARRON A V.Cohesiveness in sport groups：interpretations and considerations[J].Journal of Sport and Exercise Psychology，1982，4：123–138.

[89] Carron A V.Social psychology of sport[M].Ithaca，NY：Mouvement，1980.

[90] CATTELL R B，SCHEIER J H.The meaning and measurement of neuroticism and anxiety[M].New York：Ronald，1961.

[91] Cavanaugh B M，Silva J M.Spectator perceptions of fan misbehavior：An attitudinal inquiry[M]//Nadeau C H，Halliwell W R，Newell K M，et al.Psychology of Motor Behavior and Sport Champaign.IL：Human Kinetics，1980.

[92] CHAPMAN A J.Social facilitation of laughter in children[J].Journal of Experimental Social Psychology，1973，9(6)：528–541.

[93] CHELLADURAI P.A contingency model of leadership in athletics unpublished doctoral dissertation[D].Waterloo，Canada：Department of Management Sciences，University of Waterloo，1978.

[94] CLARKE S R，NORMAN J M.Home ground advantage of individual clubs in English soccer[J].The Statistician，1995，44：509–521.

[95] COAKLEY J.Burnout among adolescent athletes：A personal failure or social problem ?[J].Sociology of Sport Journal，1992，9：271–285.

[96] COTE J，SALMELA J H，RUSSELL S.The knowledge of high–performance gymnastic coaches：competition and training considerations[J].The Sport Psychologist，1995，9：76–95.

[97] COURNEYA K S，CARRON A V.Batting first versus last：Implications for the home advantage[J].Journal of Sport and Exercise Psychology，1990，12：312–326.

[98] COURNEYA K S，CARRON A V.The home advantage in sport competitions：a literature review[J].Journal of Sport and Exercise Psychology，1992，14：13–27.

[99] COX R H.Sport psychology：concepts and applications[M].3th ed.Madison：McGraw–Hill，1994.

[100] COX R H.Sport psychology：concepts and applications[M].4th ed.Madison：Brown & Benchmark，1998.

[101] CRATTY B J.Psychology in contemporary sport：guidelines for coaches and athletes[M].2nd ed.Englewood Cliffs，NJ：Prentice–Hall，1983.

[102] DALE J，WEINBERG R S.Burnout in Sport：A review and critique[J].Journal of Applied Sport Psychology，1990，2：67–83.

[103] DARLEY J M，LATANE B.Bystander intervention in emergencies：diffusion of responsibility[J].Journal of Personality and Social Psychology，1968，8：377–383.

[104] DECHARMS R C，CARPENTER V.Measuring motivation in culturally disadvantaged school children[J].Journal of Experimental Education，1968，37：31–41.

[105] DECI E L，RYAN R M.The empirical exploration of intrinsic motivational processes[M]//BERKOWITZ L.Advances in experimental social psychology，New York：Academic Press，1980：39–80.

[106] DECI E L，SCHWARTZ A J，SHEINMAN L，et al.An instrument to assess adults' orientations toward control versus autonomy with children：reflections on intrinsic motivation and perceived competence[J].Journal of Educational Psychology，1981，73：642–650.

[107] DECI E L.Intrinsic motivation[M].New York：Plenum Press，1975.

[108] DEVRIES H A，ADAMS G M.Electromyographic comparison of single doses of exercise and meprobamate as to effects on muscular relaxation[J].Medicine and Science in Sports and Exercise，1972，23：846–852.

[109] Dollard J，Miller N，Doob I，et al.Frustration and Aggression[M].New Haven，CT：Yale University Press，1939.

[110] DONNELLY P.An analysis of the relationship between organizational half–life and organizational effectiveness[Z].Boston：University of Massachusetts，Amherst，1975.

[111] DOWIE J.Why Spain Should Win the World Cup[J].New Scientist，1982，94：693–695.

[112] DUDA J L，NICHOLLS J G.Dimensions of achievement motivation in schoolwork and sport[J].Journal of Educational Psychology，1992，84(3)：290–299.

[113] DUDA J L.Motivation in sport settings：a goal perspective approach[M]//ROBERTS G

C.(Ed.).Motivation in sport and exercise. Human Kinetics Books.1995：57–91

[114] DWECK C S.Learned helplessness in sport[M]//NADEAU C H，HALLIWELL W R，NEWELL K M，et al.Psychology of motor of behavior and sport champaign，IL：Human Kinetics，1980.

[115] DWECK C S.The role of expectations and attributions in the alleviation of learned helplessness[J].Journal of Personality and Social Psychology，1975，31：674–685.

[116] EADES A.An investigation of burnout in intercollegiate athletes：The development of the Eades athlete burnout inventory[D]. Berkeley：University of California，1990.

[117] ELLIOT E S，DWEK C S.Goals：An approach to motivation and achievement[J].Journal of Personality and Social Psychology，1988，54：5–12.

[118] Eysenck M W.A handbook of cognitive psychology[M].London：Erlbaum，1984.

[119] Fenz W D.Gradients of physiological arousal in parachutists as a function of an approaching jump[J].Psychosomatic Medicine，1967，29：33–51.

[120] FENZ W D.Specific and general inhibitory reactions associated with mastery of stress[J]. Journal of Experimental Psychology，1968，77：52–56.

[121] FIEDLER F E A.theory of leadership effectiveness[M].New York：McGraw Hill，1967.

[122] Fiedler F E，Hartmann W，Rudin S A.The relationship of interpersonal perception to effectiveness in basketball teams / report No. 3[R].IL：Bureau of Records and Service，University of Illinois，1952.

[123] FREUD S.Why war？ [M]//STRACHEY J.Collected papers.London：Hogarth，1950.

[124] GARCIA A W，KING A C..Predicting longterm adherence to aerobic exercise：A comparison of two models[J].Journal of Sport and Exercise Psychology，1991，13(4)：394–410.

[125] George T R，Feltz D L.Motivation in sport from a collective efficacy perspective[J]. International Journal of Sport Psychology，1995，26：98–116.

[126] Gill D L.Psychological dynamics of sport[M].Champaign，IL：Human Kinetics，1986.

[127] Glasser W.Positive addiction[M].New York：Harper & Row，1976.

[128] GOULD D，PETLICHKOFF L，SIMONS J，et al.The relationship between competitive state anxiety inventory–2 subscale scores and pistol shooting performance[J].Journal of Sport Psychology，1987，9：33–42.

[129] GREENWALD A G，MCGHEE E，SCHWARTZ J L.Measuring individual differences in implicit cognition：The implicit association test[J].Journal of Personality and Social Psychology，1998，74(6)：1464–1480.

[130] HACKFORT D，SPIELBERGER C D.Sport related anxiety：Current trends in theory and research[M]//HACKFORT D，SPIELBERGER C D.Anxiety in sports：an international

perspective.New York：Hemisphere Publishing Corporation，1989：262–267.
[131] HANIN Y L.Interpersonal and intragroup anxiety in sports[M]//HACKFORT D，SPIELBERGER C D.Anxiety in sports：an international perspective. series in health and behavioural medicine.New York：Hemisphere，1989.
[132] HANNAFORD C P，HARRELL E H，COX K.Psychophysiological effects of a running program on depression and anxiety in a psychiatric population[J].The Psychological Record，1988，38(1)：37–48.
[133] HARDY L，FAZEY J.The inverted U hypothesis：a catastrophe for sport psychology？[R].Vancouver：the Annual Conference of the North American Society for the Psychology of Sport and Physical Activity，1987.
[134] HARTER S.Effectance motivation reconsidered toward a developmental model[J].Human Development，1978，21(1)：34–64.
[135] HEATON A W，SIGALL H.Self - consciousness，self - presentation，and performance under pressure：who chokes，and when?[J].Journal of Applied Social Psychology，2010，21(3)：175–188.
[136] HEIDER F.Social perception and phenomenal causality[J].Psychological Review，1944，51(6)：358–374.
[137] ISO–AHOLA S E，HATFIELD B D.Psychology of sports：a social psychological approach[M]. Dubuque，IA：William C Brown，1986.
[138] JACKSON M R.Self–esteem and meaning：a life–historial Investigation[D].New York：New York State University，1984.
[139] JACOBSON E.Progressive relaxation[J].Chicago：University of Chicago Press，1938.
[140] JONES E E，DAVIS K E.From acts to dispositions：the attribution process in person perception[M]//BERKOWITZ L.Advances in experimental social psychology.New York：Academic Press，1965.
[141] JONES G，SWAIN A B J.Intensity and direction dimensions of competitive state anxiety and relationships with competitiveness[J].Perceptual and Motor Skill，1992，74：467–472.
[142] JURKOVAC T.Collegiate basketball players' perceptions of the home advantage [D]. Bowling Green，OH.Bowling Green State University，1985.
[143] KELLEY H H.The process of causal attribution[J].American Psychologist，1973，7：107–128.
[144] KROLL W，LEWIS G.America's first sport psychologist[J].Quest Monograph，1970，13：1–4.
[145] LAFONTAINE T P，DILORENZO T M，FRENSCH P A，et al.Aerobic exercise and mood：A brief review，1985–1990[J].Sports Medictine，1992，13(3)：160–170.
[146] Landers D M，Lueschen G.Team performance outcome and cohesiveness of competitive co–

acting groups[J].International Review of Sport Sociology，1974，9：57–69.

[147] LANDERS D M，WILKINSON M O，HATFIELD B D，et al. Causality and the cohesion–performance relationship[J].Journal of Sport Psychology，1982，4：170–183.

[148] LENK H.Top performance despite internal conflict：An antithesis to functionalistic proposition[M]//LOY J，KENYON G.Sport，culture and society，London：Macmillan，1969：393–397.

[149] LOCKE E A，LATHAM G P.The application of goal setting to sports[J].Journal of Sport Psychology，1985，7(3)：205–222.

[150] LONG B C.Aerobic conditioning and stress reduction：participation or conditioning？[J].Human Movement Science，1983，2：171–186.

[151] MA Q W.The development of sport psychology in China Proceedings of 7th World Congress in Sport Psychology[J].International Society of Sport Psychology，1989：206–209.

[152] MADRIGAL R，JAMES J.Team quality and the home advantage[J].Journal of Sport Behavior，1999，22：381–398.

[153] MAHONEY M J，GABRIEL T J，PERKINS T S.Psychological skills and exceptional athletic performance[J].The Sport Psychologist，1987，1：181–199.

[154] MANN L.On being a sore loser：how fans react to their team's failure1[J].Australian Journal of Psychology，1974，26(1)：37–47.

[155] MARTENS R，BURTON D，VEALEY R S，ET AL.Competitive state anxiety inventory–2 (CSAI–2)[R].College Park：MDSymposium presented at the meeting of the NASPSPA，1983.

[156] MARTENS R，PETERSON J A.Group cohesiveness as a determinant of success and member satisfaction in team performance[J].International Review for the Sociology of Sport，1971，6：49–61.

[157] MARTENS R，VEALEY R S，BURTON D.Competitive anxiety in sport[M].Campaign，IL：Human Kinetics，1990.

[158] MARTENS R.Science，knowledge，and sport psychology[J].The Sport Psychologist，1987，1(1)：29–55.

[159] MARTENS R.Sport competition anxiety test[M].Champaign，IL：Human Kinetics Publishers，1977.

[160] MASLACH C，JACKSON S E.Maslach burnout inventory：manual[M].6th ed.Palo Alto，CA：Consulting Psychologists Press，1986.

[161] MASLACH C，JACKSON S E.The measurement of experienced burnout[J].Journal of Organizational Behavior，1981，2：99–113.

[162] MATHESON H E.Antecedents of cohesion：do coaches of different sports reflect the same

approaches ？ [R].Hong Kong：the 2nd International Congress of Asian–South Pacific Association of Sport Psychology，1995.

[163] MCGRATH J E.The influence of positive interpersonal relations on adjustment and effectiveness in rifle teams[J].The Journal of Abnormal and Social Psychology，1962，65(6)：365–375.

[164] MCNAIR D M，LORR M，DROPPLEMAN L F.Profile of mood states manual[M].San Diego，CA：Educational and Industrial Testing Service，1971.

[165] MELNICK M J，CHEMERS M M.Effects of group social structure on the success of basketball teams[J].Research Quarterly，1974，45(1)：1–8.

[166] MILLER R W.In search of peace：peer conflict resolution[J].Schools in the Middle，1993，2(3)：11–13.

[167] MORRIS L W，DAVIS M A，HUTCHINGS C H.Cognitive and emotional components of anxiety：Literature review and a revised worry – emotionality scale[J].Journal of Educational Psychology，1981，73(4)：541–555.

[168] NIDEFFER R M.Attention control training[M].New York：Wyden Books，1978.

[169] NIDEFFER R M.Attentional focus self–assessment[M]//SUINN R M.Psychology in sports：methods and applications.Minneapolis：Burgess Publishing Company，1980.

[170] NIDEFFER R M.Concentration and attention control training[M]//WILLIAMS J M，Applied sport psychology.Palo Alto，CA：Mayfield Publishing Company，1986.

[171] NIDEFFER R M.Test of attentional and interpersonal style[J].Journal of Personality and Social Psychology，1976，34(3)：394–404.

[172] NIDEFFER R M.The injured athlete：psychological factors in treatment[J].The Orthopedic clinics of North America，1983，14(2)：373–385.

[173] NIDEFFER R M.The inner athlete：mind plus muscle for winning[M].New York：Thomas Y Crowell Company，1976.

[174] NIDEFFER R M.The relationship of attention and anxiety to performance[M]//WSTRAUB F.Sport psychology：an analysis of athlete behavior.2nd ed.Ithaca，NY：Mouvement Publications，1980.

[175] NIDEFFER R M.Use of the test of attentional and interpersonal style (TAIS) in sport[J].The Sport Psychologist，1990，4(3)：285–300.

[176] NORTH T C，MCCULLAGH P，TRAN Z V.Effect of exercise on depression[M]//PANDOLF K B，HOLLOSZY J O，Exercise and sport sciences reviews.Baltimore：Williams and Wilkins，1990，18：379–415.

[177] O'CONNOR D B，ARCHER J，WU F W.Measuring aggression：self–reports，partner reports，and responses to provoking scenarios[J].Aggressive Behavior，2001，27(2)：79–101.

[178] ORLICK T D，MOSHER R.Extrinsic awards and participant motivation in a sport related task[J].International Journal of Sport Psychology，1978，9(1)：27–39.

[179] Park J K.Coping strategies used by Korean national athletes[J].The Sport Psychologist，2000，14(1)：63–80.

[180] PARKER H.Visual detection and perception in netball[M]//COCKERILL I M，MACGILLIVARY W W.Vision and sport.London：Stanley Thornes，1981.

[181] PETRUZZELLO S J，LANDERS D M，HATFIELD B D，et al. A meta–analysis on the anxiety–reducing effects of acute and chronic exercise[J].Sports Medicine，1991，11：143–182.

[182] POLLARD R.Home advantage in soccer：a retrospective analysis[J].Journal of sports sciences，1986，4(3)：237–248.

[183] PRAPAVESSIS H，CARRON A V.Learned helplessness in sport[J].The Sport Psychologist，1988，2(3)：189–201.

[184] RAEDEKE T D，SMITH A L.Development and preliminary validation of an athlete burnout measure[J].Journal of Sport & Exercise Psychology，2001，23(4)：281–306.

[185] RICE L P. 压力与健康 [M]. 石林，古丽娜，梁竹苑，等译 . 北京：中国轻工业出版社，2000.

[186] RIDDICK C C.Comparative psychological profiles of three group of female collegians：Competitive swimmers，recreational swimmers，and inactive swimmers[J].Journal of Sport Behavior，1984，7(4)：160–174.

[187] ROBERTS G C.Children's achievement motivation[M]//NICHOLLS J.The development of achievement motivation greenwich.CT，USA：JAI Press，1984.

[188] ROTH D L.Acute emotional and psychophysiological effects of aerobic exercise[J].Psychophysiology，1989，26(5)：593–602.

[189] RUDER M K，GILL D L .Immediate effects of win–loss on perceptions of cohesion in intramural and intercollegiate volleyball teams[J].Journal of Sport Psychology，1982，4(3)：227–234.

[190] RYAN R M，VALLERAND R J，DECI E L.Intrinsic motiration in sport：a cognitive evaluation theory interpretation[M]//STRAUB W F，WILLIAMS J M.Cognitive sport psychology.New York：Sport Science Associates，1984：231–241.

[191] SANDWEISS J H.Biofeedback and sports science[M]//SANDWEISS J H，WOLF S L.Biofeedback and sports science.New York：Plenum Press，1985：1–31.

[192] SARASON I G.Stress，anxiety，and cognitive interference：reactions to tests[J].Journal of Personality and Social Psychology，1984，46(4)：929–938.

[193] SCHLENKER B R，PHILLIPS S T，BONIECKI K A，et al.Championship pressures：

choking or triumphing in one's own territory?[J].Journal of Personality and Social Psychology，1995，68(4)：632–643.

[194] SCHLENKER B R，PHILLIPS S T，BONIECKI K A，et al.Where is the home choke?[J].Journal of Personality and Social Psychology，1995，68(4)：649–652.

[195] SCHMIDT G W，SEIN G L.Sport commitment：a model integrating enjoyment，dropout，and burnout[J].Journal of Sport & Exercise Psychology，1991，13(3)：254–265.

[196] Schultz J H，Luthe W.Autogenic training：a psychophysiologic approach in psychotherapy[M].New York：Grune and Stratton，1959.

[197] SCHWARTZ B，BARSKY S F.The home advantage[J].Social Forces，1977，55(3)：641–661.

[198] SELIGMAN M E，ABRAMSON L Y，SEMMEL A，et al.Depressive attributional style[J].Journal of Abnormal Psychology，1979，88(3)：242–247.

[199] SHANGI G M，CARRON A V.Group cohesion and its relationship with performance and satisfaction among high school basketball players[J].Canadian Journal of Sport Sciences，1987，12：20.

[200] SILVA J M.An analysis of the training stress syndrome in competitive athletics[J].Journal of Applied Sport Psychology，1990，2(1)：5–20.

[201] SILVA J.The Status of Sport Psychology：A National Survey of Coaches[J].The Journal of Physical Education，Recreation & Dance，1984，55：46–49.

[202] SINGER R N，CAURAUGH J H，TENNANT L K，et al.Attention and distracters：considerations for enhancing sport performance [J].International Journal of Sport Psychology，1991，22：95–114.

[203] SMITH M D.Interpersonal sources of violence in hockey：the influence of parents，coaches，and teammates[C]//F L SMOLL，R A MAGILL，M J ASH，Eds.Children in Sport.3rd ed.Champaign，IL：Human Kinetics，1988.

[204] Smith R E，Smoll F L.Coaching the coaches：youth sports as a scientific and applied behavioral setting[J].Current Directions in Psychological Science，1997，6(1)：16–21.

[205] Smith R E.Generalization effects in coping skills training[J].Journal of Sport & Exercise Psychology，1999，21(3)：189–204.

[206] SMITH R E.Toward a cognitive–affective model of athletic burnout[J].Journal of Sport Psychology，1986，8(1)：36–50.

[207] SNYDER E E，PURDY D A.The home advantage in collegiate basketball[J].Sociology of Sport Journal，1985，2：352–356.

[208] SNYDER E E，SPREITZER E A.Involvement in sports and psychological well–being[J].International Journal of Sport Psychology，1974，5(1)：28–39.

[209] SPIELBERGER C D.Anxiety as an emotional state[C]//SPIELBERGER，ANXIETY.Current trends in theory and research.New York：Academic Press，1972.

[210] SPIELBERGER C D.State-trait inventory：a comprehensive bibliography[M].Palo Alto，CA：Consulting Psychologists Press，1984.

[211] STEINER I D.Group processes and group productivity[M].New York：Academic Press，1972.

[212] STEPHENS D E，BREDEMEIER B L.Moral atmosphere and judgments about aggression in girls' soccer：relationships among moral and motivational variables[J].Journal of Sport & Exercise Psychology，1996，18：158-173.

[213] STEVENSON H W.HICKMAN R K.KNIGHTS R M.Parents and strangers as reinforcing agents for children's performance[J].The Journal of Abnormal and Social Psychology，1963，67(2)，183-186.

[214] STOGDILL R M.Personal factors associated with leadership：a survey of the literature[J].The Journal of Psychology，1948，25(1)：35-71.

[215] STOGDILL R M.Team achievement under high motivation[M].Columbus，OH：Bureau of Business Research，Ohio State University，1992.

[216] THARP R G，GALLIMORE R.What a coach can teach a teacher[J].Psychology Today，1976，9(8)：75-78.

[217] THAYER R E. Energy，tiredness，and tension effects of a sugar snack versus moderate exercise[J]. Journal of Personality and Social Psychology，1987，52(1)：119-125.

[218] THOMAS P R，MURPHY S M，HARDY L. Test of performances strategies：development and preliminary validation of a comprehensive measure of athletes' psychological skills[J]. Journal of Sports Sciences，1999，17(9)：697-711.

[219] TRIPLETT N.The dynamogenic factors in pacemaking and competition[J].The American Journal of Psychology，1898，9(4)：507-533.

[220] VALLERAND R J. The effect of differential amounts of positive verbal feedback on the intrinsic motivation of male hockey players[J].Journal of Sport Psychology，1983，5(1)，100-107.

[221] VEALEY R S.Conceptualization of sport-confidence and competitive orientation：preliminary investigation and instrument development[J].Journal of Sport Psychology，1986，8(3)：211-246.

[222] WEIGAND D A，BROADHURST C J.The relationship among perceived competence，intrinsic motivation，and control perception in youth soccer [J].International Journal of Sport Psychology，1998，29：324-338.

[223] WEINBERG R S，GOULD D，JACKSON A W. Expectations and performance：an

empirical test of Bandura's self-efficacy theory[J].The Journal of Sport Psychology，1979，1(4)：320-331.

[224] WEINBERG R S，GOULD D.Foundations of sport and exercise psychology[M].2nd ed.Champaign，IL：Human Kinetics，1999.

[225] WEINBERG R S，JACKSON A，KOLODNY K.The relationship of massage and exercise to mood enhancement[J].The Sport Psychologist，1988，2(3)：202-211.

[226] WEINER B.Theories of motivation：from mechanism to cognition[M].Chicago：Rand McNally，1972.

[227] WEISS M R，HORN T S.The relationship between children's accuracy estimates of their physical competence and achievement-related characteristics[J]. Research Quarterly for Exercise and Sport，1990，61(3)：250-258.

[228] WEISS M R，WIESE D M，KLINT K A.Head over heels with success：the relationship between selfe-fficacy and performance in competitive youth gymnastics[J].Journal of Sport and Exercise Psychology，1989，11(4)：444-451.

[229] WHITNEY K.Improving group-task performance：the role of group goals and group efficacy[J].Human Performance，1994，7(1)：55-78.

[230] WIDMEYER W N.Aggression-performance relationships in sport[M]//SILVA J M，WEINBERG R S.Psychological foundations of sport.Champaign，IL：Human Kinetics，1984：274-286.

[231] WILKINSON T，POLLARD R.A temporary decline in home advantage when moving to a new stadium[J].Journal of Sport Behavior，2006，29(2)：190-197.

[232] WILLIAMS J M，HACKER C M .Causal relationships among cohesion，satisfaction，and performance in Women's intercollegiate field hockey teams[J].Journal of Sport Psychology，1982，4(4)：324-337.

[233] WILLIAMS J M，WIDMEYER W N .The cohesion-performance outcome relationship in a coacting sport.[J].Journal of Sport & Exercise Psychology，1991，13(4)：364-371.

[234] WRIGHT E F，JACKSON W，CHRISTIE S D，et al.The home-course disadvantage in golf championships：further evidence for the undermining effect of supportive audiences on performance under pressure[J].Journal of Sport Behavior，1991，14(1)：51-60.

[235] WRIGHT E F，VOYER D，WRIGHT R D，et al.Supporting audiences and performance under pressure：the home-ice disadvantage in hockey championships[J].Journal of sport behavior，1995，18(1)：21-28.

[236] WRISBERG C A，SHEA C H.Shifts in attention demands and motor program utilization during motor learning[J].Journal of Motor Behavior，1978，10(2)：149-158 .

[237] XIANG P，LEE A M.The development of self-perceptions of ability and achievement goals

and their relations in physical education[J].Research Quarterly for Exercise and Sport, 1998, 69(3): 231–241.

[238] YUKELSON D, WEINGBERG R, JACKSON A. A multidimensional group cohesion instrument for intercollegiate basketball teams[J].Journal of Sport Psychology, 1984, 6(1): 103–117.

[239] ZELLER R A, JURKOVAC T.Dominating the game[J].Psychology Today, 1988(10): 20.

